ISBN 978-0-484-24481-7
PIBN 10701991

Kirchengeschichte

im

Grundriß.

———

Von

Rudolph Sohm,

Professor der Rechtswissenschaft in Leipzig.

Zweite Auflage.

———⊷⊹✳⊹⊶———

Leipzig.

Verlag von Georg Böhme.

Druck von Ramm & Seemann in Leipzig.

Vorwort.

Die folgenden Blätter enthalten eine Zusammenfassung der kirchengeschichtlichen Aufsätze, welche ich seit einiger Zeit in der „Allgemeinen konservativen Monatsschrift" veröffentlicht habe. Nicht ohne Zagen gebe ich diese Aufsätze jetzt als Ganzes heraus. Doch wage ich zu hoffen, daß durch diese Art der Darstellung, welche versucht, die Kirchengeschichte als Teil der Weltgeschichte zur Anschauung zu bringen, es vielleicht diesem oder jenem Leser erleichtert wird, den Überblick über den großen Gang der Entwickelung und den Einblick in die geistigen Kräfte zu gewinnen, welche vom Christentum in die Welt ausgeströmt sind.

Leipzig, am 12. November 1887.

Die zweite Auflage ist nur durch wenige Änderungen von der ersten unterschieden.

Leipzig, am 14. Februar 1888.

Rudolph Sohm.

Inhalt.

Erstes Kapitel.
Die Anfänge.

Zweites Kapitel.
Das Mittelalter.

Drittes Kapitel.

Das Reformationszeitalter.

Erster Abschnitt. Reformation.

Zweiter Abschnitt. Gegenreformation.

Viertes Kapitel.

Pietismus und Aufklärung.

Fünftes Kapitel.

Das neunzehnte Jahrhundert.

Erstes Kapitel.

Die Anfänge.

Einleitung.

§ 1.

Die Welt.

Wir versetzen uns in das erste Jahrhundert unserer Zeit= rechnung.

In Straßburg zieht der Legionar auf Wachtposten und er= tönt das römische Kommandowort. Wie am Rhein, so gebietet der römische Adler an der Donau, am Euphrat, am Nil, am Fuß des Atlas und am Fuß der Pyrenäen. Mit der Aufrichtung des Kaisertums ist die Vollkraft des römischen Staatswesens in das Leben getreten. Eine weise Verwaltung fördert die Blüte der Provinzen. Ein einheitlicher Wille gebietet über das Heer. Mit der Energie militärischer Machtmittel gegen den Feind ver= binden sich Friede und Wohlfahrt im Innern. Der Handel blüht. Die reiche Kultur des griechischen Ostens verbreitet sich segenspendend, lebenbringend, Kunst und Wissenschaft zu neuer Entfaltung emportragend über das lateinische Abendland.

Ein goldenes Zeitalter ist angebrochen. Das römische Reich ist da mit all seiner Herrlichkeit.

Was kann die Menschheit noch begehren? Sind nicht alle irdischen und geistigen Güter verschwenderisch über sie ausge= schüttet? Hier muß sie sagen zu dem Augenblick: verweile doch, du bist so schön! Und doch: zu all dem Reichtum und zu all

der Bildung fehlt ihr das beste.   Die alten Götter sind ent=
thront.   Noch stehen die Tempel des Jupiter und des Apollo,
aber der Glaube ist gewichen, welcher sie einst in Einfalt ver=
ehrt hat.   Der olympische Himmel ist leer geworden.   Seine
Gäste, deren Gestalten einst das Altertum so voll sinnlicher
Kraft, so voll idealer Schönheit gesehen hatte, sie sind zu Pro=
dukten der dichterischen Phantasie verflüchtigt.   Die gebildete
Welt wendet sich von den Göttern Homers der vielsprachigen
Philosophie zu, deren Systeme in den Refrain ausgehen: es
gibt keine Götter!   Die Masse läuft der Isis und dem Serapis
nach, welche aus Ägypten ihren Einzug in Rom gehalten haben,
erbaut sich an den Gaukelkünsten etrurischer Wahrsager, an den
geheimnisvoll berauschenden Feierlichkeiten der Mysterien und an
den sinnbethörenden Festen der großen Göttermutter Cybele.

Nicht als ob dem Heidentum, dessen Auflösung sich vorbereitet,
religiöses Bedürfnis und religiöse Ideale abhanden gekommen
wären.   Nein, im Gegenteil!   Im ersten und zweiten Jahrhundert
der Kaiserzeit nehmen wir eine stetig aufsteigende Entwickelung
des religiösen Geistes wahr, deren Stufen durch die edlen Er=
scheinungen Senekas und Mark Aurels bezeichnet werden.   Die
Philosophie, welche die alten Götter ihrer Herrlichkeit entkleidete,
ward zugleich eine Wegweiserin nach dem einen höchsten Gött=
lichen, eine „Zuchtmeisterin auf Christum", wie den Juden das
alttestamentliche Gesetz.   Die stoische Philosophie, welche mit
ihren naturalistisch motivierten Anweisungen zu einem strengen,
tugendhaften Leben der Selbstbeherrschung das Glaubensbekennt=
nis der Mehrzahl der Gebildeten darstellte, ward in steigendem
Maß durch die platonische Philosophie beeinflußt, deren Rich=
tung auf das hinter dem Sinnlichen liegende Ideale bei den
Philosophen der Kaiserzeit in immer höherem Grade zu einer
Sehnsucht nach dem Göttlichen, zu einer Sehnsucht nach Offen=
barung, zu einer Sehnsucht nach Erlösung wurde.   Neben
den zahllosen örtlichen Kulten der Heidenwelt erhob sich mächtig,
geistig die Welt des Römerreichs beherrschend, die monotheisti=
sche Idee.   Aber dieser Monotheismus, zu welchem die Philo=

sophie des Altertums vordrang, vermochte weder die Viel=
götterei zu beseitigen, noch wirklich populär zu werden, noch vor
allem das zu gewähren, was man an erster Stelle begehrte:
Gewißheit. Hier war die Kraft nicht gegeben, eine alternde
Welt wieder zu gebären. Das Ende auch dieser Philosophie
war nicht Besitz, Haben, Ergreifen, sondern die bloße Sehn=
sucht nach dem Göttlichen, eine Sehnsucht, welche zugleich den
Zweifel an dem Dasein des Ersehnten unter ihrem Herzen trägt.
Die Welt ist leer, weil der Himmel leer geworden ist.

Die Menschheit ist voll Begierde, das Reich, das von
oben ist, zu entdecken. Die mächtige Kulturbewegung, welche
im römischen Reich, von der Gesamtkraft lateinischen und grie=
chischen Wesens getragen, einheitlich emporsteigt, gipfelt in der
Erzeugung des Weltverlangens, welches dem Weltheiland
entgegenkommt.

§ 2.
Das Christentum.

Über das weite Gebiet des römischen Reichs sind, noch
unbeachtet, hier und da christliche Gemeinden ausgestreut. Von
Jerusalem ist der neue Glaube ausgegangen. Schon hat er
(etwa um die Mitte des ersten Jahrhunderts) Rom und Alexan=
drien erreicht. Dazwischen (zumeist in den fünfziger Jahren
durch den Apostel Paulus gegründet) eine Reihe griechischer,
makedonischer, kleinasiatischer, syrischer Gemeinden. Unter ihren
noch wenig zahlreichen Mitgliedern bildet die jüdische Natio=
nalität einen stark hervortretenden Bruchteil. Daneben hellenische
Sklaven und Freigelassene. Es sind nicht viel Reiche, noch viel
Gebildete, aber viel geringe Leute, Handwerker, Soldaten,
Krämer, Fischer, Zöllner, — das Unedle vor der Welt und das
Verachtete.

Auf dieser kleinen Genossenschaft, entblößt von äußeren
Mitteln, verschwindend in dem Gebrause der Großstädte, ruht
das Auge der Geschichte. Sie schließt die Kraft in sich, welche
die Welt des Römerreichs überwinden wird.

1*

Von außen angesehen erschien die christliche Gemeinde als eine neue Konventikelbildung gleich zahllosen anderen Verbänden derselben Art.

Die römische Welt des ersten Jahrhunderts war mit religiösen Vereinigungen übersät. Man hatte keine feste Religion mehr, aber Religionen, Kulte, Verehrungen, Gebräuche. Es gab niemand, namentlich in den unteren Volksklassen, der nicht irgend einem Verein der Art angehörte. Da war eine Gottheit des Vereins, jedenfalls die Gottheit des gerade regierenden Kaisers, welche man auf gemeinsamen, regelmäßig allmonatlichen Zusammenkünften verehrte. Da gab es geheimnisvolle Einweihungen und Waschungen (wie bei den Christen die Taufe), da gab es gemeinsame Mahlzeiten (wie bei den Christen die Liebesmahle und das Abendmahl). Ja, da gab es auch eine allgemeine Verbrüderung der Vereinsgenossen. In den Kollegien und Bruderschaften war (ganz wie bei den Christen) der Unterschied des Standes aufgehoben: der Sklave galt dem Freien gleich, der Freigelassene dem Freigeborenen. Die Zusammenkünfte und Festlichkeiten der Vereine waren der Ort, wo auch der elendeste Sklave auf Momente der Freiheit und Gleichheit genießen, wo der gemeine Mann, wenigstens für den Augenblick, die Last des Lebens von sich schütteln konnte. Ja, es gab in diesen Vereinen Unterstützungen bedürftiger Mitglieder von Vereins wegen, insbesondere Unterstützungen, welche zur Beschaffung eines ehrlichen Begräbnisses für Vereinsmitglieder ausgezahlt wurden. Selbst die Idee werkthätiger Bruderliebe schien den christlichen Gemeinden nicht eigentümlich. Sah man auf das Äußerliche, so hatte in den christlichen Gemeinden das Assoziationswesen der niederen Klassen lediglich einen neuen Trieb aus sich herausgesetzt. Er mochte kommen und gehen gleich den übrigen.

Aber welch ein Unterschied! Wo sind die anderen zahllosen Vereine, welche das Bedürfnis der Massen im Römerreich einst hervorgebracht hatte? Wo sind sie heute? Der Wind der Geschichte hat sie verweht. Schon lange, schon seit vielen

Jahrhunderten ist keine Spur von ihnen übrig geblieben. Von all jenen religiösen Verbänden des römischen Reichs sind nur zwei noch heute am Leben: die jüdische Synagoge und die christliche Gemeinde. Die jüdische Synagoge zunächst infolge der Lebenskraft jüdischer Nationalität. Die christliche Gemeinde aber, hinter welcher keine geschlossene Nationalität stand, lediglich infolge der Lebenskraft ihrer Religion.

Die Weltgeschichte ist das Weltgericht. Keine andere Religion ist im stande gewesen, die Führerin unserer Kulturentwickelung zu sein, als allein die christliche. Aus diesem Grunde hat sie den Sieg davon getragen. Mit ihr waren nicht die Legionen, noch die Bildung des Altertums, aber die Kraft göttlicher Wahrheit, welche mächtiger ist, als alle Großmächte unseres irdischen Lebens.

Kraft des Geistes, welcher in ihr lebendig ist, konnte die christliche Gemeinde, emporwachsend, das große Römerreich überdauern, das Altertum mit der Neuzeit verknüpfen und die Erzieherin der kommenden Menschheit sein.

Erster Abschnitt.

Verfolgungen.

§ 3.

Judentum und Christentum.

Der Gegner, mit dem die Gemeinde geboren wurde, war das pharisäische Judentum.

Der Pharisäismus, aus dem Heldenkampf der Makkabäer hervorgegangen, bedeutete das wiedergeborene Judentum, sich sondernd von allem Heidnischen und Unreinen, sich mühend in dem täglichen, durch neue Vorschriften stetig geschärften Dienst um die gesetzliche Gerechtigkeit. Die Masse des jüdischen Volks war pharisäisch gesinnt. Im Pharisäismus fand es den ihm

eingeborenen Eifer um das Gesetz, fand es das volle Selbst=
bewußtsein jüdischer Nationalität, gepaart mit glühendem Haß
gegen den heidnischen Eroberer und mit wilden Hoffnungen auf
das durch den Messias aufzurichtende Weltreich Judas. Dem
knechtischen Eifer um das Gesetz trat nun die christliche Freiheit
der Kinder Gottes von dem Gesetz, dem Bilde eines jüdischen
Messias in irdischer Herrlichkeit trat die Gestalt des Gekreuzig=
ten, welcher Heiden und Juden ohne Unterschied in sein himm=
lisches Reich berief, in schärfstem Kontrast gegenüber. Im
Pharisäismus war die Vollendung, im Christentum die Auf=
hebung des nationalen Judentums gegeben.

Daher sofort der Konflikt. Stephanus starb den Märtyrer=
tod (36 oder 37 n. Chr.), weil er lehrte, daß Jesus von Naza=
reth gekommen sei, den Tempeldienst zu zerstören und das
Formenwesen des mosaischen Gesetzes aufzuheben (Ap. Gesch.
6, 14). Der Apostel Jakobus, der Bruder des Apostels Jo=
hannes, ward unter Herodes Agrippa enthauptet (44), der
Apostel Petrus eine Zeitlang in Gefangenschaft gehalten, Jakobus,
der Bruder des Herrn, gesteinigt (62 n. Chr.). Soweit die
Macht des Judentums reichte, entlud es in Gewaltthat seinen
Haß gegen das Christentum. Eine Zeitlang war die Gemeinde
zu Jerusalem vor der Feindschaft der Pharisäer flüchtend zer=
streut, so daß nur die Apostel in der Stadt zurückzubleiben den
Mut hatten. In dem Pharisäismus kämpfte das jüdische Volks=
tum gegen das Christentum um so erbitterter, weil die sitt=
lichen Kräfte und Überzeugungen des nationalen Judentums
durch das Christentum angegriffen wurden. So zog a ch Saulus
aus, der edelsten einer, heiliger Begeisterung voll, um das Ge=
setz der Väter zu verteidigen gegen seine Auflösung.

Die Wirkung der pharisäischen Verfolgung war die Be=
schleunigung der Ausbreitung des Christentums. Ja, dem Ver=
folger selber konnte es plötzlich wie Schuppen von den Augen
fallen. Dem Saulus offenbarte sich Christus, der Auferstandene.
Er sah Ihn, den er verfolgt hatte, und ward aus dem Eiferer
um Gesetz und Judentum der Heidenapostel, die Rechtfertigung

nicht durch das Gesetz, sondern durch den Glauben Juden und Griechen in gewaltiger Predigt zu verkündigen.

Der Konflikt des Christentums mit dem Judentum war jedoch nur das Vorspiel für einen größeren Kampf auf einer weiteren Bühne.

§ 4.

Heidentum und Christentum.

Das Christentum wandte sich nicht nur an das Judentum, sondern an die Welt.

Die Welt war römisch. Im Römerreich mußte die Entscheidung für die Zukunft fallen.

Die Welt des Römerreichs war heidnisch. Welche Stellung nahm das Heidentum zum Christentum?

Das sollte sofort von Anfang an klar werden. Kaum war die Gemeinde gegründet, so ward sie vom Heidentum angegriffen.

Der Brand Roms ward den Christen schuld gegeben (64 n. Chr.). Eine große Zahl von Gemeindegliedern fiel, qualvoll hingerichtet, der rachdürstigen Volksmenge zum Opfer. Unter den römischen Blutzeugen starb jetzt wahrscheinlich auch der schon seit längerer Zeit zu Rom in Gefangenschaft gehaltene Apostel Paulus und gleich ihm (so darf angenommen werden) der Apostel Petrus den Märtyrertod.

Die Flammen des Brandes der Welthauptstadt und die lebendigen Fackeln der Märtyrerleiber in den Gärten des Kaisers Nero beleuchteten den Eintritt der Christengemeinde in die Weltgeschichte. Bis dahin waren die Christen von der großen Menge mit den Juden verwechselt worden. Jetzt trat zum erstenmal der Gegensatz in das allgemeine Bewußtsein ein: nur die Christen, nicht die Juden waren der Brandstiftung angeklagt.

Die Christen waren in der angestellten Untersuchung der Brandstiftung unschuldig befunden worden. Dennoch wurden sie hingerichtet, weil sie des „Hasses gegen das ganze Menschen=

geschlecht" schuldig befunden worden seien. Die Religion der
Liebe erschien den Römern als eine Religion des Haffes. Und
— um so wunderbarer! — von ihrem Standpunkt ans nicht
ganz mit Unrecht.

Der Römer glaubte an die ewige Dauer seiner Stadt und
ihres Reiches. Sein Patriotismus bestand mit in diesem
Glauben. Der Christ aber glaubte an den Untergang der
„Stadt", des Imperiums, des Erdkreises. Er glaubte, daß nur
ein Reich ewig sei, das Reich Christi, das Reich Gottes. Und
zwar glaubte die erste Gemeinde, daß das Weltende unmittelbar
bevorstehe. Das Auge der Jünger hatte Christum gesehen, den
vom Tode Auferstandenen. Sie waren der Überzeugung, daß
sie ihn noch bei ihren Lebzeiten auch wiederkommen sehen würden,
in göttlicher Herrlichkeit, aufzuheben diese Welt des Irdischen
und zu richten die Lebendigen und die Toten. Sie hofften auf
diesen Tag mit der ganzen Sehnsucht bräutlichen Verlangens.
Sie hofften auf den Untergang des Römerreichs, damit komme
das Gottesreich. Darin bestand ihr Vaterlandsverrat, ihr „Haß"
gegen das römische Reich, und damit gegen „das ganze Menschen=
geschlecht".

Römertum (Heidentum) und Christentum traten einander
gegenüber. Dem antiken Heidentum ist der Staat das höchste
Gut. Die sittliche Tugend ist mit der Thätigkeit, welche dem
Staate dient, gleichbedeutend. Für das Gemeinwesen leben, für
das Gemeinwesen sterben, das ist alles. Darum fand das
Heidentum in dem Kultus des regierenden Kaisers den letzten
und zugleich vollkommensten Ausdruck seines Wesens. Der Kaiser
des römischen Reichs ist die Inkarnation der Staatsidee. Der
Altar, welcher dem Kaiser aufgerichtet wird, ist der Anbetung
der (für das Heidentum) höchsten sittlichen Macht, der Staats=
gewalt, gewidmet. In dem Christentum trat eine Ansicht in
den Vordergrund, welche mit rücksichtsloser Entschiedenheit die
Anbetung nicht bloß der Götzen, sondern auch des Kaisers, d. h.
auch der Staatsgewalt, verabscheute. Das Höchste war dem
Christen nicht dieser allgewaltige Cäsar, nicht dieses römische

Reich, nicht die römische Nation. Das Höchste war dem Christen
überhaupt nicht von dieser Welt. Seine Sehnsucht war auf
besseres gerichtet. Eine neue Weltanschauung trat mit dem
Christentum, offen zum Kampf herausfordernd, in die Geschichte
ein, eine Weltanschauung, welche den relativen Unwert alles
Irdischen betonte gegenüber dem Überirdischen, welche dem Kaiser
gab, was des Kaisers ist, aber zugleich begehrte, Gott zu geben,
was Gottes ist. Und diese Weltanschauung erhob im Christen=
tum den Anspruch, die allgemein gültige Weltanschauung zu
sein. Während das Judentum sich exklusiv zurückhielt und
sowohl seine Verheißungen wie seine Überzeugungen nur für
sich selber in Anspruch nahm, während die philosophischen Systeme
sich ausschließlich an die Gebildeten wandten, trat das Christen=
tum von vornherein mit dem Anspruch auf, die Welt zu er=
obern, auf die Gassen und die Marktplätze hinausschreitend, um
gerade die populäre Vorstellungsweise, auf welcher nun einmal
das Gemeinwesen ruht, maßgebend zu bestimmen.

Darum war das Christentum im Sinne des antiken Heiden=
tums staatsgefährlich. Die Grundlagen des antiken Staats=
wesens mit seiner unbeschränkten und unbeschränkbaren, das ganze
äußere und innere Leben des Menschen in Anspruch nehmenden
Staatsgewalt, waren bedroht. Ja, die Tugend im antiken Sinn,
die Liebe zu dem Gemeinwesen als zu dem größten Gut, war
angegriffen. In der Gewaltthat des Kaisers Nero, in der blinden
Wut der heidnischen Volksmassen wider die des „Hasses gegen
das Menschengeschlecht" überführten Christen kam zugleich der
Instinkt der mit Recht sich in ihrem innersten Wesen bedroht
fühlenden antiken Staatsidee zum naturnotwendigen Ausdruck.

§ 5.

Christenprozesse.

Der Christ als solcher war dem Römer ein Feind seines
Staatswesens, um seiner Gesinnung willen des Hochverrats ver=
dächtig und darum von Rechts wegen des Todes schuldig.

Unter dem Druck dieses Strafrechtssatzes behauptete die christliche Gemeinde sich durch drei Jahrhunderte.

Es wäre allerdings ein Irrtum, sich diese lange Zeit als eine Zeit ununterbrochener Verfolgung vorzustellen. Im Gegenteil. Der Grundsatz kam nur stoßweise und nur dann und wann zur wirklichen Ausführung. Mit Zeiten der Verfolgung wechselten lange Zeiten thatsächlicher Duldung. Es kommt hinzu, daß die Verfolgungen der ersten Zeiten durchaus von örtlich beschränktem Charakter waren. Wo Pest, Hungersnot, Brand die Volksmassen aufregte, oder wo ein gewaltthätiger Provinzial-Statthalter sein Gelüste an den Christen auszulassen sich gedrängt fand, oder wo die Christen herausfordernd sich zu der Menge in Gegensatz setzten, da gab es eine Verfolgung, bald hier, bald da. So gab der Brand Roms den Anlaß zu der neronischen Christenverfolgung, aber nur gegen die römische Christengemeinde. So starb der Bischof Ignatius von Antiochien den Märtyrertod und besiegelte Polykarp, Bischof von Smyrna, unter Antonius Pius seinen Glauben auf dem Scheiterhaufen (um 155). Unter Mark Aurel (161—180) fällt die blutige Verfolgung im südlichen Gallien, welche von den Christengemeinden zu Lyon und Vienne zahlreiche Opfer forderte (177). Unter Septimius Severus ward der Übertritt zum Christentum formell verboten (202) und gegen die Christen in Ägypten und in der Provinz Afrika gewütet. Von einer allgemeinen, gegen die Christen überall vorgehenden Verfolgung war trotzdem noch bis in die Mitte des dritten Jahrhunderts keine Rede. In dem weiten Umkreis des Römerreichs hatte die Kirche Raum genug zur Entfaltung, wenngleich es bald in dieser, bald in jener Gemeinde zu mehr oder minder schweren Konflikten kam.

Dennoch blieb der Satz wahr, daß ein Christ sein, heiße, dem Tode geweiht sein. Es genügte die Eigenschaft als Christ, um die peinliche Anklage gegen jeden Gemeindegenossen zu begründen. Der Grundsatz blieb, wenngleich er nur unvollkommen ausgeführt wurde. Welche erwünschte Handhabe nicht bloß für den in seinem Erwerbe gekränkten heidnischen Priester oder Götzen-

händler, sondern auch für den habgierigen Provinzial=Statthalter,
für den eifersüchtigen Nachbarn, für den rachsüchtigen Gegner,
um das erkorene Opfer, formell um seines Christentums willen,
töblich zu treffen. Justin der Märtyrer, ein Philosoph, welcher
Christ geworden war, wurde (165) in Rom enthauptet auf An=
stiften eines litterarischen Widersachers, des Cynikers Crescenz,
welcher seinen schriftstellerischen Groll auf diese Weise an seinem
Gegner ausließ. Die Zahl der Märtyrer ist größer, als die
Geschichte sie aufbewahrt hat. Dem eben genannten Justin war
das Hauptmotiv für seinen Übertritt zum Christentum der Todes=
mut, mit welchem die Bekenner des christlichen Glaubens für
ihre Überzeugung starben. Dem Heiden war der Tod das Furcht=
barste. Dem Christen war der Tod Gewinn. Die sittliche Kraft
des Christentums offenbarte sich dem Heidentum vor allem in
dem Mut zum Sterben, einem Mut, welcher nicht mit Ver=
achtung, noch mit stoischer Gleichgültigkeit, sondern mit Sieges=
zuversicht in den Tod ging. Hier war der Glaube, welcher das
Irdische in gewissem Besitz des Überirdischen machtvoll über=
windet. Der Glaube der Christenheit war ihre einzige Kraft
gegenüber Feindschaft und Angriff, aber eine Kraft, welche am
siegreichsten war und am stärksten auf den Gegner wirkte, wenn
sie äußerlich überwältigt wurde.

Das Verfahren gegen die Christen ward zuerst durch Trajan
geregelt (112). Die Christen sollten nicht von Amts wegen,
sondern nur auf Anklage verfolgt und gerichtet werden. Opferte
der angeklagte Christ dem Bildnis des Kaisers, so ging er frei
aus, opferte er nicht, so traf ihn die Todesstrafe. In der schein=
baren Milde lag zugleich Berechnung und Grausamkeit. Opferte
der Christ vor dem Bildnis des Kaisers, so hatte er damit dem
Christentum abgesagt, und er war der Todesstrafe entronnen.
Welche Versuchung, und wie viele sind ihr zum Opfer gefallen!
Der Statthalter Plinius (in Bithynien und Pontus), welcher
durch seine Anfrage jene Verordnung Trajans veranlaßt hatte,
war überzeugt, daß es mit dem Christentum bald zu Ende gehen
werde. Opferte der Christ nicht, so war er des Todes schulbig,

formell nicht wegen des Christentums, nicht wegen seines Ver=
haltens v o r der Anklage, sondern wegen des Majestätsverbrechens,
welches er durch Weigerung des Opfers n a ch der Anklage be=
gangen hatte. Der Christenprozeß unterschied sich von jedem
andern Strafprozeß dadurch, daß er darauf gerichtet war, den
Angeklagten schuldig zu ma chen, — durch die Weigerung des
Opfers, welches man von ihm begehrte. Welche Grausamkeit!
Der angeklagte Christ war als solcher des Majestätsverbrechens
verdächtig. Der Prozeß ward so geführt, daß der Angeklagte,
falls er bei seinem Christentum verharrte, des Majestätsverbrechens
schuldig werden mußte. In Wahrheit, nicht ein Verbrechen
(eine schon begangene That), sondern eine Gesinnung, der
Glaube der Christenheit war es, welcher von der Staatsgewalt
verfolgt wurde, der Glaube, welcher die Anbetung alles Irdischen,
auch die Anbetung der Staatsgewalt verweigerte. Der Christen=
prozeß in der Form, wie er von Trajan geordnet wurde, machte
es unzweideutig klar, daß der heidnische Staat mit seinem An=
spruch, die höchste sittliche Instanz zu sein, den Kampf gegen das
Christentum aufgenommen hatte.

§ 6.

Der Entscheidungskampf.

Doch die Gemeinde wuchs, und sie wuchs unaufhörlich.
Schon in der zweiten Hälfte des zweiten Jahrhunderts war das
Christentum ein überall im Reich merkbar hervortretender Be=
standteil des Volkslebens geworden. Um die Mitte des dritten
Jahrhunderts empfand das Heidentum, daß es in seinem Dasein
bedroht sei. Die Christengemeinde in Rom — allerdings ge=
wiß die größte von allen Christengemeinden — muß um diese
Zeit bereits mindestens zehntausend Mitglieder gezählt haben.
Ja, die Christengemeinde war durch ihre inzwischen ausgebildete
Kirchenverfassung (§ 10) zu einer sozialen Macht geworden,
welche dem Staate ebenbürtig schien. Sollte das altüberlieferte

Volkstum und Staatswesen erhalten werden, jetzt war der letzte
Augenblick zum Einschreiten gekommen.

In diesem Moment (Mitte des dritten Jahrhunderts) be=
ginnen daher die systematischen Christenverfolgungen über das
ganze Reich hin, der planmäßige, mit allen Mitteln geführte
Angriff der heidnischen Staatsgewalt gegen die Kirche. Der
Kaiser Decius (249—251) war es, welcher den Anfang machte.
Er befahl eine allgemeine Christenverfolgung. Von Amts
wegen (also ohne die Anklage abzuwarten) sollten die Obrig=
keiten im ganzen Reich gegen die sämtlichen Christen ein=
schreiten. Es kam eine furchtbare Zeit, welche zahllose Märtyrer
forderte. Auch der Tod des Decius brachte nur vorübergehende
Erleichterung. Unter seinem Nachfolger Gallus (251—253)
kam es nach zwei Jahren des Friedens im Jahre 253 bereits
zu neuen Maßregeln gegen die Christen. Vor allem war es
Valerian (253—260), welcher das Werk des Decius wieder in
Angriff nahm (seit 257). Er befahl (im Jahre 258), daß alle
Bischöfe, Priester, Diakonen und alle christlichen Senatoren und
Richter (sofern sie nicht widerriefen) hingerichtet werden sollten.
Es kam bereits Methode in den Angriff. Es sollte nicht mehr,
wie unter Decius, die ganze Masse der Christen, was doch am
Ende undurchführbar war, wohl aber die Organisation der
Gemeinde und alles, was von den besseren Ständen zu ihr hielt,
vernichtet werden. Der zurückbleibende gestaltlose, ungebildete
Haufe würde, so hoffte man, nicht im stande sein, das Christen=
tum zu halten. Dieser Verfolgung fiel in Karthago der Bischof
Cyprian, in Rom der Diakon Laurentius (der heil. Laurentius
der katholischen Kirche) zum Opfer. Mit ihnen viele andere. Aber
zu den ersten Regierungsmaßregeln des Gallienus, welcher nach
dem Tode seines Vaters Valerian seit 260 als Alleinherrscher
regierte, gehörte die Aufhebung der Verfolgungsedikte (260. 261).
Nicht als ob die christliche Religion rechtliche Anerkennung und
Duldung von ihm empfangen hätte. Auch unter ihm und seinen
Nachfolgern blieb vielmehr das christliche Bekenntnis unter Todes=
strafe, und konnte sie zur Vollstreckung kommen, sobald die Weige=

rung der Anbetung des Kaiserbildes (z. B. seitens des christlichen
Soldaten) amtlich festgestellt war. Aber die Anweisung an die
Behörden, welche sie genötigt hatte, das christliche Bekenntnis
aufzusuchen und jene Weigerung durch das Mittel des Christen=
prozesses zur Feststellung zu bringen, war zurückgenommen worden.
Ein Zustand thatsächlicher Duldung (mit nur vereinzelten Voll=
streckungen) war geschaffen worden. Eine Ruhepause von 40 Jahren
trat ein. Es war die Stille vor dem Sturm. Unter Diokletian
(284—305) erhob sich das römische Reich noch einmal gegen
den verhaßten Gegner, um die alte Alleingewalt des Staates
in früherer Herrlichkeit wieder herzustellen. Es war die schwerste
Verfolgung, welche die Kirche noch gesehen hatte. Es war ein
Kampf auf Tod und Leben. Die Zerstörung der Kirche von
Nikomedien (Februar 303) gab das Signal zum Angriff. Alle
christlichen Offiziere wurden aus dem Heer, alle christlichen
Beamten aus dem Dienst entlassen, den christlichen Bürger traf
der Verlust des Bürgerrechts, der christliche Sklave konnte nicht
freigelassen werden. Alle christlichen Kirchen sollten zerstört, alle
heiligen Bücher der Christen ausgeliefert und verbrannt, die
Christen durch jedes Mittel, sei es auch durch Tortur, zum
Opfer gezwungen werden. Über das ganze Reich hin ging der
Vernichtungskampf. Es war ein Glück, daß er nicht allzulange
dauerte. Nach zwei Jahren legte Diokletian (305), des ver=
geblichen Ringens müde, die Kaiserwürde nieder. Von seinen
beiden Nachfolgern, Constantius Chlorus und Galerius, war der
erstere von vornherein dem Christentum günstig gesinnt, der
andere setzte auf seinem Totenbette (311) dem fruchtlosen Wüten
ein Ziel. Mit Constantin (dem Sohne und Nachfolger des
Constantius Chlorus) siegte zugleich das Christentum über seinen
Gegner, den christenfeindlichen Maximin. Durch zwei Edikte
(von 312 und 313, das zweite von Mailand aus erlassen) gab
Constantin für das ganze römische Reich den Christen die Frei=
heit des Gottesdienstes: die schwere Zeit, sie war überstanden.
Die Kirche atmete auf. Auf finstere Nacht war helles, volles
Tageslicht gefolgt.

§ 7.

Die Kirche und ihr Sieg.

Wem hatte das Christentum seinen Sieg zuzuschreiben? War es die Standhaftigkeit, war es der Heldenmut seiner Bekenner? Keineswegs! Wie schon zu den Zeiten des Statthalters Plinius im Anfang des zweiten Jahrhunderts, gerade so war in den Zeiten der decianischen und womöglich noch mehr der diokletianischen Verfolgung der Abfall der Christen von ihrem Glauben ein massenhafter. Es gibt ein falsches Bild, sich die Christen der ersten drei Jahrhunderte sämtlich nach dem Vorbild der Märtyrer vorzustellen, deren Andenken die Kirche mit Recht verherrlicht hat. Die Masse der Christen war damals wie zu allen Zeiten feig, kleingläubig, matt im Bekennen vor den Menschen, widerstandsunfähig in Gefahr. Kam die Verfolgung, wie viele waren da bereit, ihren Glauben abzuschwören, um Besitz, Stellung, Leben zu erretten! Die Gemeinde war bereits groß geworden. Wie die Menge der Gemeindegenossen stieg, so sank zugleich die innere Kraft. Die Kirche erwartete das Weltende nicht mehr als unmittelbar bevorstehend. Sie richtete sich ein in dieser Welt, nicht ohne dabei von der Welt in sich aufzunehmen. Sie that ihre Thore weit auf, und mit der Masse des Volks hielt all das Unedle, all die Schwäche der menschlichen Natur in die christliche Gemeinde ungehinderten Einzug. Selbstverständlich war das wechselseitige Verhältnis der Gemeindegenossen ein andres in der ersten Zeit, wo ein enger Kreis von Gemeindegliedern sich brüderlich aneinanderschloß, als später, wo etwa die halbe Stadt das Christentum angenommen hatte. Die werkthätige Bruderliebe verschwand. Man überließ ihre Ausübung den Vorständen der Gemeinde, den Geistlichen. Die Kirchenzucht an den Gemeindegliedern ward immer schwächer und nachsichtiger. Eine doppelte Moral kam auf: die eine für die Geistlichen, von denen man noch die volle Energie des christlichen Lebens forderte, eine andre für die Laien, für die es in der

Hauptsache genug war, wenn sie der groben Vergehungen sich enthielten. Schon seit der Mitte des zweiten Jahrhunderts sehen wir die Verweltlichung der Kirche unaufhaltsamen Fortgang nehmen — eine Entwickelung, welche zugleich unvermeidlich war, wenn die Kirche ihren hohen Beruf erfüllen sollte: die Welt in sich aufzunehmen. Die Welt empfing von dem Geist des Christentums, aber auch das Christentum von dem Geist der Welt. Wenn wir im dritten Jahrhundert die Masse der Gläubigen, ja auch viele der besten unter den Gläubigen ansehen, z. B. einen Cyprian, der als Märtyrer starb und den die katholische Kirche nicht ohne Grund als ihren Heiligen verehrt, trotz aller echt bischöflichen Kraft der Persönlichkeit, wieviel bloßes Namenchristentum, wieviel Lüge, wieviel Haß und Feindschaft, wieviel Neid und Ehrgeiz, wieviel weltliche Begier! Schon um die Mitte des zweiten Jahrhunderts sah ein römischer Christ im Geist das Bild der Kirche voller Runzeln, voller Flecken, voller Schwäche. Ja, so war es in Wirklichkeit. Der Geist der ersten Zeugen war entwichen, und der römische Staat des Decius und des Diokletian sah eine bereits altgewordene, eine verweltlichte, vom Ideal weit abgefallene Kirche sich gegenüber, als er sich anschickte, gegen das Christentum den Vernichtungskrieg zu führen. Daher der ungeheure Abfall, daher die furchtbare Verwüstung, welche insbesondere die letzten großen Verfolgungen über die Kirche brachten.

Und doch ist die Kirche unbesiegbar gewesen!

Das ist gerade das Wunderbare und das der größte Erfolg des Christentums, daß es nicht vernichtet werden konnte, ja daß es seinerseits den Sieg davon trug, obgleich es durch seine Bekenner so elend vertreten wurde. Soviel Verleugnung, soviel Schwäche und Sünde haben doch die unverwüstliche Kraft des Christentums zu zerstören nicht vermocht. Das Christentum war weltförmig geworden und doch blieb es der Sauerteig, welcher im stande ist, die ganze Welt zu durchsäuern. Es ward verraten von einer großen Zahl seiner Angehörigen, und doch blieb ihm der Geist, welcher, trotz Sünde und Irrtum, in einer

kleinen Schar von Auserlesenen mächtig genug blieb, die Welt
zu überwinden. Durch all die Schatten und Finsternis, welche
wir in der Geschichte der christlichen Kirche wahrnehmen, bricht
zu allen Zeiten siegreich, das Gewölk durchbrechend, bald hier,
bald da strahlend aufleuchtend, das unzerstörliche Licht des wahren
Christentums. So auch damals. Die Kirche siegte nicht durch
die Christen, sondern trotz der Christen durch die Macht des
Evangeliums.

Zweiter Abschnitt.
Innere Entwickelung.

§ 8.
Judenchristentum.

Die Verfolgung, welche von außen angriff, war die ge-
ringste Gefahr für die Kirche. Weit verhängnisvoller war es,
daß dieselben Mächte, mit denen das Christentum zu kämpfen
hatte, in den Gemeinden Eingang fanden, im Begriff, den
Glauben der Christenheit und damit die Kraft ihres Daseins
zur Entartung zu bringen.

So zunächst das Pharisäertum, dann das Heidentum.

In der jungen Gemeinde machten sich bald pharisäische
Einflüsse fühlbar. Nicht alle Pharisäer machten, wenn sie zum
Christentum übertraten, die Entwickelung durch, welche den Apostel
Paulus so völlig umgewandelt hatte. So kam eine pharisäische
Richtung (das sog. Judenchristentum) in der Gemeinde auf, deren
Ziel war, das Christentum zu judaisieren. Die Pharisäer=
Christen glaubten, daß Jesus der Gekreuzigte der Messias sei,
aber behaupteten, das Heil in Christo sei nur für die Juden
gekommen. Wer Christ werden wollte, mußte nach ihrer Lehre
zunächst Jude werden (durch die Beschneidung) und das gesamte
jüdische Gesetz auf sich nehmen. Dies Christentum war lediglich

eine erneuerte Form des Judentums. Aus einer Weltreligion
war hier wiederum eine bloße Nationalreligion geworden.

Wie offensichtlich stand dies Judenchristentum mit den
Worten des Herrn im Widerspruch, welcher wiederholt die Heiden
gleich den Juden unmittelbar als Genossen seines Reiches berufen hatte!*) Ebenso offensichtlich stand das Judenchristentum
mit dem Christentum der Urgemeinde im Widerspruch. Wodurch
war denn der Verfolgungshaß der Pharisäer gegen die Erstlings-
gemeinde entbrannt als dadurch, daß das Urchristentum die Auflösung des Tempeldienstes und die Wandlung des mosaischen
Gesetzes gepredigt hatte (Ap. Gesch. 6, 14)? Was war es, was
Saulus in heiligen Zorn wider die Christen versetzte, als der
Eifer um das „väterliche Gesetz“ (Gal. 1, 14)? Und gab es
denn nicht schon, aus der Mission der ersten Zeit hervorgegangen,
eine große heidenchristliche Gemeinde in Antiochien, welche das
Christentum empfangen hatte ohne die Beschneidung und ohne
das jüdische Gesetz (Ap. Gesch. 11, 20; 15, 1)?

Das Heidenchristentum ist mit nichten erst durch den Apostel
Paulus geschaffen worden. Er verteidigte das Heidenchristentum,
welches vor ihm bereits da war und welches durch ihn dann
neue, weite Wege gewonnen hat. Sein Kampf war nicht gegen
die Urapostel gerichtet — sie gaben ihm vielmehr den Handschlag brüderlicher Anerkennung (Gal. 2, 9), — sondern gegen
die „falschen Brüder“, welche sich „mit eingedrungen“ hatten
und „neben eingeschlichen“ waren, welche also erst ein jüngeres
Element in der Gemeinde bildeten (Gal. 2, 4). Wie das Wasser
des Flusses von der Farbe des Bodens annimmt, über welchen
es dahinströmt, so nahm das Christentum unwillkürlich von der
Farbe des Volkstums an, welches es missionierend in sich auf-
nahm. Und das erste Volkstum, auf welches das Christentum
wirkte, ja von welchem es ausging, war das Judentum. Wie
selbstverständlich war es da, daß auch das Judentum seinerseits
Einfluß auf das Christentum übte! Aus diesen Einflüssen ist,

---

*) Vgl. z. B. Matth. 21, 43; Luk. 13, 29, 30 u. s. f.

bereits, eine Wandlung des ersten Christentums darstellend, das
engherzige Judenchristentum hervorgegangen. Es war mächtig
genug, selbst die Urapostel wenigstens ins Schwanken zu bringen.
Alle natürlichen Instinkte des nationalen Judentums kamen ihm
zu Hilfe. Dennoch gaben die Apostel Petrus und Johannes
und selbst der gesetzesstrenge Jakobus, der Bruder des Herrn,
dem Apostel Paulus den Handschlag der Gemeinschaft, in Anerkennung seines Evangeliums, welches er, ohne die Last des
Gesetzes aufzulegen, den Heiden predigte. Die Ansichten, ob für
den bekehrten Juden nach wie vor das jüdische Gesetz verbindlich sei, gingen auseinander. Jakobus bejahte die Frage, während der Apostel Petrus wenigstens vorübergehend schwankte
(Gal. 2, 11. 12). Die verneinende Antwort lag in dem Wesen
des ersten Christentums, und sie hat daher in der Kirche den
Sieg davongetragen. Ein Vertrag war bei jenem Handschlag
der Gemeinschaft zwischen dem Apostel Paulus und den Ur-
aposteln geschlossen worden: der Apostel Paulus sollte den Heiden,
die Urapostel aber sollten den Juden das Evangelium predigen
(Gal. 2, 9). Die Trennung der Missionsgebiete deutet auf den
Gegensatz der Überzeugungen in bezug auf die Geltung des
jüdischen Gesetzes für das Judentum. Trotzdem muß der Gegensatz in den führenden Kreisen kein dauernder gewesen sein. Von
der Trennung der Missionsgebiete ist in der nachfolgenden
Kirchengeschichte nichts wahrnehmbar. Im Gegenteil, es ist
wahrscheinlich, daß in Rom wie der Apostel Paulus, so auch
der Apostel Petrus gewirkt hat, und selbst in der korinthischen
Gemeinde, welche doch eine paulinische Gründung war, scheint der
Apostel Petrus aufgetreten zu sein (1. Kor. 1, 12), wie andererseits der Apostel Johannes zu den paulinischen Gemeinden
Kleinasiens, insbesondere zu Ephesus, in nahe Beziehung getreten ist (Off. Joh. 2. 3). Trotz mannigfacher Verschiedenheiten,
welche z. B. in der korinthischen Gemeinde noch bei Lebzeiten
des Apostels Paulus nicht weniger als vier Parteien erzeugte
(1. Kor. 1, 12), geht von vornherein ein mächtiger Strom einheitlicher Bewegung durch die Kirche. Sobald wir, vom Aus-

2*

gang des ersten Jahrhunderts an, in den überlieferten Zeug=
nissen das Leben nicht bloß einzelner hervorragender Persönlich=
keiten, sondern der gesamten Gemeinde erkennen können, sehen
wir in breiter Bewegung, die ganze Kirche beherrschend, ein
vom jüdischen Gesetz freies Christentum vor uns, welches trotz=
dem keineswegs die eigentümlichen Züge gerade des paulinischen
Christentums an sich trägt, zum deutlichen Zeichen, daß es nicht
von dem Apostel Paulus persönlich hervorgebracht worden ist.
Die zufällige Thatsache, daß uns aus der frühesten Zeit vor
allem nur die Briefe des Apostels Paulus erhalten sind, führt
leicht zu irrtümlicher Überschätzung der Bedeutung der Gegen=
sätze, mit denen gerade er zu kämpfen hatte. Die Kirchen=
geschichte zeigt, daß die herrschende Macht im Christentum von
vornherein weder das Judenchristentum, noch auch das Heiden=
christentum individuell=paulinischer Färbung gewesen ist. Es
waren das Gegensätze, welche neben anderen in der Kirche auf=
kamen. So gewaltig auch der Apostel Paulus als Werkzeug in
der Hand Gottes gewirkt hat, unser Christentum, unsere Be=
freiung von sklavischem Gesetzesdienst, vor allem die siegreiche
Behauptung des Christentums als Weltreligion, um für alle
Völker das Knechtschaftsverhältnis zu Gott in ein Kindschafts=
verhältnis zu verwandeln, haben wir dennoch nicht ihm, dem
Apostel, sondern einem Größeren zu verdanken, unserem Herrn
Christus, dem Sohn des Menschen, welcher zugleich der Sohn
Gottes war.

§ 9.

Heidenchristentum.

Von Palästina zog das Christentum aus, die griechisch=
römische Welt zu erobern. War in der ersten Zeit der Einfluß
des nationalen Judentums auf die Kirche fühlbar, so mußte in
der Folgezeit die Lebenskraft heidnischer Weltanschauung sich
wirksam erweisen. Im zweiten Jahrhundert strömt das Christen=
tum weithin über heidnischen Boden. Daher das mächtige Auf=

kommen des Gnostizismus, welcher wie die Wirkung des
Christentums auf das Heidentum, so die Wirkung des Heiden=
tums auf das Christentum darstellt.

Die heidnische Religion war aus uralter Naturreligion
hervorgegangen. Himmel und Erde und all die Kräfte, welche
sie in sich schließen, waren durch die dichtende Phantasie der
Völker in lebendige Göttergestalten verwandelt, in denen der
Mensch nunmehr zugleich die Natur anbetete und sein eigenes
Ideal. Doch ist die Erinnerung an seine historischen Ursprünge
dem Heidentum niemals völlig verloren gegangen. Es bewahrte
dieselbe in den Mysterien. Hier ward in dem Kreis Aus=
erwählter das Gedächtnis an uralte heilige Kulte der finstern
und der freudigen Naturmächte festgehalten, während man der
Menge den Glauben an die leichter faßbaren Menschen=Götter
überließ. Hier konnte auch eine Reihe tieferer sittlicher Ge=
danken bewahrt werden, welche in der Volksreligion nur zum
bildlichen Ausdruck kamen. Der Weisheit der Mysterien gegen=
über erschien die Volksreligion als bloße Allegorie. Der Ein=
geweihte erschaute die Wahrheit selbst, die unverschleierte, die
Menge aber nur den Saum ihres Gewandes.

Aus dem Heidentum fand das Mysterienwesen im Beginn
des zweiten Jahrhunderts seinen Eingang in das Christentum.
Darin besteht der Gnostizismus. Gnosis heißt Erkenntnis. Der
Gnostizismus versprach seinen Anhängern die Erkenntnis dessen,
was im Christentum wirkliche Wahrheit sei. Er suchte das
Geheimnis (Mysterium), welches in der christlichen wie in der
heidnischen Volksreligion sich verberge. Der Unterschied zwischen
dem Christentum und den heidnischen Religionen wird durch
diese Auffassung abgeschwächt. Auch im Christentum soll die
Wahrheit hinter den Thatsachen liegen, mit welchen der gemeine
Glaube sich begnügt. Und diese Wahrheit soll dem Gnostiker
durch seine Philosophie gegeben sein, welche mit den Erinne=
rungen uralter Naturreligion, mit heidnischer Mythologie und
christlichen Glaubenserkenntnissen versetzt ist. Der Grundton,
welcher durch die hervorragendsten gnostischen Systeme hindurch=

geht, ist die philosophische Idee des Gegensatzes von Geist und
Materie, und der Gedanke altheidnischer Naturreligion von dem
Gegensatz zwischen Licht und Finsternis. Gott ist der Lichtgott,
welcher eine Reihe von Lichtgeistern (Äonen) in absteigender
Stufenfolge aus sich hervorbringt. Ihm steht die Materie, das
Chaos, mit den niederen Geistern der Finsternis gegenüber.
Die Welt ist aus der Materie von einem dieser niederen Geister,
dem Demiurgen, einem ungöttlichen Wesen, geschaffen worden.
Daher die Unvollkommenheiten dieser Welt und das Böse, dessen
Sitz die Materie ist. Der Gnostizismus hat den modernen
Pessimismus vorweggenommen: die schlechteste Welt ist geschaffen
worden. Christus aber ist der Licht=Äon, welcher durch An=
nahme der Materie das Reich der Finsternis überwindet. In
dem Gnostizismus sehen wir die monotheistisch gerichtete Philo=
sophie des römischen Kaiserreichs ihren ersten großartigen Ver=
such machen, die Welt von damals praktisch zu erobern. Er gibt
dem Offenbarungsbedürfnis und zugleich dem Erlösungsbedürfnis
der gebildeten Klassen, dem Verlangen nach dem einen höchsten
Gott beredten Ausdruck. Er zeigt zugleich die Großmachtstellung,
welche das Christentum schon seit dem Beginn des zweiten Jahr=
hunderts für das geistige Leben des Römerreichs einnahm. Dem
Christentum ward von diesen Philosophen die erste Stelle an=
gewiesen, um mit Hilfe der von der christlichen Gemeinde ge=
glaubten, gepredigten, verteidigten Heilsthatsachen das zu ge=
winnen, was man vor allem begehrte: die Gewißheit, daß ein
Gott sei, wirklich sei, und daß über diesem unvollkommenen
Reich des Irdischen ein höheres Reich sich erhebe, voll Leben
und Seligkeit, welches der „Geistmensch" (der Pneumatiker) ge=
winnen könne, wenn er in Kraft der „Erkenntnis" (Gnosis)
von den finsteren Mächten der Materie sich befreie. Aber dem
Gnostizismus war der christliche Glaube nur ein Mittel, um die
Überzeugung von der Wahrheit des philosophischen Glaubens
zu gewinnen. Zu diesem Zweck mußten die geschichtlichen That=
sachen, auf welche sich der christliche Glaube gründete, allego=
risch genommen werden, und in demselben Augenblick, in welchem

das Geschichtliche als bloßes Symbol behandelt wurde, mußte wiederum die überzeugende Kraft, welche in dem Thatsächlichen als solchem liegt, unrettbar vernichtet werden. Der Gnostizismus war Philosophie, wenngleich im Anschluß an das Christentum, und teilte daher unvermeidlich das Schicksal aller Philosophie, trotz alledem und alledem in Zweifel und Ungewißheit zu endigen.

So war der Gnostizismus in gewissem Sinn der Rationalismus des zweiten Jahrhunderts. Er setzte an Stelle des Christentums eine dem Verstande (vermeintlich) besser einleuchtende philosophische Religion, auf die (vermeintliche) Erkenntnis des Zusammenhanges und der Kräfte der Welt, in Wirklichkeit auf die Überlieferungen des Heidentums, auf die Ideen der alten Philosophie und auf die altheidnische Anbetung des Himmels und der Erde gegründet. Der Gott der Gnostiker ist der „Abgrund", das „Schweigen", der „Nichtseiende", der Unfaßbare, Unnahbare. Der lebendige Gott des Christentums ist in den unbekannten Gott der Philosophen und zugleich der Mysterien zurückverwandelt.

Die Kirche empfand es, daß hier, trotz allem Entgegenkommen gegen das Christentum, eine ihr im letzten Grunde entschieden feindliche Macht wirksam war. Die Kraft der Kirche ruhte, — und sie war sich dessen bewußt, — darin, daß ihr Glaube nicht Philosophie war, daß sein Inhalt nicht in verstandesmäßige Begriffe, Spekulationen umgesetzt werden konnte, daß die sittliche Lebensführung, welche den einzelnen Christen als den wahren „Philosophen" erscheinen ließ, nicht auf Erkenntnis philosophischer Ideen, sondern auf dem Erfahren der göttlichen Liebe ruhte, welche in Christo wirklich und wahrhaftig erschienen war.

Aber der Kirche trat in der gnostischen Philosophie die mächtigste Großmacht des Altertums gegenüber. Nehmen wir hinzu, daß der Gnostizismus die gemeine Menge durch geheimnisvolle Gebräuche und Zeremonien, die ganze Heidenwelt durch den Reiz des altüberkommenen Mysterienwesens, durch seine

Verheißung, zugleich den Verstand und das Gemüt zu befrie=
bigen, durch seinen Einklang mit überlieferten Anschauungen,
zugleich die Bessergesinnten durch eine (von den meisten gnosti=
schen Systemen festgehaltene) strenge Moral befriedigte, so be=
greifen wir die Gefahr, welche der Kirche von dieser Seite
drohte. Das ganze zweite, ja noch das dritte Jahrhundert ist
von dem Kampf der Kirche mit dem Gnostizismus in Anspruch
genommen. Es galt, die einfache Wahrheit der von der Kirche
geglaubten Heilsthatsachen zu retten vor dem Ergebnisse allego=
risierender heidnischer Spekulation. — Der Gnostizismus war
der Friedensschluß, welchen die Bildung des zweiten Jahrhunderts
dem Christentum anbot. Ging das Christentum darauf ein, so
wäre es gleichzeitig mit der Bildung des zweiten Jahrhunderts
in Stücke gegangen. Vor diesem Friedensschluß galt es die
Kirche zu bewahren. Die Kirche siegte in schwerem inneren
Kampfe. Die Bedeutung des Konflikts sehen wir an den Folgen,
welche er für die Kirche hatte. In diesem Kampfe mit dem
Gnostizismus stellte sich der Kanon der neutestamentlichen Schrift
endgültig fest, d. h. die Zahl der Bücher, welche die Kirche als
autoritative Zeugen christlicher Wahrheit (im Gegensatz zu den
gnostischen Irrlehren) anerkannte; in diesem Kampfe gestaltete
sich die christliche Theologie und zugleich die Kirchenverfassung
der Zukunft. Die Kirche behauptete sich wie dem heidnischen
Staat, so dem weit gefährlicheren Gegner der heidnischen Philo=
sophie und Mysterienlehre gegenüber, aber die Kirche ging nicht
unverändert aus diesem Kampfe hervor. In und während der
Abwehr des Gnostizismus verwandelte sich das Christentum aus
dem Urchristentum der ersten Epoche in den Katholizismus
der Folgezeit.

§ 10.

Die Kirchenverfassung und der Katholizismus.

Von der Einheit aller Christgläubigen als einer großen
Genossenschaft geht die Entwickelung der Kirche und ihrer Ver=

fassung aus. Wir nennen diese Gesamtheit aller Christen Kirche. Die alte Zeit nennt sie Ekklesia, d. h. Volk Gottes. Die Christenheit ist das Volk Israel, das auserwählte Volk Gottes des neuen Bundes. Diesem Volke Gottes ist die Anwesenheit Christi, und damit Gottes, in seiner Mitte verheißen. In der Ekklesia genießt jeder einzelne Christ die volle Gemeinschaft mit Christo (mit Gott) und damit die Fülle göttlicher (geistlicher) Gnadengaben. Der Christ muß ein Glied der Christenheit, der Ekklesia, der Kirche sein. Daher die Frage: wo ist die Ekklesia?

Die apostolische Zeit gibt auf diese Frage die Antwort: wo zwei oder drei versammelt sind in Christi Namen, da ist die Ekklesia (die Kirche), denn Christus hat gesagt: wo zwei oder drei versammelt sind in meinem Namen, da bin ich mitten unter ihnen (Matth. 18, 20). Der Herr ist auf=erstanden! Er ist lebendig von Ewigkeit zu Ewigkeit! Das ist der siegende Glaube der Christenheit. Der Herr ist mitten unter seinen Gläubigen in göttlicher Allgegenwart, er, der da ist und der da war und der da kommt, der Allmächtige. Darum ist er, lebt er, wirkt er überall, wo zwei oder drei in seinem Namen versammelt sind. Wo Christus ist, da ist die Kirche. Sie er=scheint, handelt in jeder Versammlung der Gläubigen. Wo auch nur zwei oder drei in Christi Namen versammelt sind, da ist Christus der Herr mitten unter ihnen, und darum ist in ihnen die Christenheit versammelt und wirksam mit allen ihren Gnadengaben. Es bedarf keines menschlichen Priester=tums. In jeder Versammlung der Gläubigen ist die rechte Taufe und das rechte Abendmahl, ist die volle Gemeinschaft mit Christo, dem einzigen Hohenpriester und Mittler seiner Gläubigen.

Eine formelle, rechtliche Organisation war der Gemeinde unbekannt. Die Gemeinde traute auf die Kraft des Geistes, welche in ihrer Mitte die Männer erweckte, denen von Gott die Gnadengabe (das Charisma) der Verkündigung des göttlichen Wortes, zugleich damit die Leitung der Gemeinde anvertraut war. In den Aposteln war das Wort Gottes lebendig zur Er=bauung, zugleich zur Führung der Gemeinde. Ebenso in anderen geistbegnadeten Männern, den „Propheten" und „Lehrern". Aber auch wo es an solchen in sonderlicher Weise von Gott ausge= zeichneten Männern — deren Zahl von vornherein nicht allzu= groß war in der Christenheit — gebrach, traten die „Alten" (Presbyter), die schon bewährten, gereiften Christen von selber als die Häupter der Gemeinde in den Vordergrund, das natür= liche Alter sowohl wie das „Alter", welches durch früheren Eintritt in die Gemeinde oder auch durch bevorzugte Entwicke= lung und Stärke der Persönlichkeit gegeben war. In diesen „Alten" war das gemein=christliche Charisma wirksam, die Gnadengabe, welche allein schon darin liegt, ein wirklicher, rechter, mannbar gewordener Christ zu sein. Sie stellten sich „selber" in den Dienst der Gemeinde, wie zum Beispiel Stephanas und seine Angehörigen in Korinth, die „Erstlinge in Achaja" (1. Kor. 16, 15), und empfingen von ihrer leitenden, fürsorgenden, ver= mahnenden Thätigkeit den Ehrennamen „Bischof", d. h. Auf= seher, Seelsorger, Hirte (Pastor). Nicht jeder „Alte" (Pres= byter) war zugleich als solcher ein „Bischof", aber in dem „Alter" liegt der Beruf, ein Bischof, ein Hirt, Seelsorger seiner Mit= brüder zu sein. Die „Bischöfe" waren diejenigen „Alten" der Gemeinden, welche wirklich in bischöflicher, seelsorgerischer Thätig= keit „arbeiteten" in der Gemeinde. Sie waren eine Auslese der „Alten" und wurde ihnen daher auch wohl der Ehrenname der „Alten" oder „Ältesten" (Presbyter) in besonderem Sinne zugewandt. Diese Presbyter im engeren Sinne (die Alten, welche das Amt des Alters in der Gemeinde verwalten) sind mit den Bischöfen der apostolischen Zeit identisch. Es gibt daher für die Regel nicht einen Bischof in der Gemeinde, sondern die Ältesten (Presbyter), welche in der Gemeinde seel= sorgerisch wirken, sind die Bischöfe der Gemeinde. (Vergl. z. B. Phil. 1, 1.)

So steht an der Spitze der Gemeinde ein Amt, das Lehr= amt, aber ein Lehramt, welches nicht von Menschen, noch von der Gemeinde, sondern von Gott gegeben worden ist (durch das Charisma), welches in den Aposteln, Propheten, Lehrern, Bi=

schöfen (Ältesten) zu mannigfaltigem Ausdruck gelangt. Alle diese Männer haben keinen formellen, rechtlichen Auftrag empfangen; sie haben sich „selber" in den Dienst der Gemeinde gestellt und ihr Werk ist es, welches sie legitimiert und um dessentwillen sie den Gehorsam der Liebe von der Gemeinde fordern (1. Thess. 5, 13; 1. Kor. 13.). Es gibt eine Erwählung in der Gemeindeversammlung, auf welche die Handauflegung mit fürbittendem Gebet für den Erwählten folgt, eine Erwählung zum Apostel (Apostelgesch. 13, 2. 3), zum Evangelisten (2. Tim. 4, 5, vergl. 1. Tim. 4, 14; 6, 12; 2. Tim. 1, 6; 2, 2), zum „Ältesten" (z. B. Apostelgesch. 14, 23). Aber so wenig die Erwählung in der Gemeindeversammlung als solche zum Apostel macht, so wenig macht sie als solche zum Ältesten oder Bischof. Gott ist es, welcher die Apostel, Propheten, Lehrer und ebenso die Bischöfe der Gemeinde gibt (1. Kor. 12, 28; Eph. 4, 11; Apostelgesch. 20, 28), und die Erwählung durch die Gemeinde ist nur die Anerkennung der Erwählung, welche durch Gott geschehen ist. Die Erwählung durch die Gemeinde hat nicht die Bedeutung eines formell gültigen, rechtlichen Auftrages. Sie ist weder notwendig noch genügend, um zum Apostel, Evangelisten, Ältesten (Bischof) zu machen. Das Lehramt der apostolischen Zeit ist ein Erzeugnis der göttlichen Kräfte, welche in der Christenheit (der Gemeinde) wirksam sind, nicht aber ein rechtlicher Vorstand der Gemeinde. Trotz des Lehramts ist die Gemeinde rechtlich nicht organisiert.

Damit hängt es zusammen, daß das Lehramt kein Recht hat, die geistlichen Handlungen der Ekklesia zu vollbringen. In jeder Versammlung der Gläubigen, welche in Christi Namen zusammenkommt, ist Christus, der Herr, ist die Christenheit (Ekklesia), die Kirche. Darum ist bei jeder Versammlung der Gläubigen die Gewalt Christi: die Gewalt zu taufen und das Abendmahl zu spenden. Die Mitwirkung und Anwesenheit des Lehramtes ist nach den Überzeugungen der apostolischen Christenheit unnötig für das Dasein und Handeln der Ekklesia. Auch wo kein Apostel oder Prophet oder Lehrer oder Ältester (Bischof)

anwesend ist, kann dennoch gültig getauft und dennoch das Abend=
mahl gefeiert werden. Das Lehramt ist das ordentliche Organ
für die Handlungen der Kirche: in der Regel wird ein Bischof
der Gemeinde taufen, ein Bischof der Gemeinde die Feier des
Abendmahls leiten. Aber das Lehramt hat nicht die Gewalt
der Kirche (der Ekklesia). Die Gewalt der Kirche Christi ist
allein bei der Versammlung, und zwar bei jeder Versamm=
lung der Gläubigen. Wie jeder Christ in der Gemeindeversamm=
lung das Wort zur Rede (Predigt) ergreifen kann, so kann auch
jeder Christ gültig taufen und die Feier des Abendmahls leiten.
In der gleichen kirchlichen Handlungsfähigkeit aller Gläubigen
besteht das allgemeine Priestertum des in Wahrheit aposto=
lischen christlichen Glaubens.

Hier ist im zweiten Jahrhundert die Änderung vor sich
gegangen. Was thatsächlich Übung war, die Verwaltung der
kirchlichen Handlungen durch einen Träger des Lehramts, ward
zu einem rechtlichen Gesetz. Um so mehr, weil das Vertrauen
auf das freie Walten des Charismas sank und das Bedürfnis
nach Ordnung in der wachsenden Gemeinde stetig stärker wurde.
Nicht selten galt es, die Gemeinden gegen Ausbeutung durch
Schwindler zu schützen, welche als „Propheten" umherreisten,
und die gabenspendende Thätigkeit der Brüder in Bewegung
zu setzen wußten. Die Erwählung durch die Gemeinde gewann
rechtliche Bedeutung. Es wurde nur Einer erwählt, welcher
jetzt die rechtliche Befugnis hat, das Lehramt zu verwalten
und die Handlungen der Kirche zu vollziehen. Dieser Eine
empfing infolgedessen den Namen Bischof im besonderen Sinn.
Er war nunmehr der Bischof der Gemeinde, der Seelsorger,
Lehrer, Prediger vor den übrigen. Jetzt erst, im zweiten Jahr=
hundert, gab es verfassungsmäßig einen Bischof von Rom,
einen Bischof von Korinth u. s. w. Die Gemeinde nahm
monarchische Verfassungsformen an. Die übrigen „Alten" der
Gemeinde (Presbyter) traten in Unterordnungsverhältnis zu dem
einen von der Gemeinde erwählten „Bischof."

. Dieser eine Bischof — das ist das wichtigste — hat jetzt,

als durch die Gemeindewahl von Gott berufen, allein das Recht, als Organ der Ekklesia zu handeln, und gilt daher jetzt als unentbehrlich für das Dasein und Handeln der Ekklesia. Ihm steht an erster Stelle das Wort in der Gemeindeversammlung zu (nur mit seiner Erlaubnis einem anderen), ihm gebührt die Verrichtung von Taufe und Abendmahl (nur mit seiner Ge= stattung einem anderen). Ohne den Bischof (oder seinen beauf= tragten Stellvertreter) kann die Gemeinde kein Abendmahl feiern, kann auch keine Weihe (Amtsübertragung) erteilt werden, kann keine Handlung vorgenommen werden, zu welcher die Gewalt der Ekklesia (der Christenheit, der Kirche) notwendig ist. Nur wo der Bischof ist, da ist die Ekklesia. Nur der Bischof ist im vollen Besitz kirchlicher Handlungsfähigkeit. Das allge= meine Priestertum im apostolischen Sinn ist untergegangen. Als seine Gehilfen und Stellvertreter hat der Bischof die Presbyter unter sich. So nehmen die Presbyter an dem priesterlichen Charakter des Bischofs einen, wenngleich beschränkten, Anteil. An die Stelle des allgemeinen Priestertums aller Gläubigen tritt das besondere Priestertum eines Priesterstandes (des Bischofs und der Presbyter).

Die Kirche (Ekklesia) ist jetzt nicht mehr vertreten in jeder Versammlung der Gläubigen, sondern nur noch in der Ver= sammlung mit Bischof und Presbyterium. Christus ist nicht mehr überall da, wo zwei oder drei in seinem Namen versam= melt sind, sondern nur noch da, wo der Bischof ist mit den Presbytern. Um mit Christo volle Gemeinschaft zu haben, um Taufe und Abendmahl gültig zu empfangen, bedarf der Christ jetzt der Gemeinschaft mit Bischof und Presbyterium.

Nicht bloß eine Verfassungsänderung, nein, eine Glaubens= änderung ist vor sich gegangen. Die persönliche Gemeinschaft mit Christo ist das Geheimnis und die Kraft des Christenlebens. Diese Gemeinschaft mit Christo und mit Gott ist jetzt an äußere Formen und Bedingungen geknüpft worden. Darin besteht das Wesen des Katholizismus. Die Zugehörigkeit zu dem äußeren Organismus, welcher durch Bischof und Presbyter vertreten wird,

ist das neue Gesetz, welches jedem einzelnen Christen auferlegt
wird.   Die Ekklesia (die Kirche) und das Volk Gottes wird nur
noch da gefunden, wo der Beamtenkörper der Gemeinde, Bischof
und Presbyterium, funktionieren.   Die Kirche ist nicht mehr auf
die Gemeinschaft der Gläubigen als solche, sondern auf das
Amt gegründet, welches nunmehr für die Angehörigkeit der Gemeinde an Christum als unentbehrlich gilt.

Diese ungeheure Umwälzung ist in dem Kampf der Kirche
mit der Irrlehre vollendet worden.   Da waren die Gnostiker,
welche ihrerseits behaupteten, der Kirche die eigentliche Wahrheit zu verkündigen.   Wo war die Autorität, im stande, die echte
Wahrheit der Irrlehre gegenüber zu verteidigen?   Der Kanon
des Neuen Testaments war noch im Fluß, eine christliche Theologie erst in der Ausbildung begriffen.   Die einzige Macht,
welche dem Gnostizismus siegreich sich entgegenwerfen konnte,
war die lebendige Überlieferung der Kirche.   Aber wo war
die rechte Kirche?   Auch die Gnostiker wollten ja die rechte
Kirche sein.   Da war die einzige Auskunft das Zurückgehen auf
das Gemeindeamt.   Nur dort, wo das legitime Gemeindeamt
(der Bischof) den ungebrochenen Zusammenhang mit der Urzeit
außer Zweifel stellt, nur da ist (so schien es) die Kirche und
nur da die rechte kirchliche Überlieferung.   Der Bischof ist (so
glaubte man jetzt) der Nachfolger der Apostel. Von den Aposteln
hat der erste Bischof der Gemeinde, dann von diesem der
zweite u. s. f. Amt und Lehre empfangen.   Wo der Bischof ist,
da ist die Kirche und ihre echtapostolische Tradition.   Die
gnostische Häresie ward nicht durch Deduktionen, noch durch theo-
logische Wissenschaft, sondern durch das natürliche Ansehen des
Gemeindeamtes gebrochen. War der Bischof doch jetzt der einzige,
dessen charismatische Begabung und damit dessen göttliche Berufung zur Verwaltung des Lehramtes durch die Wahl der Gemeinde formell anerkannt worden und damit außer Zweifel gestellt war.   Das freie Lehramt alten Stils, welches im
Gnostizismus der Irrlehre dienstbar geworden war, wurde durch
das formelle, von der Gemeinde anerkannte Lehramt (des Bischofs)

aus dem Felde geschlagen. Als der von Gott mit der Gnaden=
gabe der Erkenntnis (charisma veritatis sagt Irenaeus) nach
Art der Apostel ausgerüstete Lehrer der Gemeinde siegte der
Bischof über die gnostische Philosophie, und indem der Episkopat
den Glauben der Kirche gegen den Gnostizismus verteidigte (und
zugleich veränderte), fiel ihm als der Preis seiner Ritterschaft
die Kirche selber zu. Die apostolische Gemeindekirche ward in
die katholische Bischofskirche verwandelt.

Mit der bischöflichen Verfassung legte die Kirche die Waffen=
rüstung an, welche sie fähig machte, den Stürmen der kommen=
den Zeiten zu widerstehen. Was der christliche Glaube an Rein=
heit seines Inhalts verlor, gewann er an der Kraft äußerer
Organisation. Nicht ungeschädigt treten die Ideen in die Wirk=
lichkeit. Die Kirche schickte sich an, die Welt zu erobern. Sie
organisierte sich durch die bischöfliche Verfassung nach weltlicher
Art, der wachsenden Menge der Gläubigen ein sichtbares, regie=
rungsfähiges Oberhaupt überordnend, und durch die Energie
monarchischer Verfassungsformen die Kirche geschickt machend, die
Schwankungen der Massenbewegung leitend, richtend, erziehend zu
überwinden. Ihre dauernde Lebenskraft empfing die Kirchenver=
fassung gerade dadurch, daß die Stellung des Bischofs einen Gegen=
stand nicht bloß des Herkommens und der Gesetze, sondern des
Glaubens der Kirche bildete. In dem Satze: nur der Bischof ist
der von Gott berufene Lehrer und Hirt der Gemeinde, nur wo der
Bischof ist, da ist die Ekklesia, nur die Gemeinschaft mit dem
Bischof gibt die Gemeinschaft mit Christo, — in diesem Satz
geistlichen Inhalts lag die Gewalt, welche die Weltherr=
schaft der Kirche und des mittelalterlichen Papsttums hervor=
brachte. Der ursprüngliche echtapostolische Begriff der Kirche
ging unter, damit die äußere Herrschaft der Kirche begründet
werden könne, und erst nach langen Jahrhunderten, als der
katholische Kirchenbegriff seine weltgeschichtliche Mission erfüllt
hatte, konnte durch die deutsche Reformation der apostolische Be=
griff der Ekklesia und das allgemeine Priestertum der Gläubigen
wieder hergestellt werden, um ein nunmehr mannbar gewordenes

Christentum und eine geläuterte Kirche zu erzeugen, deren Macht nicht äußere Gewalt ist, sondern allein die Kraft der göttlichen Wahrheit.

Dritter Abschnitt.

Die Reichskirche.

§ 11.

Staat und Kirche.

Im Jahre 313 hatte Konstantin der Kirche Anerkennung und Freiheit gegeben. Er gab ihr zugleich ihre Güter zurück und bevorrechtigte sie durch zahlreiche Privilegien. Das Heidentum ließ er noch unangetastet. Ja, er blieb Oberpriester (pontifex maximus) des heidnischen Kultus, wenngleich er als Katechumene (den Taufunterricht empfangend) den christlichen Glauben annahm und in seinem Todesjahr (337) sich taufen ließ. Unter seinen Nachfolgern beginnen die Verfolgungen des Heidentums. Die Greuel, mit denen die Kaiserfamilie trotz des Christentums sich befleckte, die niedrige Gesinnung zahlreicher kirchlicher Würdenträger, die Spaltungen innerhalb der Kirche durch dogmatische Streitigkeiten erfüllten Julian den Abtrünnigen (361—363) mit Abscheu vor dem Christentum. Er bekannte sich noch einmal zu dem Heidentum und zu den Idealen seiner Väter. Doch verfolgte er die christliche Religion nicht. Er beschränkte sich darauf, allen Glaubensbekenntnissen die Freiheit zu gewähren. Es war der letzte Lichtblick für den Kultus der alten Götter. Doch umsonst. Die innere Kraft des Heidentums war erloschen. Unter den nachfolgenden Kaisern ward das Christentum auf's neue in seine Stellung als anerkannte Staatsreligion eingesetzt. Das Heidentum war dagegen widerstandsunfähig. Märtyrer vermochte es nicht hervorzubringen. Das Christentum war die Religion der Zukunft. Im Lauf des fünften Jahrhunderts ist das Heiden-

tum als Kulturelement verschwunden. Das Reich war christ=
lich geworden. Die Kirche hatte gesiegt. Aus einem ver=
botenen, verfolgten Verein hatte sie in die mächtige, gebietende,
durch die Macht des Staates getragene Reichskirche sich
verwandelt.

Welch ein Triumph! Aber der Triumph schloß eine Ge=
fahr in sich. Nicht nur, daß jetzt mit Freiheit, Ehre, Macht
auch die Habgier und Stellenjägerei in die Kirche einzog. Vor
allem: der Staat machte seine Ansprüche an die Kirche geltend.
Aus einem Feind hatte er sich in einen Bundesgenossen ver=
wandelt. Aber als Lohn forderte er die Herrschaft in der
Kirche. Der antike Staat war es nicht gewohnt, eine andere
Macht neben der seinigen zu dulden. Das römische Kaisertum
kannte es nicht anders, als daß ihm mit dem Imperium auch
das Sacerdotium, das Oberpriestertum über den offiziellen Kultus
zukomme. Was es dem heidnischen Kultus gegenüber besessen
hatte, war es geneigt, auch von der christlichen Kirche zu fordern.
Im Kampf mit dem Staat war die Kirche aufgekommen. Sie
hatte den Instinkten der omnipotenten Staatsgewalt zu trotzen
vermocht. Der Staat hatte nachgeben müssen, aber nun, da er
die Kirche anerkannt hatte, sie mit Privilegien und Reichtum
überschüttet, forderte er um so mehr, daß sie sich ihm zu eigen
gebe. So mochte die Freundschaft des Römerreichs der Kirche
gefährlicher werden, als seine Gegnerschaft, und in der Um=
armung des Cäsarentums der geistliche Geist der Kirche Gefahr
laufen, zu ersticken. Die kirchliche Gesetzgebung, die Berufung
der allgemeinen Konzilien und die Bestätigung ihrer Beschlüsse,
die Besetzung der wichtigeren Bischofsstühle, eine oberste Ge=
richtsbarkeit in geistlichen Prozessen, einen entscheidenden
Einfluß in den die Kirche bewegenden Glaubensstreitigkeiten,
all dieses, mit einem Wort das höchste Regiment der Kirche
nahm das römische Kaisertum, und in der Hauptsache mit
Erfolg, als sein ihm von selber zukommendes Recht in An=
spruch. All die Kämpfe der ersten drei Jahrhunderte schienen
umsonst, wenn jetzt am letzten Ende die Kirche dennoch zu

einer willenlosen Magd des byzantinischen Kaisertums herab=
gesetzt wurde.

Trotzdem war es eins, was die Kirche als sicheren Gewinn
davontrug. Jetzt vom Reiche anerkannt, vermochte sie ihrem
Verfassungsorganismus über den ganzen weiten Umfang des
Reiches hin eine einheitliche, festgegliederte, das Ganze des kirch=
lichen Wesens machtvoll beherrschende Form zu geben. Das auf
verfassungsmäßige Ausgestaltung der Kirche gerichtete Wesen des
Katholizismus konnte sich jetzt voll entfalten. In der Haupt=
sache schloß die kirchliche Verfassungsform an die Organisation
des Reiches sich an. Das Stadtgebiet (civitas) war die unterste
Verwaltungseinheit des Reiches. So ward sie auch die grund=
legende Verwaltungseinheit für die Kirche. Das Gebiet der
civitas erschien in der kirchlichen Verfassung als die Diözes
des Bischofs wieder. Über dem Stadtgebiet stand in der Reichs=
verfassung die Provinz mit dem Provinzial=Statthalter. Die
Bischofsdiözesen der Reichsprovinz vereinigten sich unter der
Oberleitung des Metropoliten, d. h. des Bischofs der Provinzial=
hauptstadt, zu einer Kirchenprovinz. Mehrere Provinzen
bildeten in der Reichsverfassung seit dem vierten Jahrhundert
eine Reichsdiözes unter einem kaiserlichen Statthalter (vicarius).
Auch die Reichsdiözes tritt seit dem vierten Jahrhundert, wenig=
stens in der griechisch=morgenländischen Kirche, als Glied der
Kirchenverfassung, nämlich als das Gebiet eines Patriarchen
auf, dem die Metropoliten der Provinzen einer Reichsdiözes
untergeben sind. Dem Gesamt=Reichsverband entsprach endlich
der Gesamtverband der Kirche, als dessen legitimes Organ zu=
nächst das Reichskonzil, das sog. „ökumenische Konzil" erschien.
Die Kirche des Weltreiches war eine äußerlich sichtbare, einheit=
lich geschlossene, imposante Darstellung der Christenheit der
ganzen Welt.

Es war sein letztes großes Vermächtnis an die Zukunft,
daß das bereits alternde Römerreich seine Verfassungsformen
auf die mit neuer Kraft aufstrebende Kirche übertrug. In der
Gestalt der Kirchenverfassung überdauerte die Reichsverfassung

den Untergang des Reiches. Noch heute ist die Diözes des katholischen Bischofs das Abbild des römischen Stadtgebietes, die Provinz des katholischen Erzbischofs das Abbild der römischen Reichsprovinz und die katholische Gesamtkirche unter dem von Rechts wegen allmächtigen Papst das Abbild des alten Römer= reiches mit seinem die Welt als sein Eigentum fordernden Cäsarentum. Indem die antiken, gewaltigen, weit ausgreifenden Formen der Reichsverfassung auf dem Körper der Reichskirche sich abprägten, gaben sie zugleich sich selber die Dauer und der Kirche die in ihnen lebendige organisatorische Kraft.

In einer weltumfassenden Organisation konnte die Reichs= kirche ihre Einheit zu imponierendem Ausdruck bringen. Ver= mochte sie nun auch, was mehr war, ihre innere Freiheit und ihren Glauben zu retten?

§ 12.

Das Konzil von Nicäa.

Schon seit dem Ausgang des zweiten Jahrhunderts hatten die (aus der Gemeindeversammlung hervorgegangenen) Synoden, d. h. Versammlungen, zu welchen die Bischöfe mehrerer Gemeinden zusammenkamen, die Führung der kirchlichen Entwickelung über= nommen. Das ordentliche Organ des kirchlichen Lebens waren die Provinzialsynoden geworden, welche dann seit dem Beginn des vierten Jahrhunderts regelmäßig von dem Bischof der Provinzialhauptstadt (dem Metropoliten) berufen und geleitet wurden und so zugleich die Grundlage der Macht des Metro= politen über die Provinz bildeten. Wenn es größere, schwierigere Fragen zu lösen gab, wurden ausnahmsweise größere Synoden einberufen. Jetzt, nach der Anerkennung der Kirche durch das Reich, war die Möglichkeit einer Reichssynode (wie man später sagte, eines ökumenischen Konzils) gegeben, zu welcher sich Bischöfe aus allen Teilen des Reiches versammelten, gewissermaßen ein Gesamtkirchen=Parlament, eine Versammlung, welche die Einheit der Kirche wirkungsvoll darstellte.

3*

Wenige Jahre nachdem Konstantin die Kirche anerkannt
hatte, berief er (im Jahre 325) bereits das erste Reichskonzil,
das erste der später als ökumenisch (als die ganze Kirche dar=
stellend und als für die ganze Kirche maßgebend) anerkannten
Konzilien, das Konzil von Nicäa.

Der nächste Grund für die Berufung des Konzils war die
große Glaubensstreitigkeit, welche die Kirche bewegte.

Von vornherein stand für das Christentum die Frage
im Vordergrund: was dünket euch um Christo? Ist er nur
Davids Sohn — ein bloßer Mensch — oder ist er nicht viel=
mehr zugleich Davids Herr — der wahre Gott, der Herr
Zebaoth?*)

Das Geheimnis der Gottheit Christi war das erste und
zugleich das größte Problem für den christlich gebildeten Geist.
Es schließt das Geheimnis der Kirche in sich. Die Kirche ist
nicht bloß Christi Werk, sondern Christi Leib, von seinem Geiste
täglich neu geboren, neu belebt. Ihn selber, den Auferstandenen
und zur rechten Hand Gottes Sitzenden, hat sie in ihren Ver=
sammlungen mitten unter sich. Wie das Wesen Christi, so ist
Wesen und Würde seiner Gemeinde. Indem die Kirche über
Christum nachdenkt, reflektiert sie zugleich über sich selbst.

Von den paulinischen und johanneischen Schriften an durch
all die Jahrhunderte lautet das Bekenntnis der christlichen Ge=
meinde, daß ihr Herr Jesus Christus ist „der Erste und der
Letzte" (Off. Joh. 1, 17), der „Anfang der Kreatur" (Off. Joh. 3, 14),
„das Wort Gottes" (Off. Joh. 9, 13), durch welches Gott die
ganze Welt geschaffen hat (1. Kor. 8, 6), in göttlicher Herrlich=
keit lebendig und wirksam, bevor noch der Welt Grund gelegt
war (1. Kor. 10, 4; Phil. 2, 6—8), in diesem Sinne der „Sohn
Gottes" und zugleich Gott selbst (Joh. 1, 1 und 14). Die Schwie=
rigkeiten für das menschliche Denken, welche darin lagen, daß
der Sohn Gottes, welcher Mensch geworden und in des Fleisches

---

*) Matth. 22, 42—46.

Niedrigkeit eingegangen war (Phil. 2, 7), von Gott unterschieden und doch Gott gleich gesetzt wird, mußten zum Ausdruck und zugleich zur Lösung gebracht werden.

An dieser Schwierigkeit erwuchs im zweiten und dritten Jahrhundert die christliche Theologie, deren Grundzüge damals für alle Zeiten gelegt worden sind, — die letzte große Hervorbringung des hellenischen Geistes.

War Jesus Christus vielleicht doch ein bloßer Mensch, wenngleich ausgezeichnet durch Gaben, Wunderkraft und Gerechtigkeit? Dann war die Schwierigkeit überhaupt nicht da. Es gab solche, welche sich dieser Lösung zuwandten, aber eine Rolle in der Kirche hat sie nie gespielt. Im Beginn des dritten Jahrhunderts ward sie, als sie in Rom sich geltend machen wollte, ausdrücklich von der Kirche verworfen und für ketzerisch erklärt. Der Bischof Paul von Antiochien, der sich um die Mitte des dritten Jahrhunderts zu ihr bekannte, sah sich genötigt, sie vor seiner Gemeinde durch den Gebrauch rechtgläubiger Formeln zu verschleiern; er ward aber dennoch wegen seiner Lehre von einem großen morgenländischen Konzil entsetzt und exkommuniziert. Die allgemeine Voraussetzung des theologischen Denkens war die Gottheit Christi. Aber Gott ist ein einiger Gott. So folgerten die einen, daß Gott Vater in Christo Fleisch geworden sei und am Stamm des Kreuzes gelitten habe, daß Gott Vater, Gott der Sohn und Gott der heilige Geist nur vorübergehende verschiedene Offenbarungsformen desselben einigen Gottes darstellten (Monarchianer): hier war die Unterscheidung des Sohnes von dem Vater aufgegeben worden. Die anderen setzten das göttliche Sein, was in Christo erschienen sei, als ein zwar vor der Welt geschaffenes, aber doch geschaffenes und darum der Gottheit untergeordnetes Geistwesen (Subordinatianer): hier war auf die Wesensgleichheit des Sohnes mit dem Vater Verzicht geleistet worden. Als rechtgläubig galt aber weder die eine noch die andere in solcher Weise verstandesmäßig gefundene Auskunft. Die vorwaltende, immer entschiedener zum Siege drängende Überzeugung war die, daß mit der Einheit Gottes sowohl die Unter=

scheidung des Sohnes von dem Vater, wie die Wesensgleichheit
des Sohnes mit dem Vater vereinbar sei.

In Alexandrien kam im Beginn des vierten Jahrhunderts
der entscheidende Konflikt zum Ausbruch. Alexandrien war die
letzte große Pflanzschule griechischer Bildung, zugleich die Heim=
stätte christlicher Theologie. Hier war Origenes groß ge=
worden (geb. 185, starb in der decianischen Verfolgung 254),
der größte Theolog des dritten Jahrhunderts, griechische Welt=
weisheit mit christlichem Glauben vereinigend und vermischend.
Hier war der Ort, wo die große Frage bereiten Boden fand.
Hier war zugleich der Ort, wo sich die große Auseinandersetzung
zwischen griechischer Philosophie und christlicher Theologie end=,
gültig vollziehen mußte. Arius, Presbyter zu Alexandrien
sprach (seit 313) die subordinatianische Ansicht unzweideutig
aus und gab ihr die klare Wendung, daß der Sohn, weil in
der Zeit vom Vater geschaffen, Gott zwar ähnlich, aber doch
nicht gleich, und darum nicht wahrer Gott, sondern ein Mittel=
wesen zwischen Gott und Mensch sei. Die Gottheit Christi war
hier (wie es von vornherein im Wesen des Subordinatianismus
lag) im Prinzip aufgegeben, wenngleich Christus nicht für
einen einfachen Menschen, sondern für die menschliche Offen=
barung eines höheren gottähnlichen Wesens erklärt ward.*)
Dem Arius trat der Bischof Alexander von Alexandrien ent=
gegen, dem bald ein Größerer, der Diakon Athanasius (seit
328 Bischof von Alexandrien) zur Seite trat. Der Konflikt zog
die ganze Kirche in Mitleidenschaft. Kaiser Konstantin hatte
bei seinem Übertritt zum Christentum gehofft, in der Kirche
das wichtigste Bindemittel für sein Reich zu gewinnen. Er
mußte seine Hoffnungen getäuscht sehen, wenn nun die Kirche
selber in Zwietracht fiel. Nachdem andere Mittel der Ver=
söhnung fehlgeschlagen waren, schritt er, um den Streit zum

---

*) Die arianische Lehre ward daher als die Lehre von der Homöusie
(Wesensähnlichkeit), die athanasianische, auf dem Konzil von Nicäa
angenommene als die Lehre von der Homusie (Wesensgleichheit) des
Sohnes mit dem Vater bezeichnet.

Austrag zu bringen, zur Berufung des Reichskonzils von Nicäa
(325). Hier, auf einer Versammlung der Bischöfe aus allen
Teilen des Reiches, sollte die für die Kirche maßgebende Ent=
scheidung gefunden werden. Sie fiel für den Glauben aus,
welchen Athanasius verteidigte, — nicht ohne daß der Einfluß
des Kaisers dabei mitgewirkt hätte. Daß aber nicht kaiserliche
Laune den wirklich entscheidenden Ausschlag gegeben hatte, sollte
bald klar werden. Noch Konstantin selber wechselte seine Mei=
nung. Seine Nachfolger im Ostreich fielen dem Arianismus
zu. Der entschieden arianisch gesinnte Konstantius herrschte acht
Jahre lang (353—361) auch über das Abendland und be=
kämpfte den nicänischen Glauben mit allen Mitteln. Im Morgen=
land gelangte der Arianismus zum Siege. Im Abendland
aber blieb das nicänische Bekenntnis auch unter Verfolgungen
und Verleugnungen mächtig. Hier behauptete sich die Grund=
strömung des kirchlichen Glaubens, unbeirrt durch griechische
Reflexion. Ja, der Arianismus vermochte selbst im Morgen=
land seine Herrschaft nicht auf die Dauer zu behaupten. Nach=
dem er durch Hilfe des Kaisertums zur Herrschaft gelangt war,
verfiel er der Selbstauflösung in verschiedene Parteien. Die
zweite ökumenische Synode in Konstantinopel (381) konnte (unter
der Mitwirkung des athanasianisch gesinnten Kaisers Theodosius)
das nicänische Glaubensbekenntnis aufs neue als das Bekennt=
nis der ganzen Kirche verkündigen. Der Arianismus erlosch in
sich selbst. Er besaß nicht die Widerstandskraft, welche der Sturm
der Weltgeschichte fordert. Es war der erste naturgemäß ver=
gebliche Versuch, den Glauben der Christenheit mit rationa=
listischer Dialektik zu versetzen. Die nicänische Lehre von der
Unterschiedenheit und doch Wesensgleichheit (Homusie) des Vater
mit dem Sohne, welche dann in der Lehre von der Dreipersön=
lichkeit und von der Dreieinigkeit Gottes zum formulierten Aus=
druck gelangte, trug den Sieg davon, weil sie das Unbegreifliche
unbegreiflich sein läßt und das wunderbare Geheimnis von der
Person Christi zugleich zeigt und keusch verhüllt. Die Gottheits
Christi hatte den Glauben und die Hoffnung der Kirche von

jeher ausgemacht. Es war jetzt lediglich klarer geworden, welches
wunderbare Rätſel der Menſchheit damit aufgegeben war. Das
Geheimnis war als ſolches bezeichnet und bekannt worden, und
in dem Geheimnis, dem Myſterium, liegt zugleich das Weſen
und die Kraft der Religion.

Noch eine andere Entwickelung hatte durch Athanaſius und
das nicäniſche Glaubensbekenntnis ihren Abſchluß gefunden. Die
Seele der alten Philoſophie war der Durſt nach Erkenntnis
deſſen, „was die Welt im Innerſten zuſammenhält“. In die
Erkenntnis ſchien die Erlöſung mit eingeſchloſſen: begreife die
Welt, ſo wirſt du dich von ihr befreien. So erlöſt der Philo=
ſoph des Altertums ſich ſelbſt. Er bedarf keines anderen Er=
löſers. Von dieſer Grundidee der alten Philoſophie war auch
die chriſtliche Theologie bei ihrem Aufkommen beherrſcht worden.
Clemens von Alexandrien, der große Lehrer des Origenes, ſprach
das kühne Wort, daß der Weiſe, dem (wenn es möglich wäre)
in der einen Hand die Erkenntnis, in der andern die Erlöſung
dargeboten würde, die ewige Erlöſung ausſchlagen würde, nur
um die Erkenntnis Gottes zu gewinnen. Und Origenes,
trotz der Entſchiedenheit, mit welcher er auf den Boden des
Neuen und Alten Teſtaments trat, um, als der erſte, auf Grund
des nun feſtſtehenden Kanons ein großes, durch die Jahrhunderte
hin wirkſames Syſtem ſchriftmäßiger Theologie zu entwickeln,
auch Origenes blieb bei der Überzeugung, daß der geſchichtliche
Jeſus Chriſtus mit ſeinem Geborenwerden, Leiden und Sterben,
mit ſeinem ganzen von ihm gewirkten Erlöſungswerk nur für
die große, ſündigende Menge ein Bedürfnis ſei; der Weiſe, der
Philoſoph, bedarf auch nach Origenes keines Erlöſers, ſondern
nur des göttlichen Lehrers, welcher ihm die Wahrheit offen=
bart. Dieſe helleniſierende, an erſter Stelle nach Erkenntnis,
nach Befriedigung des Verſtandes ringende Theologie kam in
dem Subordinatianismus zu ihrem angemeſſenen Ausdruck. Dieſer
helleniſierenden Theologie, auch dem Origenes, iſt Chriſtus die
Fleiſchwerdung des in der Welt thätigen, die Welt ſchaffenden
und regierenden vernünftigen Geſetzes (des „Logos“ der Philo=

fophen). Chriſtus iſt das verkörperte Naturgeſetz (das Geſetz
ſowohl der materiellen, wie der geiſtigen, ſittlichen Weſen). Er
iſt die Zuſammenfaſſung aller Gedanken (Geſetze), welche in der
Welt wirkſam ſind, die „Idee der Ideen". Dieſer Chriſtus iſt
an erſter Stelle als die in der Schöpfung wirkſame göttliche
Macht gedacht. Ja, in Chriſto, dem aus Gott hervorgehenden
Logos, dem Weltgedanken, iſt die ganze Schöpfungswelt bereits
geſetzt, und das Intereſſe des „Weiſen", auch der philoſophiſchen
Theologen Clemens von Alexandrien und Origenes iſt an höchſter
Stelle ausſchließlich auf dieſen ewigen, die Welt ſchaffenden,
regierenden, verklärenden und erklärenden Logos gerichtet. In
der Betrachtung der in der Welt lebendigen göttlichen Vernunft
(des Logos) findet der Weiſe, auch der alexandriniſche Theolog
des dritten Jahrhunderts, gleich dem alten Stoiker und Plato-
niker, die Ruhe des Gemütes, welche ihn von der Welt befreit,
in dieſem Sinne ihn erlöſt. Auch die Theologie des Clemens
und des Origenes gipfelt, gleich der alten Philoſophie, in der
Selbſterlöſung des „Gnoſtikers". Es verſteht ſich von ſelber,
daß dieſe Theologie beim Subordinatianismus anlangen mußte.
Als der ideale Beginn der Weltſchöpfung, als das Welt-
prinzip, als der bereits nicht mehr in ſich Einheitliche, ſondern
das Vielheitliche (die Welt) in ſich Begreifende iſt Chriſtus notwendig eine dem Vater untergeordnete göttliche Perſon.

Die chriſtliche Theologie war im dritten Jahrhundert, und
zwar gerade durch die großen alexandriniſchen Theologen Clemens
und Origenes in Gefahr, in eine neue „Gnoſis", in helleniſche
Philoſophie zurückverwandelt zu werden. Da war es das
große Werk des Athanaſius, daß er dieſer mächtig voran-
ſchreitenden Entwickelung mit der ganzen Kraft ſeiner Überzeugungen und zugleich ſeiner wiſſenſchaftlichen Bildung entgegengetreten iſt. Athanaſius iſt es geweſen, welcher als der erſte
das echte Weſen des Chriſtentums in die Sphäre wiſſenſchaftlichen Bewußtſeins erhoben hat, die Thatſache nämlich,
daß das Chriſtentum nicht die Selbſterlöſung durch Selbſt- und
Welterkenntnis, ſondern die Erlöſung durch Chriſtum zu

bringen, in die Welt gekommen ist. Der Gedanke der Er=
lösung durch Christum, durch eine That Gottes (nicht durch
uns) ist der Mittelpunkt der ganzen athanasianischen Theologie.
Die Theologie des Athanasius ruht wie die des Apostels Paulus
auf dem Gedanken: nicht wo die Erkenntnis der Welt, sondern
wo Vergebung der Sünden ist, da ist Leben und Seligkeit.
In der Theologie des Athanasius tritt der hellenisch gedachte
Logos=Christus, welcher die Welt schafft, zurück hinter dem Logos
des johanneischen Evangeliums, dem Sohn des lebendigen Gottes,
welcher die Welt erlöst. Die Erlösung der sündigen Welt kann
durch kein Wesen vollbracht werden als durch Gott selbst, und
der Erlöser=Christus muß Gott gleich sein. Wäre nicht Gott
selbst die Quelle unserer Erlösung, so wären wir alle noch in
unseren Sünden. Dieses nicht philosophische, sondern religiöse,
und zwar echt christliche Begehren nach einer durch Gott be=
schafften Erlösung ist die Kraft der athanasianisch=nicänischen
Lehre. Und durch diese Kraft hat sie die Welt gewonnen. Es
handelte sich in dem großen Streite, welcher durch das Nicänum
geschlichtet wurde, nicht um ein bloßes Wortgefecht, nicht darum,
bloß einen anderen spekulativen Begriff (der Homusie) in die
Theologie einzuführen. Es handelte sich vielmehr darum, end=
lich die heidnische Philosophie auf dem Boden des Christentums
aus dem Felde zu schlagen, das Wesen des Christentums nicht
in die Welterklärung und die Wirkung des Christentums nicht
in die Ermöglichung vernünftiger Weltbetrachtung zu setzen. Die
Spekulation sollte der Kraft entkleidet werden, welche die
ganze alte Philosophie, welche ebenso die alexandrinische Theo=
logie des dritten Jahrhunderts ihr beigemessen hatte: der Kraft,
den Menschen durch eigenes Nachdenken in den Besitz des Gött=
lichen zu bringen. Die Hellenisierung des Christentums war
durch Athanasius und das Nicänum mit Erfolg bekämpft
worden. Die große Gefahr, welche darin gelegen hatte, daß die
christliche Theologie in ihren Anfängen mit den Mitteln der
überlieferten heidnischen Philosophie wissenschaftlich zu arbeiten
begonnen hatte, ja hatte beginnen müssen, jetzt war sie glücklich

überwunden worden. Indem die Erlösung durch Christum in den Mittelpunkt des theologischen Denkens gestellt wurde, war der Inhalt des Christentums wissenschaftlich begriffen worden, und doch nicht das Christentum in Philosophie verwandelt, sondern der ewige, tröstliche, wahrhaft befreiende Inhalt in volles Licht gesetzt, der Inhalt, welchen das Christentum als Religion in sich trägt, als die Offenbarung von den Gnadenthaten, welche Gott an der sündigen Menschheit vollbracht hat.

In diesem Sinne war das Nicänum die Wiedergeburt des Evangeliums, und darum ward es die feste Grundlage der ganzen nachfolgenden kirchlichen Entwickelung.

§ 13.

Patriarchalverfassung.

Das Konzil von Nicäa hatte auch mit der Organisation der Kirche sich beschäftigt. Die Gewalt des Bischofs der Provinzialhauptstadt (des Metropoliten) mit der Provinzialsynode über die Bischöfe und Gemeinden der Provinz war das zu Nicäa beschlossene Prinzip der Kirchenverfassung. Aber es gab einzelne große Bischofssitze, deren bereits hergebrachte Gewalt den engen Raum der Reichsprovinz überschritt. Das Konzil bestätigte die überlieferten Vorrechte dieser einzelnen Kirchen. Namentlich genannt werden die drei Kirchen von Rom, Alexandrien und Antiochien. Es waren die Kirchen der drei großen Hauptstädte des römischen Weltreichs. Alexandrien besaß rechtliche Gewalt über Ägypten mit den angrenzenden Ländern, Antiochien Gewalt über Syrien und die benachbarten Teile des Orients, Rom über Italien.

Im Laufe des vierten Jahrhunderts gelangte die Gewalt dieser Bischöfe zu noch festerer Gestalt. Das Reich zerfiel (seit Diokletian) in Diözesen (Länder), jede Diözes in der Regel verwaltet von einem Vikarius. So gab es eine Diözes Italien, eine Diözes Gallien, eine Diözes Spanien u. s. f. Wie die Gewalt des Metropoliten für eine Reichsprovinz, so stellte im

Laufe des vierten Jahrhunderts die Gewalt der großen Bischöfe
für eine Reichsdiözes sich fest. Dem Bischof von Antiochien
war die Diözes Oriens (Syrien, Palästina, Arabien u. s. f.),
dem Bischof von Alexandrien die Diözes Ägypten, dem Bischof
von Rom die Diözes der Stadt Rom (der größere Teil Italiens)
als dem Oberbischof unterthan. Neben den genannten drei
Bischöfen führt das allgemeine Konzil von Konstantinopel (v. J.
381) auch die Bischöfe von Ephesus (für die Diözes Asien, d. h.
Kleinasien), von Cäsarea (für die Diözes Pontus), von Heraklea
(für die Diözes Thracien) als bevorrechtet auf. Die Reichsdiözesen zerfielen in Provinzen. So die Gebiete dieser Bischöfe
(allein das Gebiet des römischen Bischofs ausgenommen) in
Metropolitansprengel, so daß die genannten Bischöfe eine Ober-
instanz nicht bloß über Bischöfe, sondern über Metropoliten
bildeten. Daher ward ihnen im fünften Jahrhundert der Titel
Patriarch (welcher ursprünglich auch dem einfachen Bischof zu-
kommen konnte) vorbehalten.

Als eine neue Größe auf dem Gebiete der kirchlichen Verfassung trat der Bischof von Konstantinopel auf. Konstantinopel
war die zweite Hauptstadt des Römerreichs geworden. Es war
natürlich, daß der Bischof von Konstantinopel eine Stellung
neben den Bischöfen der anderen Großstädte forderte, um so mehr,
weil die unmittelbare Fühlung mit der kaiserlichen Gewalt sowohl die Machtstellung des Bischofs von Byzanz wie auch das
Interesse des Kaisertums an der Hebung des hauptstädtischen
Bischofs steigerte. Auf dem Konzil zu Konstantinopel vom Jahre
381 ward dem Bischof von Konstantinopel der zweite Rang in
der Kirche unmittelbar nach dem Bischof von Rom zuerkannt.
Das Konzil von Chalcedon (451) unterwarf ihm sodann als
sein Machtgebiet die drei Reichsdiözesen Thracien, Asien, Pontus, so daß die Bischöfe von Heraklea, Ephesus, Cäsarea nunmehr
als bloße Exarchen in Unterordnungsverhältnis zu dem Patriarchen von Konstantinopel traten.

Das Konzil von Nicäa hatte auch des Bischofs von Jerusalem in ehrender Weise gedacht. Das Konzil von Chalcedon

(451) erhob ihn, die Mutterkirche der Christenheit auszuzeichnen, zu dem Range eines Patriarchen von Palästina.

So waren es seit der zweiten Hälfte des fünften Jahrhunderts die fünf Patriarchenstühle von Rom, Konstantinopel, Alexandrien, Antiochien, Jerusalem, welche die Führung der christlichen Kirche in ihren Händen trugen. Wer unter ihnen sollte der erste von allen, der Primas der ganzen Kirche sein?

§ 14.
Rom und Konstantinopel.

Der Bischof von Konstantinopel war schnell vorangekommen. Eben noch ein einfacher Bischof, dem Bischof von Heraklea untergeben, war er im Lauf des vierten Jahrhunderts zu einem der ersten Bischöfe der Christenheit emporgestiegen. Ja, das Konzil von Chalcedon (451), welches ihm drei Reichsdiözesen unterordnete, hatte ihm zugleich eine höchste Gewalt auch über die übrige Kirche, also über die ganze Christenheit zugesprochen. Die große Frage war bereits entschieden: keiner der großen, altberühmten, apostolischen Bischofsitze, sondern ein Nachkömmling, kaum erst geboren, der Bischofsstuhl von Konstantinopel, sollte der erste Stuhl der Christenheit, der Bischof von Konstantinopel der Bischof aller Bischöfe, der Primas der Ekklesia sein.

Wie so plötzlich! Und wie war das möglich?

Nicht umsonst war der Bischof von Konstantinopel der Bischof der zweiten Reichshauptstadt, welche mit dem Zerbröckeln des weströmischen Reichs täglich mehr zur ersten Reichshauptstadt wurde. Gegen das Ende des fünften Jahrhunderts fiel das abendländische Kaisertum, nachdem es schon vorher zu einem Schattenkaisertum geworden war. Der oströmische Kaiser in Konstantinopel, er war jetzt der Kaiser der ganzen Welt. Und sollte er nicht die Rechte des Weltherrschers geltend machen? Zu den Rechten des Weltherrschers gehörte aber nach den natürlichen Instinkten römischen Kaisertums die Macht auch über die Kirche. Der Bischof von Konstantinopel war der Hofbischof des Kaisers, in der unmittelbaren Machtsphäre der Majestät, ein Geschöpf des kaiserlichen Willens, und um so mehr auch kirch= lich unselbständig, weil sein Sitz aller altkirchlichen Überliefe= rungen und Vorrechte entbehrte. Was der Bischof von Kon= stantinopel in der Kirche war und vorstellte, verdankte er dem Kaiser. Um so mehr galt es, ihn zu heben. Was der Bischof von Konstantinopel gewann, war dem Kaiser gewonnen worden. Mit Adlerfittichen aufsteigend trug die Kaisergewalt den Bischof von Konstantinopel mit nach oben. In der Person des Bischofs von Konstantinopel war vielmehr das Kaisertum in die Gewalt über die Kirche eingesetzt worden. Die Schlüsse von Konstanti= nopel (381) und Chalcedon (451) bedeuteten, daß nunmehr nicht der Bischof von Rom, noch der Bischof von Alexandrien, noch ein anderer Bischof, sondern der Kaiser das Oberhaupt der Kirche sei. Die ganze kirchliche Verfassungsentwickelung schien umsonst gewesen: den Bau der kirchlichen Organisation krönte ein weltlich Haupt.

Wo war eine Macht in der Kirche, bereit und fähig, dem Kaisertum Widerstand zu leisten und die Selbstregierung der Kirche durch ein geistliches Oberhaupt dem Herrn der Welt gegenüber zu verteidigen?

Das war die große weltgeschichtliche Stellung, in welche der römische Bischof eintrat. Er war es, der den Kampf mit Konstantinopel, d. h. mit dem Kaisertum, auf sich nahm und — auf sich nehmen konnte. Was Rom bereits an natürlichen kirchlichen Machtmitteln besaß, es mußte doppelt seine Wirkung steigern, da die Sache Roms zugleich die Sache der Frei= heit der Kirche war.

Seit der zweiten Hälfte des zweiten Jahrhunderts galt die römische Gemeinde als von den Aposteln Paulus und Petrus gegründet. Der römische Bischof galt für den Nachfolger des Apostelfürsten Petrus. War Petrus der Felsen, auf welchen die Kirche gegründet war, so mußte nunmehr (da die Idee von der Nachfolgerschaft Petri aufgekommen war) der Bischof von Rom

der Felsen der Kirche sein. Wo war ein anderer Bischof, mit
ihm vergleichbar?

Von den großen Kirchen sich Rats zu erholen in allen
schwierigen Fragen des kirchlichen Gemeinlebens, war bald zur
Übung geworden. Von besonderer Autorität war die Entscheidung, welche von einer apostolischen (von den Aposteln gegrün-
deten) Kirche ausging. Mußte doch dort die wahre Lehre der
Apostel am reinsten bewahrt worden sein. Rom war die einzige apostolische Kirche im ganzen Abendland. Mit Afrika (dem
lateinischen Afrika, dessen Mittelpunkt Karthago war), Spanien,
Gallien stand es ununterbrochen in Fühlung, Entscheidungen er-
lassend, deren Autorität auch dann empfunden wurde, wenn
man ihnen widerstrebte, unbedingt die erste Stelle von allen
Kirchen einnehmend.

Vor allem: Rom war die Welthauptstadt, die ewige Stadt,
die Stadt schlechtweg. Von den Zeiten des Apostels Paulus
an, welcher sein großes Werk der Heidenmission nicht vollbracht
zu haben meinte, wenn er nicht in Rom gewirkt und zu der
römischen Gemeinde Beziehung gewonnen hätte (aber damals
war doch weder der Apostel Petrus, noch ein Stellvertreter, ge-
schweige denn ein Nachfolger desselben in Rom zu finden!),
durch all die Jahrhunderte hindurch ist die übermächtige Stellung wahrnehmbar, welche die römische Gemeinde als solche,
nicht zunächst der römische Bischof in der Kirche einnahm. Die
römische Gemeinde war unbestritten die erste, wichtigste, einfluß-
reichste der ganzen Christenheit, auch für das Morgenland. Die
bedeutenden Mittel, über welche sie infolge der großen Zahl
ihrer Mitglieder und des großen Reichtums vieler Gemeindegenossen verfügte, gaben ihrer geistlichen Machtstellung zugleich
einen wirtschaftlichen Hintergrund. Wie im Abendland, so war
in Griechenland und Asien der Ruhm ihrer Hilfsbereitschaft und
ebenso ihrer Rechtgläubigkeit verbreitet. Es war nicht anders
möglich, als daß die Machtstellung der Gemeinde nach dem Aufkommen des Episkopats auf ihren Bischof sich übertrug. Schon
gegen das Ende des zweiten Jahrhunderts konnte der römische

Bischof es unternehmen, der kleinasiatischen Kirche wegen einer
Abweichung in der Osterfeier mit dem Ausschluß aus der Kirchen-
gemeinschaft zu drohen.

Als der Erstgeborene der Kirche trat der römische Bischof
den Ansprüchen Konstantinopels, den Ansprüchen des Kaisertums
gegenüber.

Die Erhebung Konstantinopels zur zweiten Reichshauptstadt
war der erste große Schlag, welcher die aufsteigende Macht des
römischen Bischofs traf. Rom hatte aufgehört, die Hauptstadt
des Reiches, der Mittelpunkt der Welt zu sein. Je mehr das
Römerreich seinen Schwerpunkt im Osten fand, um so mehr mußte
der Bischof von Konstantinopel das geistliche Oberhaupt werden,
um welches das griechische Morgenland sich scharte. Dies spra-
chen die Schlüsse von Konstantinopel (381) und Chalcedon (451)
unmißverständlich aus. Die Proteste der römischen Legaten
verhallten im Morgenlande ungehört. Daß Rom seine Stellung
vornehmlich nicht den Aposteln Paulus und Petrus, sondern
seinem Charakter als Welthauptstadt zu danken hatte, ward in
demselben Augenblicke klar, in welchem eine zweite Hauptstadt
der Römerwelt ihm gegenübertrat.

Trotz alledem sollte gerade in dieser Zeit des Konfliktes
mit Konstantinopel die Grundlage zu der Weltstellung gelegt
werden, auf welcher die spätere Geschichte des römischen Bischofs
ruht. Noch im vierten Jahrhundert vermochte Rom einen großen
Erfolg davonzutragen. Auf dem Konzil von Nicäa hatte der arianische Streit geschlichtet werden sollen. Vergeblich. Unter Führung
der arianisch gesinnten Nachfolger Konstantins erhob sich das ganze
Morgenland für den Arianismus (S. 39). Athanasius ward
auf einer Synode von Tyrus (335), dann zum zweitenmal auf
einer Synode von Antiochien (340) von seinem alexandrinischen
Bistum entsetzt. Nur das Abendland war unter Roms Führung
dem nicänischen Glaubensbekenntnis treu geblieben. So floh
Athanasius nach Rom, um dort seine Sache zu führen, und der
römische Bischof Julius erkannte auf einer römischen Synode (341),
daß Athanasius zu Unrecht abgesetzt sei: er setzte ihn in sein

Bistum wieder ein. Der römische Bischof mit seiner Synode übte Gewalt über die ganze Christenheit. Athanasius war nicht der einzige, der nach Rom appellierte. Die Konflikte, welche zwischen den arianischen Morgenländern und den wenigen treugebliebenen Bischöfen des Orients stets aufs neue sich erhoben, gaben Rom wiederholten Anlaß, als Schiedsrichter in den Streitigkeiten auch der griechischen Kirche aufzutreten. Es war nicht so sehr erheblich, daß die Urteile Roms (so z. B. jene Wiedereinsetzung des Athanasius) von den widerstrebenden Bischöfen des Orients keineswegs als verbindlich angenommen wurden. Die Thatsache blieb, daß die bedrängten Bischöfe des Ostens Rom als den Schiedsrichter der Kirche anriefen, daß die römische Kirche mit ihren Ansprüchen sichtbar wurde fernhin, für die ganze Kirche. Ja, es gelang ihr, einen Konzilsschluß zu ihren Gunsten zu gewinnen. Im Jahr 343 war wieder eine Reichssynode (ökumenische Synode) nach Sardika (Sofia in Bulgarien) berufen worden. Der Streit um den Glauben entzweite die Bischöfe, so daß das Konzil gesprengt ward und die arianischen morgenländischen Bischöfe nach Philippopel sezedierten, um dort ihre Sondersynode zu halten. Das nunmehr lateinisch-abendländisch gewordene Konzil von Sardika aber erkannte dem römischen Bischof das Recht zu, Appellationen entsetzter Bischöfe anzunehmen und das Zusammentreten einer neuen Synode (einer anderen Provinzialsynode) zu veranlassen, welche über die Rechtmäßigkeit der Absetzung ein neues Urteil fälle. Das Abendland war die Burg, in welcher die Macht des Papsttums wohnte, und das Abendland erkannte auf der Synode von Sardika seinem ersten Bischof feierlich das Recht zu, über die ganze Kirche Gewalt zu üben.

Der große Glaubensstreit endigte am Ausgang des vierten Jahrhunderts mit der Niederlage des Arianismus. Der Sieg des nicänischen Bekenntnisses war zugleich ein Sieg Roms. Hatten doch alle die großen Bischofssitze des Morgenlandes mit fluchwürdiger Ketzerei sich befleckt! Wo war die Kirche, welche, gleich Rom, in all den Kämpfen das Panier der Rechtgläubigkeit entfaltet hatte?

Und nun, da Rom um so mehr sich berechtigt halten mußte,
die Regierung der Gesamtkirche in seine Hand zu nehmen, nun
sollte ein Emporkömmling, der Bischof von Konstantinopel, was
mehr war, nun sollte die weltliche Gewalt den großen Preis
mit Unrecht an sich reißen dürfen? Das Kaisertum begann
schon für Rom seine Schrecken zu verlieren. Weithin fluteten
die germanischen Völkermassen über das bereits unverteidigte
Abendland. Der Fall des Römerreiches war für die abendländische Kirche zugleich die Erlösung von erdrückender Staatsgewalt. Das unmittelbare Machtgebiet des römischen Bischofs,
das Abendland, entzog sich dem Willen, welcher in Konstantinopel
herrschte. Noch kam eine Zeit (das 6. und 7. Jahrhundert), in
welcher der Bischof von Rom, dessen Stadt jetzt ein Teil des
oströmischen Reiches geworden war, in unwürdige Abhängigkeit
von dem Kaiser und dem Bischof des Morgenlandes, dem Bischof
von Konstantinopel, fiel. Aber das fränkische Reich wird kommen,
den römischen Bischof zu befreien, und ihm endgültig den kirchlichen Primat über die lateinische Reichshälfte zurückzugeben.

Auf dem Konzil von Chalcedon (451) war der Primat
Konstantinopels dekretiert worden. Die anwesenden Legaten des
römischen Bischofs hatten dagegen feierlich protestiert. Der Konflikt war förmlich ausgesprochen worden. Die beiden Gegner
sahen einander in das Angesicht. Der Gang der Weltgeschichte
wird durch ihren Widerstreit bestimmt werden. Der Grund
jenes großen Gegensatzes war gelegt worden, welcher dann später
die Kirche in die römisch-katholische und die griechisch-katholische
entzweit hat.

Mit solcher Dissonanz schließt die Entwickelung der ersten
Jahrhunderte. Noch bildet die ganze Christenheit eine kirchliche
Einheit — ein ungeheurer, weltumfassender Horizont. Mächtig
erhebt sich der Baum, welcher aus dem Senfkorn emporgewachsen
ist, weithin Frucht und Nahrung gebend, so daß die Völker
kommen und wohnen unter seinen Zweigen. Aber schon droht
die Wetterwolke am Horizont, aus welcher der Blitz fahren wird,
um den stolzragenden Stamm in zwei Hälften zu zerspalten.

Nur um des Ehrgeizes zweier Bischöfe willen? Nur weil einst=
mals das römische Reich in eine lateinische und griechische Hälfte
geteilt und der alten Reichshauptstadt eine zweite Hauptstadt
gegenübergestellt worden ist? Das sei ferne! In der Spaltung
der Kirche lag der erste große Schritt zu der Fortentwickelung
derselben. Die Spaltung war innerlich notwendig, um die
ganze reiche Kirchengeschichte des Mittelalters zu ermöglichen,
um das Abendland zu befreien von dem nunmehr in Todes=
schlaf versinkenden Orient.

Zweites Kapitel.

Das Mittelalter.

---

§ 15.

Einleitung.

Wir betreten, wenn wir von der Kirchengeschichte der ersten Jahrhunderte in die des Mittelalters unseren Einzug halten, eine neue Bühne von geringeren Größenverhältnissen. Der Gesichtskreis der mittelalterlichen Kirchengeschichte ist nicht mehr die christliche, sondern nur noch die abendländische Erde. Die Weltgeschichte verlegt ihren Schwerpunkt nach Westen, nach Italien, Spanien, Gallien, Britannien, Germanien, wo unter schwerem Ringen das abendländische germanisch-romanische Volkstum geboren wird, welches bestimmt ist, die Zukunft zu beherrschen.

Mit einem ungeheuren Zerstörungsprozeß beginnt das Mittelalter.

Im Morgenlande empfängt durch das Andringen des Islams die griechische Kirche und mit ihr die griechische Nationalität und Kultur den Todesstreich. Einem Feuerstrome gleich, alles Lebendige verzehrend, ergießen sich die Scharen der mohammedanischen Eroberer über Asien und Afrika. Im siebenten Jahrhundert hat die Bewegung ihren Anfang genommen (das erste Auftreten Mohammeds fällt in das Jahr 611); im Beginn des achten Jahrhunderts hat sie bereits Spanien erreicht (Fall des spanischen Reiches durch die Mauren 711). Wenige Jahre

später (732), als Karl Martell mit der gesammelten Kraft des
Frankenreiches sich ihr entgegenwirft, steht sie schon an den
Ufern der Loire, bereit, das ganze Abendland zu überschwemmen
und die romanisch = germanische Kirche und Bildung ebenso zu
treffen, wie die Kirche und Bildung des Orients.

Die griechische Nationalität war der Lebenskraft beraubt
worden, eine Nationalität, so reich an Gaben wie keine andere,
wo selbst die Sackträger auf der Gasse philosophierten, wo in
den Barbierstuben und Schenken, auf den Gassen und Märkten
der Streit um die Geheimnisse des Glaubens widerhallte, wo
nicht bloß die Religion, sondern auch die Theologie populär
war und die Massen des Volkes in brausende Bewegung setzte,
wo die Energie des Geisteslebens unerschöpflich schien, von der
Kraft des ganzen Volkstums siegreich emporgetragen, — diese
Nationalität, die herrlichste, die reichste, die wunderbarste unter
allen, sie war zu Boden geworfen, zertreten, zerstampft, um
nimmer wieder zu erstehen. An die Stelle der hellenischen trat
im Morgenlande die arabische Kultur, auch geistesmächtig, in
Mathematik, Naturwissenschaft, Philosophie dem Mittelalter über=
legen und von dem größten Einfluß auf das Abendland, die
scholastische Bildung des Mittelalters mit hervorbringend, eine
Kultur, durch nüchterne Schärfe des Verstandes und zugleich
durch den leuchtenden Märchenschimmer orientalischer Poesie mit
unvergänglichem Glanz umgeben, und doch eine Kultur zweiten
Ranges, der hellenischen Bildung des Altertums nicht eben=
bürtig, der Reinheit der Formen, der prometheischen Kraft des
Genius, vor allem des Sinnes für die Geschichte entbehrend,
welcher der Forschung zugleich den Stachel und ihre Freiheit,
die Kraft des Auges und den unermeßlichen Horizont gewährt.
Von der arabisch beeinflußten Kultur des Mittelalters galt es
uns zu befreien, um am Ausgang des Mittelalters durch die
Neugeburt des Altertums die Wissenschaft und den Geist der
Gegenwart zu erwecken.

Die griechische Nation war dahin. Nie hat sie von dem
furchtbaren Schlage sich erholt. Was unter dem Zepter des

oftrömischen Kaisers noch erhalten und übrig geblieben war,
besaß gerade noch Kraft genug, den nun heranströmenden slawischen Völkerstämmen als letztes Erbteil die Buchstabenschrift, die
Elemente der Bildung, die Kirchenlehre zu übermachen. Aber
dem slawischen Volkstum fehlte die Kraft, die griechische Welt
neu zu gebären. Die griechische Kirche und Welt blieb tot.
Die griechische Kirche von heute, wie sie in Rußland und den
angrenzenden Ländern der Balkanhalbinsel vor uns steht, ist die
versteinerte Kirche des siebenten Jahrhunderts. Kein Schritt ist
weiter gemacht worden. Wie die Weltgeschichte zur Zeit des
großen Vernichtungsschlages im siebenten Jahrhundert die Kirche
des Ostens verlassen hat, genau so findet sie dieselbe heute nach
mehr denn einem Jahrtausend wieder. Die griechische Kirche
liegt in Todesstarre. Wann wird der Geist von oben die einst
so Herrliche zu neuem Leben auferwecken?

Auch das Abendland bietet im Beginn des Mittelalters
das Bild der Auflösung. Das Reich ist gefallen, das mächtige,
einst weltgebietende. Die Scharen der germanischen Völker sind
über das Abendland dahingebraust, verwüstend, zerstörend, aus
den Urwäldern Germaniens ihre Barbarei hinaustragend in die
reichen Länder des zivilisierten Westens. Nacht ist hereinge=
brochen. Was einst herrlich, groß und schön gewesen war, was
das Leben ausgefüllt und lebenswert gemacht hatte, die Kunst,
die Wissenschaft, die weithin gebietende Reichsgewalt — alles
war untergegangen. War nicht zugleich der Untergang der Welt
herbeigekommen? Die Nacht war da und nirgends zeigte sich
ein neues Morgenrot.

Und doch war ein Moment der Hoffnung übrig geblieben.
Das Reich war wohl gefallen, aber nicht die Kirche. Im
Morgenland war mit dem Reich auch die Kirche verwüstet und
damit die letzte Wurzel der Kultur entkräftet worden. Im
Abendland stand die Kirche aufrecht. In einer Welt von
Trümmern, inmitten des allgemeinen Unterganges, war sie die
einzige Zeugin der Vergangenheit, ihre Organisation, ihre Über=
lieferungen, ihren Glauben aus der Welt des Altertums unver=

sehrt hinüberrettend in die neue Zeit, und durch ihre Predigt
wie durch ihre Verfassung den Sieger selbst in einen Besiegten
verwandelnd. Die germanischen Scharen zogen in die weiten
Hallen der christlichen Kirche ein, nun — wie der Bischof
Remigius von Reims bei der Taufe zu dem Frankenkönig
Chlodwig sagte, — zu verehren, was sie verfolgt hatten, zu
verfolgen, was sie verehrt hatten. Die Kirche war gerettet,
und mit ihr war die Kultur gerettet worden. Die ganze Bil=
dung des Altertums, der ganze Reichtum, welcher dort für die
Nachwelt angehäuft war, sollte unverloren bleiben. In stiller
Klosterzelle, unter den schirmenden Fittichen kirchlicher Forschung
und Wissenschaft ward der teure Schatz behütet, bis einst die
Zeit kam, wo er aufs neue hinausgehen konnte, eine Welt reich
zu machen.

Mit der ganzen Kraft und Innigkeit deutschen Gefühls=
lebens empfingen die deutschen Stämme das Christentum. Das
deutsche Blut war edel genug, lebenskräftig genug, die Welt
und Kirche des Abendlandes neu zu gebären. Auf dem ger=
manisch=romanischen Volkstum, welches jetzt im Abendland aus
der Verschmelzung lateinischen und deutschen Wesens hervorgeht,
beruht der Fortgang der Weltgeschichte. In der ersten Zeit ist
die griechische Kirche die Führerin der Christenheit gewesen.
Jetzt wird das Zepter an die Lateiner übergeben.

Die mittelalterliche Kirchengeschichte, nur die abendländische
Christenheit begreifend, hat einen enger begrenzten Gesichtskreis,
aber doch einen Gesichtskreis, welcher die ganze Entwickelung
der Zukunft einschließt.

Erster Abschnitt.
Das fränkische Reich.

§ 16.
Die deutschen Stammesreiche.

Eine Reihe von deutschen Stammesreichen sehen wir auf
den Trümmern des Römerreiches groß werden. Welchem wird
die Palme zufallen? Welchem wird es gelingen, neu aufzu=
richten, was zerstört war, auf römischem Boden in der Form
germanischen Staatswesens neu zu schaffen das große, welt=
beherrschende, herrliche, unvergeßliche Kaiserreich? Das Reich
war untergegangen, aber die Sonne der Reichsidee stand noch
durch das ganze Mittelalter strahlend über dem Horizont. War
doch durch lange Jahrhunderte den andringenden Barbaren das
römische Weltreich der Inbegriff alles Großen und Herrlichen
gewesen. Wie mit Zaubermacht hielt es sie gefangen, und nach=
dem das römische Reich verschwunden war, folgte ihm die Sehn=
sucht der Eroberer, welche es zerstört hatten. Das Reich war
ihnen der Staat, der einzige, der ideale, der unvergleichliche,
ja, der unentbehrliche, unvergängliche, ewige. Die Geschichte
der Menschheit schien mit seiner Geschichte gleichbedeutend. Dies
Reich wieder aufzurichten, der Menschheit die Formen ihres
staatlichen Daseins zurückzugeben, mußte das große, höchste Ziel
germanischer Staatenbildung sein. Nicht bloß in den Köpfen
der Gelehrten, nein, in der Phantasie der Völker lebte der
Kaisertraum, die unmittelbare Nachwirkung des zu den Zeiten
des Römerreiches Gesehenen, Erlebten, unverlierbar Empfangenen,
— geheimnisvoll glänzende Bilder webend, mit berauschender
Kraft zu unsterblichen Thaten drängend, machtvoll zeugend zuerst
das Frankenreich, dann das deutsche Reich.

Welches der deutschen Reiche wird wieder aufrichten das
Kaiserreich? Ob das Reich der Ostgoten oder der Westgoten, oder

der Vandalen, oder der Burgunden? Die Antwort der Ge=
schichte war: keines von diesen, sondern das Frankenreich.

Eine Thatsache war dafür von vornherein entscheidend.
Die sämtlichen deutschen Stämme, welche bis jetzt mit dem
Römerreich in Fühlung getreten waren, hatten das Christentum
in arianischer Form empfangen. Das Ostreich war in dem
größeren Teil des vierten Jahrhunderts arianisch gewesen, und
gerade zu jener Zeit hatten an den Ufern der Donau die Goten,
dann die übrigen, den Goten verwandten Stämme, die Van=
dalen, Burgunden, Alanen, Sueven das Christentum von ost=
römischer Seite empfangen. So führte der Arianismus, nach=
dem er im römischen Reich selber bereits erloschen war, bei den
bekehrten Germanenstämmen noch ein nachträgliches Leben. Nicht
als ob die Masse der gotischen oder vandalischen Bauern einen
tieferen Einblick oder auch nur ein lebhafteres Interesse für die
theologischen Fragen gehabt hätte. Aber es war deutsche Art,
das Empfangene treu und unverändert zu bewahren. So waren
die deutschen Eroberer arianisch, der unterworfene Römer des
Westreichs aber orthodox. Dem nationalen Gegensatz trat so
der religiöse hinzu. Dieser innere Zwiespalt zehrte an den
edlen Reichen der Goten und ihrer Stammverwandten. Ein
einziges Reich war von vornherein orthodox: das Frankenreich.
Chlodwig hatte das Christentum in der römisch=katholischen Form
empfangen. Der fränkische Eroberer bekannte den gleichen Glau=
ben mit der römischen Bevölkerung. Ja, er bekannte den glei=
chen Glauben mit dem römischen Provinzialen im Burgunden=
reich und Westgotenreich. Wie mochte der römische Große, der
römische Stadtbürger, der römisch=katholische Bischof in Süd=
gallien, wo im Beginn des sechsten Jahrhunderts Westgoten und
Burgunden herrschten, danach begehren, die Herrschaft der ver=
haßten arianischen Ketzer abzuwerfen, und, wenn es nun einmal
nicht anders sein konnte, lieber dem katholischen Frankenkönig
unterthan zu sein! Chlodwig brauchte das westgotische Reich
in Gallien nur anzurühren (im Jahre 506 Schlacht bei Vouglé),
so fiel es zusammen. Unter seinen Söhnen gelang die Erobe=

rung Burgunds, — zu spät war das burgundische Königtum
zum Katholizismus übergegangen. Gallien gehörte dem fränkischen Sieger, und damit das Herz des lateinischen Abendlandes.
Es war nur noch eine Frage der Zeit, wann auf das Reich
Chlodwigs das die germanisch-romanische Welt umspannende und
neu gestaltende Kaiserreich Karls des Großen folgen würde.

§ 17.

Unter den Merowingern.

Die Epoche der merowingischen Frankenkönige, welche das 6.
und 7. Jahrhundert begreift, ist die Zeit des letzten Ausklingens
altrömisch-hellenischer Kultur. Noch war die Zeit einer neuen,
mittelalterlichen Bildung nicht herangekommen. Man zehrte von
den letzten Strahlen, welche die bereits untergegangene Sonne
der Bildung des Altertums noch über den Horizont warf. Noch
gab es Rhetorenschulen in Südgallien, welche in unmittelbarer
Fortsetzung der Bildungsarbeit des Altertums eine weltliche Bildung um sich verbreiteten. Noch gab es eine an die römischen
Vorbilder des fünften Jahrhunderts anknüpfende und deren
Formen weiterführende Litteratur. Auch die Kirche war in ihrer
Stellung noch die unmittelbare Forterhaltung eines aus dem
alten Reich ererbten Kulturelements. Auch behielt das national-
römische Element unter ihren Geistlichen, insbesondere unter den
Bischöfen, noch lange den Vorrang.

Aber die Bildung des Altertums, von welcher die mero-
wingische Zeit lebte, war im Erlöschen. Ihre Stunde war gekommen. Im sechsten Jahrhundert reichte die geistige Kraft noch
aus, um Schriftwerke hervorzubringen, welche des Andenkens
der Geschichte würdig sind. Aber wenn wir Venantius For-
tunatus, den bedeutendsten Dichter, und Gregor von Tours,
den bedeutendsten Schriftsteller jener Zeit, vor unseren Augen
sehen, — wie rauh ist schon die Sprache, wie kraftlos der Gedanke! Und gerade der Bischof Gregor von Tours, der her-
vorragendere von den beiden Genannten, eine Persönlichkeit voll

edler Einfalt, voll wahren Seelenadels, voll männlicher Kraft, — wie wenig geistreich, wie wenig fein gebildet, wie wenig formbegabt, vor allem, wie bereits barbarisiert durch die Welt von Roheit, welche ihn umgibt!

Die Bildung des Altertums geht zu Ende. Im siebenten Jahrhundert gibt sie die letzten Laute von sich. Im Beginn des achten Jahrhunderts hat ihre Todesstunde geschlagen. Stumm ist es geworden. Eine Zeit ist gekommen, welche von sich selber keine Kunde mehr zu geben im stande ist. Eine kulturlose Atmo= sphäre umgibt uns. Die Bildung des Altertums ist erstorben, um erst in der karolingischen Renaissance zu neuem Leben zu erwachen.

Was von der Geschichte der Bildung im Frankenreich, gilt auch von der Geschichte der Kirche. Die kirchliche Kraft erlischt unter den Merowingern. Im sechsten Jahrhundert hat die Be= rührung mit der Freiheit, welche der germanische Staat sowohl dem Individuum wie der Kirche brachte, eine in kraftvollen For= men sich bewegende fränkische Reichskirche hervorgebracht. Aber im siebenten Jahrhundert ist die fränkische Kirche bereits in ihren Reichtums= und Machtinteressen irdischer Art erstickt. Der Bischof spielt den großen Grundherrn und den Pair des Frankenreiches und steht an der Spitze der Auflehnung der Aristokratie gegen das Königtum. Die geistlichen Interessen erlöschen. Synoden werden nicht mehr gehalten. Im Beginn des achten Jahrhunderts ist die völlige Auflösung des Kirchenkörpers da, und kann Karl Martell die ihres Geistes entleerte Kirche in der Bedrängnis des Reiches nach Willkür behandeln, um mit Hilfe des kirchlichen Besitztums den Staat neu wieder herzustellen.

Nicht viel anders steht es mit der Kirche in Italien, in Spanien, in Britannien. In Italien leidet das kirchliche Leben durch den Haß der arianischen Langobarden, dann seit dem Über= tritt der Langobarden zum Katholizismus (Mitte des siebenten Jahrhunderts) durch die Ungunst des mit dem römischen Bischof in naturgemäßer Fehde liegenden langobardischen Königtums. In Britannien liegt die katholische und die keltische Form des

Christentums miteinander in Zwiespalt (siehe S. 61). In Spa=
nien, wo die lateinische Bildung und das kirchliche Leben weit
energischer sich erhalten haben als im Frankenreich, ist die Kirche,
gerade seit dem Übertritt der Westgoten zum Katholizismus (587),
mitten in die Händel und Intrigen verwickelt, welche den west=
gotischen Königsthron seit Mitte des siebenten Jahrhunderts un=
aufhörlich untergraben.

Die Kirche des Abendlandes ist reformbedürftig geworden.
Wer wird sie reformieren? Darf sie nach ihrem natürlichen
Oberhaupt, dem römischen Bischof, aussehen, als nach ihrem
Helfer? Aber der römische Bischof ist selber in Bedrängnis
zwischen Griechen und Langobarden. Noch mehr: der römische
Bischof ist durch das germanische Königtum, das westgotische
(in Spanien), das fränkische (in Gallien), das langobardische (in
Italien) von der unmittelbaren Gewalt über die Kirche abge=
schnitten worden. Das germanische Königtum duldet in dem
einen Reich wie in dem andern keine Regierungsgewalt eines
auswärtigen Bischofs. Die Kirche des Abendlandes löst sich in
Landeskirchen auf, in die spanische, langobardische, fränkische
Landeskirche, und die Könige der angelsächsischen Reiche, welche
soeben erst von Rom das Christentum empfangen haben, nehmen
über die Kirche Englands genau die gleiche landesherrliche Ge=
walt in Anspruch wie der König des Frankenreiches über die
fränkische Kirche. Die abendländische Christenheit ist in viele
Glieder auseinander gefallen. Ihre kirchliche Einheit ist zerstört.
Der römische Bischof ist seiner einstigen Regierungsgewalt ent=
kleidet. Das Papsttum ist nicht im stande, dem kirchlichen Ver=
fall zu steuern. Es liegt selbst am Boden, des Helfers harrend.
Wer wird der Reformator der abendländischen Kirche sein?

§ 18.

Die fränkische Reformation.

Deutschland war im sechsten Jahrhundert in der Hauptsache
noch heidnisch. Obgleich Alemannen, Bayern, Thüringer dem

fränkischen Reich einverleibt waren, war das Christentum bei
ihnen erst in den Anfängen. Das Reich erkannte es nicht für
seine Aufgabe, zu missionieren. Das war Sache der Kirche. Aber
die mangelnde Lebenskraft der Frankenkirche zeigte sich gerade
in der Ermangelung missionierender Fähigkeit. Nicht von den
Franken, nein, von fernher, aus Irland und Schottland kamen
seit dem Ausgang des sechsten Jahrhunderts keltische, fremd-
sprachige Mönche — die bedeutendsten unter ihnen Columban
(† 615) und Gallus († um 646), — um den Deutschen das
Evangelium zu predigen. Sie brachten mit fremder Art und
Sitte auch ein in mancher Hinsicht fremdartiges, eigentümlich
keltisch ausgeprägtes Christentum. Bei ihnen galt nicht bloß
eine andere Osterberechnung, als sie sonst im Abendlande üblich
war. Bei ihnen stand die Priesterehe noch in voller Geltung.
Vor allem: bei ihnen war die geordnete, bischöfliche Verfassung
welche die sonst überall geltende Form der kirchlichen Organisation bedeutete, unbekannt. Klöster waren die Mittelpunkte zugleich ihrer Mission und ihres Regiments, und neben der ge-
meinverbreiteten bischöflich verfaßten Kirche schien in Deutschland
ein nach keltischem (iro-schottischem) Muster klösterlich organisiertes
Kirchenwesen aufkommen zu sollen.

Auch die neu entstehende deutsche Kirche bringt also zunächst ein neues Moment der Auflösung in die abendländische
Christenheit.

Im Beginn des achten Jahrhunderts ist selbst die politische
Existenz des Abendlandes bedroht. Die Mauren haben das
westgotische Reich in Spanien über den Haufen geworfen (711).
Dann ist das Herzogtum Aquitanien (von den Pyrenäen bis zur
Loire) ihnen zur leichten Beute geworden. Schon stehen die
fremden, von Glaubenshaß erfüllten Eroberer im Herzen des
Frankenreiches. Es ist dieselbe Zeit, zu welcher die slawische
Einwanderung von Osten her bereits mächtig gegen Main und
Rhein vordrängt. Wo ist das Reich, welches Schutz gewähren
sollte? Das Reich, das einst mächtige Reich Chlodwigs ist ge-
fallen! Sein König ist ein unerwachsener Knabe aus dem Hause

der Merowinger. Alemannen, Bayern, Thüringer haben unter
ihren Herzögen dem sinkenden Reich den Gehorsam aufgekündigt.
Auch Aquitanien war abgefallen und bildete ein selbständiges
Herzogtum, als es von der maurischen Invasion erreicht und
verschlungen wurde. Und in dem Rest des Reiches herrscht die
Anarchie! Die großen Herren, Grafen, Herzöge, Äbte, Bischöfe,
haben die Gewalt an sich gerissen. Das Königtum ist ein bloßer
Name geworden.

Nicht bloß die Kirche, nein das Christentum ist bedroht. Und
wie das Christentum, so die germanische Nationalität.

In diesem verhängnisvollen Augenblick haben zwei Männer
das Abendland gerettet, der eine als der politische, der andere als
der kirchliche Reformator: Karl Martell und Bonifacius.

Die Schlacht bei Poitiers (732), in welcher Karl Martell
die Araber auf das Haupt schlug, war das Zeichen der beginnenden Wiedergeburt des Reiches. Auf dem Schlachtfelde zu Poitiers
ist den Karolingern ihr Anrecht auf die Königs= und Kaiserkrone
gewonnen worden.

Das Auftreten des von der katholischen Kirche unter ihren
Heiligen verehrten Bonifacius im Jahre 719 zugleich als Missionar
Deutschlands und als Abgesandter des apostolischen Stuhles war
das Zeichen der beginnenden Wiedergeburt der Kirche.

Bonifacius (mit seinem ursprünglichen Namen Winfried genannt) war einer der angelsächsischen Missionare, welche bereits
seit dem Ende des siebenten Jahrhunderts von England zur Bekehrung der Deutschen herübergekommen waren. Gregor der
Große (Papst von 590—604) hatte durch Entsendung des Bene-
diktinermönches Augustinus nach England (wo derselbe 596
landete, in Kent das Christentum verbreitete und die Kirche von
Canterbury gründete) unmittelbar von Rom ans die Bekehrung
der Angelsachsen in die Hand genommen, und die römische Form
des Christentums hatte bei den Angelsachsen nach mancherlei Konflikten über die keltische gesiegt. Jetzt zahlte die angelsächsische
Kirche der römischen ihre Dankesschuld. Die angelsächsischen
Missionare, welche nach Deutschland kamen, waren Prediger zu=

gleich des Evangeliums und der Gewalt des römischen Stuhles.
Der Angelsachse Willibrord hatte (696) sich in Rom die
Bischofsweihe erteilen lassen, um sein Missionswerk bei den
Friesen in Angriff zu nehmen. Bonifacius (Winfried) ließ
sich, als er im Jahre 718 die volle Ergreifung des Missions-
werkes ins Auge faßte, vom römischen Bischof (Gregor II.) den
Auftrag zur Mission erteilen: Er kam, anders als die iro-
schottischen Mönche, im Namen des römischen Stuhles den
Deutschen das Evangelium zu predigen. Im Jahre 723 empfing
er in Rom die Bischofsweihe, und leistete dabei — er, der erste
außer-italische Bischof, der sich dazu verstand, — dem römischen
Bischof den förmlichen Gehorsamseid.. Er glaubte mit der
vollen Kraft der Überzeugung, daß das Heil der Kirche an Rom
gebunden sei, und diesem Glauben hat er sein Leben gewidmet.
In diesem Glauben hat er das Abendland erobert. Er und kein
anderer ist es, der das Papsttum des Mittelalters aufgerichtet hat.
  Sein Werk war zugleich Mission und Reformation. Die
heilige Donnereiche bei Geismar fiel von seinen Streichen, ein
Sinnbild des fallenden Heidentums. Die keltische (iro-schottische)
Form des Christentums hat er zugleich durch die römische ersetzt.
Er organisierte in Bayern die ordentliche bischöfliche Verfassung
und gründete in Hessen und Thüringen eine Reihe von neuen
Bistümern. Das wichtigste war, daß es ihm gelang, auch die
Kirche Frankreichs zu reorganisieren. Nach dem Tode Karl
Martells (741), dessen eiserne Hand schwer auf der Frankenkirche
gelegen hatte, und dessen eiserner Wille der Reformation feindlich gewesen war, gelang es ihm in kurzer Frist, die ordentlichen
Formen der Kirchenverfassung für das ganze Frankenreich zu
neuem Leben zu erwecken. Das kanonische Recht ward einge-
schärft, die Provinzialsynode der Bischöfe mit dem Metropoliten
an der Spitze ward als Regierungs- und zugleich als Aufsichts-
instanz über alle Bischöfe der Provinz wieder hergestellt. Vor
allem: die Kirche Frankreichs wie Deutschlands unterwarf sich
durch ihn dem Papst. Der Papst ward als oberstes Haupt der
abendländischen Christenheit anerkannt, seinen Entscheidungen Ge-

horsam gelobt, und damit zugleich die Einheit der abendlän=
dischen Kirche wieder hergestellt.

Die Wiederaufrichtung der päpstlichen Gewalt war der un=
entbehrliche Schluß= und Eckstein der fränkischen Reformation.
Es hatte sich gezeigt, daß die Auflösung in Landeskirchen der
Erhaltung kirchlichen Lebens ungünstig gewirkt hatte. Eine Macht
mußte da sein, welche als oberste Autorität zugleich der Einheit
und der Leitung der ganzen Kirche diente. Die Macht und volle
Herrlichkeit der Kirche war notwendig, um den Völkern des
Mittelalters die Macht und Herrlichkeit des Evangeliums sinn=
lich sichtbar zu veranschaulichen. Was der Macht der Kirche
diente, das diente mittelbar auch der Macht des Christentums.
Das Papsttum war bestimmt und unentbehrlich, die weltumfassende
Organisation der Kirche, zugleich damit die Herrschaft der christ=
lichen Ideen über das Leben der Völker des Mittelalters hervor=
zubringen. Indem Bonifacius die Macht des römischen Stuhls
aufrichtete, hat er nicht etwa die deutsche Kirche wie eine Sklavin
an Rom verkauft, sondern der deutschen wie der ganzen abend=
ländischen Christenheit die entscheidenden, mächtig fruchtbaren
Lebensantriebe gegeben, aus welchen die Kirchenherrlichkeit und
mit ihr die Kultur des Mittelalters hervorgegangen ist.

§ 19.

Das Reich Karls des Großen.

In dem Reiche Karls des Großen vollendete sich die Reichs=
gründung Chlodwigs. Die Gesamtheit der romanischen und ger=
manischen Stämme des abendländischen Kontinents war jetzt zu
einem weltgebietenden Gemeinwesen vereinigt. Die große Auf=
gabe, welche den Scharen der Völkerwanderung dämmernd, glän=
zend vorgeschwebt hatte, jetzt endlich war sie gelöst worden. Ein
neues Reich war aufgerichtet, gleich herrlich, gleich gewaltig, wie
einst das Römerreich des Abendlandes, und indem Karl der
Große zu Rom am Weihnachtsfest 800 die römische Kaiserkrone
aus den Händen der römischen Gemeinde und des römischen

Bischofs (Leo III.); als des Hauptes dieser Gemeinde, entgegen-
nahm, brachte er das lebenskräftige, frohe Selbstbewußtsein seiner
Völker, daß nunmehr das große Meisterstück gelungen und die
Herrschaft der Welt auf die Germanen übergegangen sei, zum
weithin sichtbaren, imponierenden Ausdruck.

Das neue Römerreich sollte zugleich ein christliches Weltreich sein. Das Kaisertum erschien zugleich als Haupt des Staates
und als Haupt der Kirche. In diesem Sinne setzte Karl der
Große, den römischen Bischof zunächst in Schatten stellend, sich
an die Spitze auch des Kirchenregiments, Konzilien präsidierend,
den Bischöfen und Äbten ihr geistliches Recht weisend, das kirchliche Leben beaufsichtigend und ihm zugleich unter Beihilfe seines
gelehrten Freundes, des Angelsachsen Alkuin (starb als Abt zu
Tours 804), durch die Förderung lateinischer Bildung und die
Einrichtung neuer Bildungsstätten, Antriebe reichen, frischen Lebens
gebend.

Unter seinem Sohne Ludwig dem Frommen zerbröckelte das
große Reich. Das Papsttum selber trat in der Person Gregors IV.
(833) in Bündnis mit den Söhnen Ludwigs des Frommen, um
an der Zerstörung des Reiches arbeiten zu helfen, des Reiches,
welches doch die Herstellung des Papsttums zur Herrschaft über
das Abendland ermöglicht hatte. Aber mit der Einheit des
Reiches fiel zugleich das dem Papsttum überlegene Großkaiser-
tum, wie es Karl der Große aufgerichtet hatte, und blieb der
Kirche des Abendlandes, wenn sie ihre Einheit erhalten wollte,
nunmehr nichts anderes übrig, als sich lediglich auf die Papstgewalt zu gründen. Aus dieser Erkenntnis ist um die Mitte
des neunten Jahrhunderts der Pseudoisidor hervorgegangen,
das Werk eines fränkischen Geistlichen, — die unverschämteste
und zugleich erfolgreichste Fälschung des ganzen Mittelalters.
Eine alte Sammlung von Konzilienschlüssen und päpstlichen Dekretalen war hier um eine ganze Menge von gefälschten Dekretalen vermehrt worden, welche der Urheber der Sammlung unter
dem Namen der alten römischen Bischöfe, insbesondere des zweiten
und dritten Jahrhunderts, hergestellt hatte. Der stets wieder-

lehrende Gedanke der falschen Stücke ist einerseits die Befreiung
der Bischöfe von der weltlichen Gewalt, ja, wenn möglich, über=
haupt von jeder Anklage (kein Laie oder niederer Geistliche darf
Ankläger oder Zeuge gegen einen Bischof sein), andererseits die
Unterwerfung der Kirche unter den Papst. Auch dieser zweite
Gedanke tritt breit in den Vordergrund: nicht nur, daß jeder
(von der Provinzialsynode) abgesetzte Bischof unbedingtes Appel=
lationsrecht nach Rom hat; es gilt nach Pseudoisidor ganz allge=
mein der Grundsatz, daß alle wichtigeren Sachen an den Papst
zu bringen sind und daß kein Schluß einer Provinzialsynode
gültig ist ohne päpstliche Bestätigung. Welch unerhörte Neuerung
des in zweifelloser Geltung stehenden Kirchenrechts! Es war
das Programm der fränkischen Reformpartei, welches hier in
Gesetzesform gebracht war: das Schicksal der Kirche sollte los=
gelöst werden von dem Schicksal des auseinanderfallenden Reiches,
um die Verfassung der Kirche auf den von allen örtlichen Mächten
befreiten Episkopat einerseits, auf das Papsttum andererseits zu
gründen. Die Einheit der Kirche sollte gerettet werden trotz der
Auflösung des Reiches. Daher der ungeheure Erfolg der Fälschung.
Im Jahre 864 trat Papst Nikolaus I. für die pseudoisidorischen
Grundsätze offen ein. Ja, er wagte es, wenngleich in gewundenen
Ausdrücken, amtlich zu versichern, daß die gefälschten Dekretalen
(doch hütete er sich, dieselben namentlich zu bezeichnen) in den
Archiven der römischen Kirche aufbewahrt würden, und machte
dadurch das Papsttum mitschuldig an dem Betrug. Schon gegen
Ende des neunten Jahrhunderts war jeder Widerspruch gegen
die Echtheit der pseudoisidorischen Dekretalen verstummt. Durch
das ganze Mittelalter hindurch haben sie für echt gegolten. Zahl=
reich haben sie Aufnahme in das Corpus Juris canonici gefunden.
Erst im fünfzehnten Jahrhundert sprach der Kardinal Nikolaus
von Cusa Zweifel an der Echtheit aus, welche dann von der
protestantischen Forschung (den Magdeburger Centuriatoren u. a.)
zur Gewißheit erhoben wurden. Inzwischen aber hatten die
falschen Dekretalen ihr Werk gethan. Nicht so, als ob sie das
Papsttum des Mittelalters hervorgebracht hätten, — die Welt=

geschichte läßt sich nicht betrügen. Wohl aber so, daß sie dem
aufsteigenden Papsttum als wichtige Bundesgenossen zur Seite
standen, um seine Ansprüche auf Kirchen= und Weltherrschaft zu
begründen. Gleich Nikolaus I., einer der gewaltigsten Päpste,
griff entschlossen nach diesem in so überraschender Weise ihm dar=
gebotenen Beweismittel weitgehendster päpstlicher Regierungsrechte.

Das Reich Karls des Großen ging in Auflösung zu Grunde.
Sollte die Einheit der Kirche erhalten werden, so konnte es nur
durch das Papsttum geschehen. Mit dem Fall des karolingischen
Reiches war der erste Grund zu der Papstherrschaft des Mittel=
alters gelegt worden.

Zweiter Abschnitt.

Das deutsche Mittelalter.

§ 20.

Das deutsche Kaisertum.

Deutschland gelang es zuerst, ein neues Staatswesen hervor=
zubringen. Während Frankreich, Burgund, Italien noch in voller
Auflösung begriffen waren, arbeitete Heinrich I. an der Wieder=
geburt Deutschlands, welche unter seinem großen Sohne Otto I.
sich vollendete. Der Sieg, welcher auf dem Lechfelde (952) über
die Ungarn erfochten wurde, offenbarte zugleich den wilden Ein=
dringlingen und ganz Europa, daß in Deutschland ein kraftvolles
Staatswesen neu aufgerichtet worden sei. Der ersten Großmacht,
welche auf den Trümmern des karolingischen Reiches sich erhob,
fiel naturgemäß die Kaiserkrone und mit ihr die fluch= und
segenbringende Herrschaft über Italien zu. Im Jahre 962 ward
Otto der Große vom Papst zum römischen Kaiser gekrönt. Die
Krone Karls des Großen hatte wieder einen Erben, welcher im
stande war, der Kaisermacht Nachdruck zu verleihen.

5*

Aber doch: wie war die politische Lage eine so ganz andere unter Otto dem Großen als unter Karl dem Großen!

Otto dem Großen gehorchte nur ein Teil des ehemaligen Frankenreiches: das Ostfrankenreich (Ostarrihhi) an Rhein, Elbe, Main und Donau, dem jetzt Italien hinzugefügt worden war. Der Kaisergewalt sollte nach der Lehre des Mittelalters die Welt, zum wenigsten doch die abendländische Welt unterthänig sein. Aber die Weltherrschaft des deutschen Kaisers ist für die außerdeutschen Länder ein bloßer Name geblieben. Sie bedeutete thatsächlich nur die (wie oft angefochtene und wie verhängnisvolle!) Herrschaft über Italien.

Und in Deutschland selbst war die Macht des Königtums, auf dessen Schultern doch die Kaisergewalt ruhte, weit hinter die ehemalige Stellung des fränkischen Königtums zurückgegangen. Das Lehnswesen war inzwischen aufgekommen und hatte die Staatsverfassung verändert. Der Graf war nicht mehr, wie früher, ein Beamter und Organ des königlichen Willens, sondern ein Vasall, dem die Grafschaft als sein Lehn zu eigenem Recht gehörte. Ja, noch mehr: über dem Grafen war das Stammesherzogtum aufgekommen: das schwäbische, bayerische, fränkische, lothringische, sächsische — eine Macht in sich tragend, welche der des Königtums durchaus ebenbürtig war. Das Königtum stand in Gefahr, aus einer wirklichen Herrschaft in eine bloße Oberlehnsherrlichkeit verwandelt zu werden. Aus dieser Gefahr ist es durch Otto den Großen gerettet worden durch zwei Mittel. Einmal dadurch, daß er die Stammesherzogtümer soweit wie möglich an seine Familie brachte und so die in dem Herzogtum gelegenen Kräfte in Machtmittel des Königtums verwandelte, — doch nur unvollkommen, da der eigene Bruder als Herzog von Bayern und der eigene Sohn als Herzog von Schwaben weit mehr Neigung zeigten, gegen das Königtum zu rebellieren, als ihm gehorsam zu sein. Das durchschlagende Mittel, welches Otto der Große in Anwendung setzte, war ein anderes: die Gründung des neuen Königtums auf die Macht der Kirche. Unter Otto dem Großen wird es ausgesprochener Grundsatz der königlichen Politik, die Kirche, insbesondere die Bischöfe, in die Höhe zu bringen durch Güterschenkungen, Verleihungen von öffentlichen Rechten, ja von Grafschaften. Weshalb? Um dem trotzigen weltlichen Fürstentum das geistliche Fürstentum als Gegengewicht gegenüberzustellen. Der geistlichen Großen war der König sicherer als der weltlichen. Den Bischof und den Abt des reichsunmittelbaren Klosters ernannte der König selbst durch das Mittel der Investitur mit Ring und Stab. Er ernannte den Bischof und Abt freier als den Grafen und Herzog, weil die geistlichen Ämter nicht erblich waren, noch erblich sein konnten. Das geistliche Fürstentum fiel bei jedem Todesfall an den König zu freier Verleihung heim. Das geistliche Fürstentum konnte jedesmal mit einer dem König völlig genehmen Persönlichkeit besetzt werden. Ja, das Eigentum der geistlichen Stifter galt als eine Art des Eigentums des Reiches. Was dem geistlichen Stift erworben wurde, ging dem Reich damit nicht verloren. Nein, es war um so mehr sicheres Besitztum des Reiches geworden, weil es den weltlichen großen Vasallen entzogen worden war. Vom Kirchengut empfing der König Steuern (unter dem Namen von Geschenken). Vom Kirchengut ward dem König im Fall des Krieges der größte Teil der Mannschaft gestellt. Über das Kirchengut setzte der König den ihm genehmen Bischof, den ihm genehmen Abt. So ward das deutsche König- und Kaisertum des Mittelalters möglich. Seine Herrschaft fand die materielle Unterlage in den Machtmitteln der Kirche, und das Mittel, durch welches die Kirche dem König verbunden war, bildete die königliche Investitur.

Ein Königtum auf breiter Grundlage aufgebaut. Aber mußte nicht die Grundlage selbst wankend werden in dem Augenblick, in welchem die Kirche kraft ihrer geistlichen Natur die Freiheit von der Staatsgewalt begehrte?

Das Papsttum war seit den Zeiten der Auflösung des Karolingerreiches gleichfalls einer Periode des Verfalles erlegen. Vereinzelte Machtäußerungen gelangen ihm. Aber in der Hauptsache regierten die deutsche, die französische, die englische Nationalkirche sich selbst. Die Zeit des Landeskirchentums schien sich erneuern

zu sollen. Aber in dem Kaisertum lag das entscheidende Moment,
welches auch jetzt wieder der Auflösung der Kirche steuerte. Dem
Kaisertum wohnte nach den Überzeugungen des Mittelalters zu=
gleich geistliche Würde inne, und die deutschen Reichssynoden des
zehnten und elften Jahrhunderts, welche unter dem Vorsitz des
Kaisers gehalten wurden, traten zugleich als Repräsentation der
gesamten Kirche auf. Vor allem: das Kaisertum war als Haupt
der ganzen Christenheit zu der Erhebung des Papsttums unmittel=
bar wie berechtigt so verpflichtet. Das Papsttum vom Ausgang
des neunten und von der ersten Hälfte des zehnten Jahrhunderts
war den stürmischen Bewegungen der zügellosen städtischen Aristo=
kratie Roms erlegen, und die Auswürflinge einer roh gewordenen
Gesellschaft verunzierten den päpstlichen Stuhl. Es galt, das
römische Papsttum von den Römern zu befreien. Wiederholt
sind Otto der Große und sein Sohn und Enkel eingeschritten.
Die Römer hatten Otto dem Großen zugeschworen, keinen Papst
ohne seine Zustimmung zu erwählen. Mehrmals griff das Kaiser=
tum ein, um durch seinen Einfluß auf die Stellenbesetzung dem
Papsttum neues Leben zuzuführen, — aber in der Hauptsache
vergeblich. In der ersten Hälfte des elften Jahrhunderts kämpften
die großen Adelsgeschlechter Roms, die Crescentier und die Tus=
kulaner, um die päpstliche Würde, als um ein Besitztum ihrer
Familie. Im Jahre 1033 konnte Benedikt IX. als Knabe von
zwölf Jahren auf den päpstlichen Stuhl gehoben werden, um ihn
sodann mit allen Lastern zu beflecken. Ein Volksaufruhr vertrieb
ihn aus der Stadt (1044), um Sylvester III. als Gegenpapst zu
erheben. Als Benedikt IX. trotzdem 1045 mit bewaffneter Hand
nach Rom zurückkehrte, verkaufte er sein Papsttum an Gregor VI.,
ohne aber doch wirklich zur Aufgabe der päpstlichen Gewalt be=
reit zu sein. Das Ärgernis hatte den Gipfelpunkt erreicht. Als
die einzige Hilfe erschien des deutsche Kaisertum. Heinrich III.
kam herbei, und unter seinem starken Schutz sprach die Synode
zu Sutri (1046) das Absetzungsurteil über die drei Gegenpäpste
aus. Ein deutscher Bischof (Suidger von Bamberg) ward in
Rom als Clemens II. zum Papst erwählt (1046—1047). Er

krönte Heinrich III. mit der Kaiserkrone. Zugleich empfing Hein=
rich III. Würde und Gewalt eines römischen Patriziers, und
damit für das römische Bistum das Ernennungsrecht. Von
diesem Tage an ward die Besetzung des päpstlichen Stuhles
ein Bestandteil der deutschen Reichsregierung. Drei weitere
Päpste sind von Heinrich III. ernannt worden: Damasus II.
(1047), Leo IX. (1048—54, ein Elsässer aus dem Geschlecht
der Grafen von Dachsburg, gewählt auf dem Reichstag zu
Worms) und Victor II. (1054—57, gewählt auf dem Reichstag
zu Mainz). In Deutschland ward der Papst gewählt, nicht mehr
in Rom.

Das Kaisertum stand auf dem Höhepunkt seiner Gewalt. Die
deutsche Kirche war ihm dienstpflichtig. Ja, die Gesamtkirche
erkannte in ihm, wie zu den Zeiten Karls des Großen, ihren
obersten Machthaber, insofern ihm die Verfügung über die höchste
geistliche Würde zuständig war.

Doch war es nur für einen Moment, daß die kirchlich ge=
richtete Bewegung diese Machtstellung des Kaisertums begünstigte.
Für diesen Augenblick gab es kein anderes Mittel, dem Papst=
tum und der Kirche aufzuhelfen, als die mächtige Hilfe des Kaiser=
tums. Aber als endgültige Erledigung der Reformfrage konnte
doch diese Lösung nicht betrachtet werden. Wie war der Schutz
des Kaisers so ungenügend! So lange der Arm des Kaisers ge=
fürchtet wurde, so lange wirkte der Schutz, welchen er verlieh.
Sobald aber der unmittelbare Druck der kaiserlichen Gewalt auf=
hörte, — und wie oft war der Kaiser fern und von anderen Auf=
gaben in Anspruch genommen! — sobald war das Papsttum aufs
neue den kleinen Tyrannen Roms preisgegeben. Die Kirche
mußte eine Aufrichtung des Papsttums aus eigener Kraft be=
gehren, welche das Kaisertum zu gewähren außer stande war.
Für den Augenblick ward die Hilfe des Kaisertums angenommen.
Sobald aber die Wiederherstellung eines leistungsfähigen Papst=
tums erreicht war, mußte es um so entschiedener die Befreiung
der Kirche wie des Papsttums vom Kaisertum zu ihrem Ziel=
punkt machen. Ward Kirche und Papsttum mit Hilfe des Kaisers

in kirchlichem Sinne wahrhaft reformiert, so hatte gerade damit die Stunde für die Begründung der Suprematie des Papsttums geschlagen.

§ 21.
Die Reform des Mönchswesens.

Während die Welt von den Ottonen und Heinrichen redete, hatte bereits in stiller Klosterzelle eine geistige Bewegung ihren Anfang genommen, welche bestimmt war, Kaisertum und Papsttum zu verändern.

Die Bildung des zehnten und elften Jahrhunderts war eine Frucht der karolingischen Renaissance, der karolingischen Wieder=belebung lateinischer Kultur. Es war die Zeit des romanischen Baustiles, des Stiles, in welchem der Geist des Christentums eine Verbindung einging mit den Formen der Antike. Wie die Kirchengebäude und die Kaiserpaläste, so trug die gesamte Bildung jener Zeit romanischen Stil an sich. Virgil war der gefeiertste Schriftsteller des Zeitalters. Lateinisch war die Sprache nicht bloß der kirchlichen, sondern überhaupt der vornehmen Kreise. Es war die Zeit, wo die Nonne Hrosvitha ihre lateinischen Komödien vor einem erlauchten Damenpublikum aufführen ließ, wo der Mönch Ekkehard (I.) das Waltharilied in lateinische Verse und damit in hoffähige Form brachte, wo selbst das naive Volkslied unter Umständen in lateinischer Zunge redete. Mittel=punkte und Träger jener virgilischen Bildung waren neben dem Hof des Kaisers die Klöster, welche wir die Universitäten jener Zeit nennen können, — das bedeutendste der deutschen Klöster das durch seine Mönchsgelehrten und Mönchskünstler weithin berühmte St. Gallen. Was später dem landesherrlichen Hof, dann, seit dem sechzehnten Jahrhundert, den Städten zufiel: die Führerrolle in der geistigen Entwickelung zu übernehmen, das war damals dem Hof des Kaisers und der Zelle des Klosters zuständig. Von hier aus nahmen die geistigen Impulse, welche die gebildete Welt in Bewegung setzten, ihren Ausgang. Da gab es kein

Interesse weder der Kunst noch der Wissenschaft, noch auch — dürfen wir sagen — des volkstümlichen und politischen Lebens, was diesen Mönchsprofessoren fern gelegen hätte. Da gab es keine Kraft, welche nicht der Pflege wert geachtet worden wäre, keine Fähigkeit, welche nicht dort ihre Schule hätte finden können, um zur Meisterschaft geführt zu werden. Nicht Vernichtung, sondern Ausbildung der Individualität galt in diesen Mönchs= und Nonnenklöstern als die Losung. Es galt, ein Ohr zu haben wie für den Psalmengesang, so für die Melodie der deutschen Heldensage, ein Auge zu haben, wie für den Buchstaben, den Träger der Gelehrsamkeit, so auch für die sinnreich zierende, der Natur wie der Kunst nachjagende Malerei, ja, ein Herz zu haben nicht bloß für das Lateinisch des Virgilius, sondern auch für unsere wunderbare, fast noch unentdeckte, zum erstenmal in den Klostermauern St. Gallens zum Selbstbewußtsein gelangende deutsche Muttersprache. Es war ein Mönchtum, welches, gebend und empfangend, die Welt von damals geistig beherrschend, mitten in dem Strom des nationalen Lebens stand.

Aber war es denn die Aufgabe des Mönchtums, die Welt zu beherrschen, die Güter dieses Lebens zu genießen, das nationale Leben mitzuleben? War es nicht vielmehr das Ideal des Mönch= tums, aus der Welt zu fliehen, auch die edelsten Güter dieser Welt für nichtig und der unsterblichen Seele für unwert, ja für eine Gefahr zu erachten, für ein Stück der Welt, welche Bos= heit, Sünde und Verderben ist?

Vernichtung, Kasteiung, nicht bloß der bösen, sondern aller auf das Irdische gerichteten Triebe des Menschen, nicht Aus= bildung, sondern Zerstörung der individuellen Persönlichkeit, — das ist die eigentliche Losung, welche dem Mönchtum eingeboren ist. Und die Mönche von St. Gallen und all den anderen Benediktinerklöstern Deutschlands und Frankreichs: wie weit waren sie von diesem Ideal abgefallen! Ja, es war zweifellos, daß nicht bloß der Sinn für das Edle und Große jener Zeit, sondern a ch Weltsinn niedrigster Art in die Klöster Einzug ge= halten hatte. Die Klosterzucht war verfallen, von Aufsicht über

den einzelnen war wenig die Rede. Der Abt zählte wohl selbst
zu den Mitschuldigen. Je mehr der nationale Geist und die
Hingabe an das allgemeine Kulturleben in den Klöstern die
Oberhand gewann, um so mehr entwich das Mönchtum alten
Stils mit seiner Strenge und mit seiner Selbstpeinigung. Ein
üppiges, schwelgerisches Leben kam in den Klöstern auf, die
Klausur verfiel, die Stätten der Askese verwandelten sich in Orte
des Wohllebens. Die asketischen Interessen waren hinter den
Bildungsinteressen zurückgetreten. Es zeigte sich, daß damit die
Wurzel des echten Mönchslebens gefährdet war. Vom mönchi=
schen Standpunkt aus war das Salz des Mönchtums dumm ge=
worden. Darum mußte das Mönchtum romanischen, virgilischen,
ekkehardischen Stils unter die Leute geworfen werden, damit man
es zertrete.

Das Strafgericht an dem, seinem eigenen Ideal sich ent=
fremdenden Mönchtum ward von dem auf burgundischem Boden
nahe der französischen Grenze belegenen Kloster Clugny aus
vollzogen. Hier war schon im zehnten Jahrhundert durch den
Abt Odo (927—941) die alte Benediktinerregel erneut und ver=
schärft worden. Eine bis in das einzelnste gehende strenge Regel
suchte jede individuelle Entwickelung zu ersticken. Die Einführung
des Gebotes des Schweigens für gewisse Orte und Zeiten sollte
zugleich der vollen Herrschaft über sich selbst und der künstlichen
Erregung des geistlichen Innenlebens dienen. In den Mönchen
von Clugny erhob sich aufs neue das alte mönchische Ideal der
Weltflucht und der Peinigung des Fleisches gegenüber dem abge=
fallenen Mönchtum des Abendlandes. Sowie dieses Ideal sicht=
bar wurde, mußte die Welt des Mittelalters ihm zufallen. Diese
Mönche von Clugny mit dem kasteiten Leibe, mit dem glühenden
Auge in dem hageren Angesicht, sie wurden die Heiligen des
Volkes, denn das christliche Ideal, wie das Mittelalter es begriff,
war in ihnen aufs neue lebendig geworden. Hier sah der Bauer,
der von Sinnlichkeit und Roheit befangene, den Geist des Christen=
tums leibhaftig vor Augen, welcher diese Welt des Irdischen sieg=
haft überwindet. Eine mächtige Bewegung kam dem cluniacensi=

schen Mönchtum begeistert entgegen. Zahlreiche Klöster vereinigten
sich mit dem Mutterkloster Clugny zu einer Kongregation, welche
von dem Abt von Clugny einheitlich regiert und beaufsichtigt
wurde. Indem das Mönchtum sich reformierte, organisierte es
sich zugleich. Die Auflösung alter Art, wo jedes Kloster unter
seinem Abt sich selbständig regierte, ward durch eine einheitliche
Verfassung verdrängt, welche in die Hand eines einzigen General=
vorstandes („Erzabt" wurde der Abt von Clugny, dieser erste
Ordensgeneral, genannt) die Macht über einen weithin reichenden
mächtigen Verband von klösterlichen Instituten legte. Wie die
Bewegung von romanischem Boden ausgegangen war, so hatte
sie auch dort den ersten großen Erfolg. Im elften Jahrhundert
aber beherrschte sie bereits das Abendland. Das deutsche Kaiser=
tum selber war der Sache der Reform günstig gesinnt und half
ein Kloster nach dem anderen, ja auch das altberühmte St. Gallen,
aus der altüberkommenen Form in die neue, „wälsche" strenge
Form zu verwandeln. Dies neugeborene Mönchtum trug die
Kraft in sich, welche der Kirche neues inneres Leben gab, welche
weite Kreise der Bevölkerung der kirchlichen Idee gewann, welche
die Kirche von der Dienstbarkeit gegen die weltliche Gewalt be=
freite und die hierarchische Epoche des Mittelalters hervorbrachte.
Von der Klosterzelle aus sollte die Welt des Mittelalters erzeugt
und sodann von derselben Klosterzelle aus — durch Martin Luther
— zerstört werden.

Die Entscheidung über die Zukunft war bereits gegeben, als
Kaiser Heinrich III. auch in Deutschland mit aller Macht der
cluniacensischen Reform Bahn brach, und sodann in der Person
Gregors VII., des Mönches Hildebrand, das cluniacensische Mönch=
tum den päpstlichen Thron bestieg.

§ 22.

Die Kirchenreform.

Die cluniacensischen Ideale gingen keineswegs bloß auf die
Reform des Mönchtums. Mit der mönchischen sollte vielmehr

die kirchliche Reform sich verbinden. Es galt, wie das Mönch=
tum, so die Kirche von der Welt zu befreien.

Der Befreiung der Kirche konnten zwei Wege dienen, und
beide Wege sind betreten worden.

Der eine Weg war der Verzicht der Kirche auf die
Welt, der Verzicht auf ihre Pfründen, ihre Reichtümer, ihre
Fürstentümer, ihre Hoheitsrechte und Herrlichkeiten. Gegen den
Verzicht auf alle weltliche Macht konnte die Kirche dann mit
Fug und Recht ihre Befreiung von der weltlichen Gewalt fordern,
insbesondere ihre Befreiung von der Laieninvestitur, welche als
ein Quell der Verweltlichung der Kirche, insbesondere durch den
thatsächlich vielfach mit ihr verbundenen Verkauf der kirchlichen
Ämter (sog. Simonie) empfunden wurde. Dies Armutsideal
war die eigentliche und reine Konsequenz der cluniacensischen
Ideen. Es bedeutete die Übertragung der mönchischen Armut
und Weltflucht auf die Kirche. Folgerichtig stand dem Armuts=
ideal die gleichfalls cluniacensische Idee des Priestercölibats
zur Seite: der Verzicht auf die Welt schließt den Verzicht auf
die Ehe in sich. Hier wie dort handelte es sich um die Ver=
wirklichung der Nachfolge Christi, wie das Mittelalter sie auf=
faßte, sowohl in bezug auf Vermögenslosigkeit wie in bezug
auf Ehelosigkeit für die gesamte Geistlichkeit, mit einem Wort
um die Monachisierung der Weltgeistlichkeit. Die Kirche
sollte reformiert werden, indem sie den mönchischen Idealen
unterthan gemacht wurde.

Der andere Weg war die Begründung der Herrschaft
der Kirche über die Welt. Die Kirche konnte auch dadurch
von der Welt frei werden, daß sie die Welt unterjochte. Auch
hier ward die Beseitigung der Laieninvestitur gefordert, aber der
Staat sollte nicht das Weltliche der Kirche zurückempfangen,
sondern: indem die Kirche all ihren weltlichen Reichtum und
Macht mit fester Hand ergriff, forderte sie die Freiheit ihrer
weltlichen Güter von der Staatsgewalt. Die Welt des Irdi=
schen nahm die Kirche für sich in Anspruch und verlangte vom
Staat, daß er ihr Raum gebe, um an seine Stelle einzutreten.

Die Überordnung der Kirchengewalt auch in weltlichen Dingen über die Staatsgewalt war hier der leitende Gedanke. Wie jenes Armutsideal von den Ideen der Mönchsgeistlichkeit, so ist dies Herrschaftsideal von den Instinkten der bischöflichen Weltgeistlichkeit getragen.

Als die cluniacensische Bewegung gegen die Mitte des elften Jahrhunderts in den oberitalischen Städten (zuerst in Mailand 1056) die Massen ergriff und den Aufstand der „Pataria" (zu deutsch Lumpengesindel) gegen die herrschende, reiche, üppige Weltgeistlichkeit erregte, war es das mönchische Armutsideal, welches die Reformbewegung beherrschte und die Massen der Bürgerschaft sowohl gegen die Ehe, wie gegen den Reichtum und die weltliche Herrschaft der Priester in Bewegung setzte, — und niemals ist dies Armutsideal in der Kirche völlig erloschen: es hat später in der Form der Bettelorden seinen kirchlich geneh= migten Ausdruck gefunden. Die volle Durchführung desselben aber scheiterte an dem unbesieglichen Widerstand der Weltgeist= lichkeit. Als Papst Paschalis II. im Jahre 1111 bereit war, die Freiheit von der Laieninvestitur mit dem Verzicht der Kirche auf alle ihre Güter und Herrschaftsrechte zu erkaufen, erhob sich aus den Kreisen der Geistlichkeit ein Sturm des Widerspruchs, welchem selbst das Papsttum zu weichen sich genötigt sah. Der Priestercölibat ward durchgesetzt, zumal er nicht bloß dem Armuts= ideal, sondern zugleich den Machtinteressen der Kirche diente: den Geistlichen von allen Banden der Familie befreiend, um ihn allein zum Angehörigen und Diener der Kirche zu machen. In= sofern trug die mönchische Idee den Sieg davon. Auf die welt= liche Macht und Herrschaft aber ward nicht verzichtet: hier waren die Interessen der Weltgeistlichkeit, des Episkopats mächtiger als die rein idealen Interessen der Kirche.

Die Entscheidung für die Kirche hat der gewaltige Gregor VII. gegeben, welcher, sowohl Mönch wie Bischof, als Mönch den Priestern die Ehe versagte, als Bischof hingerissen ward von der Machtfülle weltlicher Herrlichkeit. Von ihm ist das Herrschafts= ideal der mittelalterlichen Kirche zum Selbstbewußtsein gefördert,

mit gewaltiger Stimme gepredigt und mit der ganzen rücksichts=
losen Energie eines allen Zeitgenossen weit überlegenen Herrscher=
geistes in Wirklichkeit gesetzt worden. Von ihm stammt das Cöli=
batsgesetz (1074), welches jedem verheirateten Priester bei Strafe
des Kirchenbannes den Dienst am Altar des Herrn verbot. Von
ihm stammt aber zugleich das Investiturverbot (1075), welches
dem deutschen König Heinrich IV. die Investitur mit Ring und
Stab, d. h. die Verleihung der Reichsbistümer untersagte. Er
vermochte dem deutschen Kaisertum, welches soeben noch unter
Heinrich III. des Papsttums mächtig gewesen war, den Fehde=
handschuh hinzuwerfen, indem er entschlossen auf die inzwischen
groß gewordene, von Clugny ausgegangene geistige Bewegung
traute. Und die Geschichte gab seinem kühnen Zutrauen recht.
Als Gregor VII. (1076) Heinrich IV. mit dem Bannstrahl traf,
mußte der deutsche König den Königsmantel mit dem Büßerkleid
vertauschen und vor den Thoren der Burgfeste Kanossa im Schnee
des Winters, in unwürdiger Erniedrigung, sich selber wie seinem
Gegner zur Schmach, von dem stolzen Priester die Absolution
erbetteln. Die Hochflut der kirchlichen Ideen war mächtiger als
das lose Gefüge des mittelalterlichen Staats. Wie der mächtige
Papst durch Ab= und Einsetzungen (von Gegenkönigen) über die
deutsche Königskrone, so hat er durch Belehnung des Normannen=
herzogs Robert Guiscard mit Apulien und Kalabrien, durch
seine Mitwirkung bei der Unternehmung Wilhelms des Eroberers
gegen England, durch die Einmischung in die Thronstreitigkeiten
Ungarns, Polens, Dalmatiens, durch sein Auftreten gegen spanische
Grafen und die Fürsten Sardiniens, in allen Teilen der abend=
ländischen Welt die Idee, der er sein Leben gewidmet hatte,
verwirklicht, die Idee der Weltherrschaft der Kirche. Sein
Erbteil, welches er sterbend, wenngleich in der Verbannung,
vor Heinrich IV. flüchtend, unter den ihn umgebenden Nor=
mannenscharen mehr einem Gefangenen als einem Bundesgenossen
gleich, seinen Nachfolgern hinterließ, war die Aufrichtung
der Kirche als des die Welt beherrschenden Gottes=
staates.

So sollte unmittelbar auf die Suprematie des Kaisertums die Zeit der Suprematie des Papsttums folgen.

§ 23.

Das Wormser Konkordat.

Allerdings: die Weltherrschaftsideen Gregors VII. konnten niemals völlig verwirklicht werden und sind niemals völlig ver= wirklicht worden. Das zeigte sich gleich am Investiturstreit. Derselbe ward für Deutschland im Jahre 1122 durch das von Kaiser Heinrich V. mit Papst Calixt II. geschlossene Wormser Konkordat formell beendigt. Hier wurden die Investitursymbole geändert: der Kaiser sollte nicht mehr mit Ring und Stab, sondern mit dem Zepter investieren. Auch ward als Gegenstand der kaiserlichen Investitur ausdrücklich das weltliche Besitztum der Kirche bezeichnet: der erwählte Bischof oder Abt sollte nur „die Regalien" (also nicht das geistliche Amt) durch die königliche Investitur empfangen. Ja, es ward das freie Ernennungsrecht des Kaisers ausdrücklich aufgehoben und die kanonische Wahl (durch die Gemeinde unter Führung der Geistlichkeit und des Adels, bezw. durch die Brüder des Klosters) von seiten des Kaisers zugestanden. Aber die Anwesenheit des Kaisers oder seines Legaten beim Wahlakt und das Recht des Kaisers, bei zwiespältiger Wahl in Gemeinschaft mit der Provinzialsynode die Entscheidung zu geben, legte nach wie vor den entscheidenden Einfluß auf die Be= setzung von Bistümern und Reichsabteien in die Hand des Kaisers. Um so mehr, da nach dem Konkordat die Investitur dem Ge= wählten vor der Weihe zu erteilen war. Verweigerte der Kaiser die Investitur, so konnte thatsächlich die Weihe, welche zum Bischof bezw. zum Abt machte, nicht vollzogen werden. Es war geradezu ausgeschlossen, daß eine dem Kaiser nicht genehme Per= sönlichkeit in die Bischofs= oder Abtsstelle gelangte. Wiederholt haben deutsche Kaiser im Laufe des zwölften Jahrhunderts und später auf das Recht, vor der Weihe zu investieren, Verzicht ge=

leistet. Aber es blieb trotzdem bei Bestand und ist trotzdem geübt
worden. Ja, auch wenn die Investitur erst nach der Weihe vollzogen ward (so war es schon durch das Wormser Konkordat von
vornherein für die außerdeutschen Nebenländer des Reiches, Burgund und Italien, bestimmt worden), blieb doch, solange die Voll-
ziehung der Investitur wahrhaft ein freies Recht des Kaisers
darstellte, der Einfluß des Kaisers auf die Wahl gewahrt: es
konnte schwerlich jemand erwählt und konsekriert werden, von dem
feststand, daß er nicht investiert werden würde. So war durch
das Wormser Konkordat die kaiserliche Investitur nur in ihrer
Form geändert worden. Die Sache blieb dieselbe wie zuvor.
Um so mehr, weil die Leistungen an das Reich, welche Bischöfe
und Reichsäbte schuldeten (Mannschaften, Abgaben), nach der aus-
drücklichen Bestimmung des Wormser Konkordats unverändert
blieben. Es war, und mit Grund, unmöglich gewesen, daß das
Kaisertum die geistlichen Fürstentümer aus der Hand gab. Es
hätte damit auf die Grundlagen seiner Macht Verzicht geleistet.
Der Ausgleich über die kaiserliche Investitur bedeutete, daß das
Reich sich lebensfähig gegenüber der Kirche behauptete. Es
wies den Angriff der Kirche auf die weltlichen Bedingungen
seines Daseins siegreich zurück.

Während des ganzen zwölften, dann während des dreizehnten
Jahrhunderts bis zu den Zeiten des Interregnums ist die In-
vestiturgewalt der deutschen Kaiser die wichtigste Quelle ihrer
Reichsgewalt geblieben, und der Glanz des hohenstaufischen Kaisertums ruhte, gerade wie einst der des ottonischen, an erster Stelle
auf der Macht, welche der deutsche Kaiser über die deutsche Kirche
und ihre Güter ausübte. Erst als mit und seit dem Interregnum
die Auflösung des deutschen Königtums sich vollzog, die Pflichten
auch der geistlichen Fürstentümer gegen das Reich sich abschwächten,
erlosch die Bedeutung des königlichen Investiturrechts. Es ward
zu einer bloßen Form. Die ritterlichen Repräsentanten der Gemeinde, welche noch im zwölften Jahrhundert neben dem Klerus
Anteil an der Bischofswahl gehabt hatten, traten in derselben
Zeit von dem Wahlakt zurück. Ja, auch der größte Teil der

Geistlichkeit mußte sich die Ausschließung von dem Bischofswahl=
recht gefallen lassen. Das Domkapitel trat für die meisten Diözesen
in die Stelle des alleinberechtigten Wahlkörpers ein, eine ge=
schlossene, rein kirchliche Körperschaft, den Interessen der staat=
lichen Gewalt weit weniger zugänglich. Die Investitur der
Bischöfe und ebenso der Reichsäbte ward eine bloße Form, ge=
rade wie die Belehnung der großen weltlichen Vasallen. An
Stelle des Kaisers gewann jetzt der Papst den maßgebenden Ein=
fluß. Nicht das Wormser Konkordat, sondern erst das seit dem
Interregnum beginnende siegreiche Aufsteigen der fürstlichen
Landeshoheit gegenüber dem zurückweichenden Kaisertum, sowie
die aufkommende Macht der Domkapitel hat die Investiturbefug=
nisse des Kaisers ihres einstigen Machtinhalts entleert.

Das Reich behauptete sich im elften und zwölften Jahr=
hundert gegenüber den gregorianischen Ideen und duldete nicht,
daß das Kaisertum zu einem bloßen Pfaffenkaisertum herabgesetzt
wurde. Die gleichen Erfahrungen wie in Deutschland mußte
das Papsttum im ganzen Abendlande machen. Die Stellen=
besetzungsrechte, welche bis auf den heutigen Tag der Staatsge=
walt, wenngleich in verschiedenen Formen, zuständig sind, bedeuten,
trotz mannigfacher Zwischenfälle, dennoch die Nachwirkungen der
königlichen Investiturbefugnisse, welche einst das mittelalterliche
Recht wie in Deutschland so in Frankreich, England, über=
haupt im Umkreis des romanisch=germanischen mittelalterlichen
Staatswesens hervorgebracht hatte.

§ 24.

Kreuzzüge und Ritterwesen.

Die Kirche vermochte den Staat nicht beiseite zu schieben.
Aber doch gewann sie ihm unter Gregor VII. und seinen Nach=
folgern den Vorsprung ab. In mächtiger Wellenbewegung er=
hoben sich die kirchlich=religiösen Interessen, um das Kulturleben
des Mittelalters in Besitz zu nehmen. Die Pilgerfahrt nach dem

heiligen Lande wuchs im Laufe des elften Jahrhunderts in immer
größeren Verhältnissen. Bei aller sinnlichen Kraft und Rohheit
der Zeit trat doch die Frage: was muß ich thun, damit ich selig
werde? allbeherrschend in den Vordergrund, und die dem Menschen=
herzen eingeborene Sehnsucht nach dem himmlischen Jerusalem
kam in mittelalterlicher Form zum Ausdruck in dem Begehren
des Abendlandes, das irdische Jerusalem zu schauen. Um so
mehr erweckten gegen das Ende des elften Jahrhunderts die über
die Gewaltthaten der Seldschucken ertönenden Klagen der heim=
kehrenden Pilger im Abendland lauten Widerhall. Aber nicht
ein Kaiser oder König, sondern Papst Urban II. war es, welcher
(auf dem Konzil zu Clermont 1095) die Christenheit zu den
Waffen rief. Und mit welchem Erfolge! Die Kreuzzüge sind
die größte kriegerische Unternehmung, welche das Mittelalter ge=
sehen hat. Die männlich gewordene ritterliche Kraft des Abend=
landes erhob sich hier, um nun endlich den Angriff des Moham=
medanismus auf das Christentum mit gewaltigem Gegenangriff
zu erwidern. Zwei Jahrhunderte hindurch hat die Idee der
Befreiung des heiligen Grabes im Vordergrund des europäischen
Interesses gestanden, und immer wieder aufs neue Kaiser und
Könige, die Blüte des gesamten Adels zur Kreuzfahrt in das
ferne, vom Glanz der christlichen Heilsgeschichte und von der
Sonne des Morgenlandes umstrahlte gelobte Land aufgeregt.
Und der Kriegsdienst, welcher Gott und Christo geleistet wurde,
war zugleich eine Heerfahrt im Dienst der Kirche und ihres
Oberhauptes. Die Kreuzzüge, zu denen die Ritterschaft des
Abendlandes immer aufs neue das Schwert umgürtete, bedeuteten
thatsächlich, daß der Papst der größte, mächtigste, höchste Kriegs=
herr des Abendlandes sei.

Das Ritterwesen ruhte auf einem internationalen Gedanken.
Die Ritterschaft des Abendlandes bildete in der Vorstellung des
Mittelalters eine durch die Grenzen der Länder und Staaten
nicht getrennte große einheitliche Genossenschaft, in welche der
junge Adlige durch Waffenprobe und Ritterschlag aufgenommen
ward. Alle großen Hervorbringungen des Mittelalters tragen

diesen universalen Charakter. Wie die Kirche, wie das Reich, wie die gelehrte Bildung, so die Organisation des Adels. Die Idee des römischen Weltreiches findet auch in der Kulturerscheinung des ritterlichen Lebens ihre mittelalterliche Widerspiegelung. Der christliche (nicht französische, noch deutsche, sondern lediglich christliche) Adel ist die bewaffnete Ritterschaft des Reiches, welches jetzt an erster Stelle Kirche ist. Der erste Ritter ist der Kaiser, das weltliche Oberhaupt der Christenheit (des Reiches). Seine Ehre aber und sein Stolz ist es, mit der gesamten Ritterschaft der Kirche, dem Papst zu dienen. Die Ritterschaft ist eine Genossenschaft zugleich der abligen und der geistlichen Interessen. Kaum hat die Bewegung der Kreuzzüge am Ausgang des elften Jahrhunderts ihren Anfang genommen, so treten daher im Beginn des zwölften Jahrhunderts die Ritterorden auf (die Templer 1119, die Johanniter 1120). Die Ritterschaft nimmt geistliche Organisation an, um den der Kirche schuldigen Dienst zu leisten. Das Mönchtum greift zum Schwert, um die Erfüllung der mönchischen und der abligen Gelübde miteinander zu verbinden. Und diese stolzen Ritterorden, das Gebiet der Christenheit umspannend, erkennen nur einen einzigen Oberherrn an: den Papst. Ein stehendes Heer von bewaffneten Rittermönchen steht dem Papst zur Verfügung, die Verbände der weltlichen Staaten, denen die Komtureien und Balleien örtlich angehören, lockernd und zugleich deutlich offenbarend, mit wie starker Hand die Kirche jetzt auch das weltliche Schwert zu führen im stande sei.

§ 25.

Mönchswesen. Bettelorden.

Das Mönchswesen hatte zum Schwert gegriffen. Es erhob sich zugleich in stets erneutem Ringen, um überhaupt die geistlichen Ideale des Mönchtums, ja des katholischen Christentums zur Verwirklichung zu bringen.

Das höchste Ziel mittelalterlicher und noch heute der katho-

lischen Frömmigkeit ist für das Individuum die Askese, das
Streben nach der Lossagung von der Welt und allen ihren Gaben.
Das Ideal des mittelalterlichen und des katholischen Christen=
tums ist der Mönch, welcher aus der Welt in die Klosterzelle
entflohen ist, um dort sein Fleisch zu kreuzigen mit allen seinen
Lüsten.   Doch unentfliehbar war dem Mönchtum die Welt in das
Kloster nachgefolgt.   Der Reichtum, die Macht, die politischen,
die Bildungsinteressen hatten das Mönchtum der fränkischen und
ottonischen Zeit ergriffen und seinen ursprünglichen Ideen ent=
fremdet.   Das cluniacensische Mönchtum war im zehnten und
elften Jahrhundert die erste große Reaktion echt mönchischen
Geistes gewesen.   Erst im zwölften Jahrhundert aber gewann
der Geist der Askese seine volle Schwungkraft.   Eine ganze Reihe
von neuen Formen des Mönchswesens, jede in ihrer Art die
Energie des asketischen Gedankens zu neuem Ausdruck bringend,
kam empor: die Orden der Kartäuser, der Prämonstratenser, der
Karmeliter u. s. f. Die bedeutendste Rolle ist in dieser Bewegung
den Cisterciensern, welche Bernhard von Clairvaux (der 1113 in
den Orden eintrat) zu größtem Ansehen brachte, sodann den
Bettelorden des 13. Jahrhunderts, den Franziskanern (1209)
und den Dominikanern (1215) zugefallen.

Franz von Assisi (geb. 1182), welcher den Franziskanern den
Namen gegeben hat, unternahm es, das Armutsideal nicht bloß
für den einzelnen Mönch, sondern auch für die Kloster= und
Ordensgemeinschaft zu verwirklichen.   Auch die Gemeinschaft
der Mönche (das Kloster, der Orden) soll eigentumsunfähig sein,
damit der Reichtum, der stete Feind der Klosterregel, ausgeschlossen
sei, damit die Brüder, bettelarm im wahren Sinne des Wortes,
der Not, der Armut preisgegeben, auf die von ihnen erbettelten
Liebesgaben für ihren Unterhalt angewiesen, in Demut und Ent=
sagung ein allein der Liebe und dem Dienst für andere gewid=
metes Leben führen lernen.   Eine mächtige Kraft des asketischen
Entschlusses, welche, weil sie den Idealen mittelalterlicher Frömmig=
keit den vollsten Ausdruck gab, weithin Wirkung übte, wenngleich
die wirkliche Ausführung desselben zu allen Zeiten nur sehr teil=

weise möglich war. Fast von vornherein trat innerhalb des
Franziskanerordens der strengen Richtung des Stifters eine
mildere, auf Eigentumserwerb, Kunst und Wissenschaft zielende
Richtung gegenüber. Der Dominikanerorden folgte dem Beispiel
der Franziskaner, wenngleich ebenfalls nur mit gewissen Vorbe-
halten und Beschränkungen. Aber es blieb genug von der Idee
übrig, um das Mittelalter zu erobern. Der Bettelorden brauchte
seine Mitglieder nicht zu ernähren: sie lebten von den Almosen
der Gläubigen. So brauchte der Orden in der Aufnahme neuer
Mitglieder an keine Schranken sich zu binden. Das Prinzip des
Bettels schloß ferner in sich, daß die mönchische Klausur alter
Art, welche den Mönch von der Welt abschloß, aufgegeben wurde.
Weithin ergoß sich die Schar der Bettelmönche über das ganze
Land, um mit der Bitte um die milde Gabe zugleich auch Geist,
Lehre, Überzeugungen des Mönchtums überallhin zu tragen. Bald
wurden die Bettelmönche die beliebtesten Beichtiger, Seelsorger,
Prediger der Gemeinden. Durch päpstliche Privilegien von der
bischöflichen Gewalt befreit, um unmittelbar dem Papst unter-
stellt zu werden, kannten sie keine Schranken weder durch die
bischöfliche noch durch die pfarramtliche Gewalt. Die ganze
Christenheit war ihnen eine einzige Gemeinde, welche ihrer ein-
bringlichen, auf die Massen wirkenden, Politisches, Kirchliches,
Geistliches in gleicher Weise berührenden Predigt ohne Grenze
offen stand. Ja, der Stifter des Franziskanerordens unternahm
es, unmittelbar das Netz seiner Ordensregel über die ganze Welt
auszuwerfen. Er schuf den „dritten Orden" des heiligen Fran-
ziskus (dessen Angehörige als Tertiarier bezw. Tertiarierinnen
bezeichnet werden), indem er auch der Laienschaft mönchische
Formen gab. Der Tertiarier blieb in der Welt, in der Ehe,
in seinem Beruf, aber er nahm im übrigen die puritanische
Strenge des Mönchslebens, den Verzicht auch auf sonst erlaubte
Freuden des Lebens und das Gelübde ernstester Sittlichkeit auf
sich. Ein graues Kleid, mit einem Strick umgürtet, gab ihm
auch äußerlich das Ansehen des Asketen. Hatte die cluniacensische Reform früher die Monachisierung der Weltgeistlichkeit

sich zum Ziel gesetzt, jetzt ward in noch größerem Stil der
Versuch der Monachisierung selbst der Laienschaft unternommen.
Ist das Mönchtum wirklich der eigentliche wahre Beruf des
Christen, so muß es als Ideal von jedem Christen gefordert
werden, daß er der Welt absage und sich im mönchischen Leben
allein Gott und Christo zusage. Wenn das Mönchtum Wahrheit
ist, so muß es verlangen, die Christenheit in das Kloster zu
führen. Dieser Versuch ist durch Franz von Assisi gemacht
worden, — soweit es praktisch möglich war. Das Mönchtum
begriff sich selbst als die gemeingültige Form des christlichen
Lebens. Einst aus der Kirche geflohen, kehrte es jetzt zu der
Kirche zurück, um sie nach seiner Art zu reorganisieren. In
diesem Augenblick feierte das Prinzip des mittelalterlichen Katholizismus seinen höchsten Triumph. Die Kraft, welche die Seligkeit durch des Gesetzes Werke, durch die Peinigung des Fleisches
und Flucht aus der Welt sich zu verdienen strebte, erfüllte weithin
herrschend die Kirche und die Welt.

Nehmen wir hinzu, daß die Bettelorden, insbesondere die bald
mächtig aufstrebenden Dominikaner, ihre Interessen mit denen des
Papsttums als identisch setzten. Der Papst befreite sie von der
bischöflichen Gewalt. Er gab ihnen durch seine Privilegien die
freie Bahn überall ungehinderter Wirksamkeit. So war die
Stärkung der päpstlichen Gewalt, welche dem Orden als Deckung
gegen die Gewalt der ordentlichen Kirchenoberen diente, unmittelbar im Interesse des Ordens selbst. Überall in der Kirche waren
die Bettelmönche mit ihren Vorrechten ein lebendiges Zeugnis
der überallhin reichenden Papstgewalt, und ward, wie durch die
unmittelbare Unterordnung der Ritterorden unter den Papst die
Kraft der ordentlichen weltlichen Gewalt, der Kaiser, Könige
und Fürsten, so durch die unmittelbare Unterordnung der Bettelorden unter den Papst die Kraft der ordentlichen geistlichen
Gewalt, der Bischöfe und Erzbischöfe gelähmt. Die ganze überlieferte Ordnung der Kirche wie des Staates mit Gefahr bedro-
hend, erhob sich überall die Gewalt des Papsttums.

Nehmen wir ferner hinzu, daß gerade durch die Bettelorden,

und zwar insbesondere wieder durch die Dominikaner, seit dem 13. Jahrhundert die Predigt eine stetig steigende Bedeutung für das Volksleben gewonnen hat. Bis dahin war der Gottesdienst an erster Stelle Kultus. Der Pfarrer und selbst der Bischof war nur selten zur geistlichen Rede geschickt. Der Gottesdienst war für die Regel stumm. Nur die Feierlichkeiten der Messe, die glänzenden Gewänder, die geheimnisvollen Gebräuche erregten in der mehr zuschauenden als teilnehmenden Gemeinde die religiösen Schauer, und im Gefühl der unmittelbaren Allgegenwart des Gottmenschen, welches die gläubige Gemeinde auf die Kniee niederwarf, lag Ziel= und Gipfelpunkt des Gottesdienstes, — zugleich den Glauben nährend und mannigfachen Aberglauben. Erst durch die Bettelmönche entfaltete das rednerische geistliche Wort in der versammelten Gemeinde seine ganze Kraft. Noch immer war die Predigt kein ordentlicher Bestandteil des Gottes= dienstes. Aber sie trat auf den Plan, dem Wort Bahn schaffend neben dem Sakrament, um die Zeit des 16. Jahrhunderts vor= zubereiten, wo durch das Wort die große Reformation der Kirche vollzogen werden sollte. Dies Wort aber stand zunächst während der zweiten Hälfte des Mittelalters im Dienst der päpstlichen Hierarchie. Eine Presse, wie heute, gab es nicht. Die Kanzel war der Ort, von welchem aus die öffentliche Meinung gemacht wurde. Sie war gewissermaßen ein Ersatz der Presse. Denken wir uns eine Zeit, wo die Wirkung auf die öffentliche Meinung der Masse ausschließlich in den Händen des Papsttums ist. Welche ungeheure Gewalt!

Wir begreifen, daß die Welt des Mittelalters dem Papsttum zufallen mußte. In stetig steigendem Fortschritt nahm seit dem 11. Jahrhundert die Herrschaft der kirchlichen und zwar der asketisch=kirchlichen (mönchischen) Anschauungen zu. Wie der Stern des Kaisertums, so erbleichte vor der Kirche und ihrem Einfluß selbst der Glanz des höfisch=ritterlichen Wesens. So sehr der Adel auch in den überlieferungen der Kirche lebte, er hatte dennoch im 12. und 13. Jahrhundert seine auf edlen Lebens= genuß und stilvolle Gestaltung des ritterlichen Daseins gerichtete

selbständige Weltanschauung hervorgebracht, welche ihren festen
Ausdruck in den Gesetzen, Bestrebungen, Formen des höfischen
Lebens fand. In dieselbe Zeit, welche die Kreuzzüge und die
mönchischen Ritterorden hervorbrachte, fällt die Blütezeit auch
dieses weltlich gerichteten Rittertums mit seinem Minnedienst,
seinen Ritterdichtungen, seinen Liebesliedern und seinem Kunst=
geschmack, seinen glänzenden Festlichkeiten und Turnieren, seiner
Leidenschaft für edlen Kampf und Abenteuer, seinem Kodex ritter=
licher Ehre und Lebensführung. Dem mönchischen Ideal der
Weltflucht trat hier ein Ideal des edlen Weltgenusses gegenüber,
welches in seinen Ausschreitungen auf dem Gebiet des Minne=
dienstes und des Waffensports nicht ohne Grund den unmittel=
baren Widerspruch der Kirche herausforderte. Die Bettelorden
aber waren mächtiger als das Rittertum. Der Umstand, daß
schon nach dem Interregnum die Kraft des höfisch=ritterlichen
Wesens nach kaum hundertjähriger Blüte (unter Friedrich Bar=
barossa nimmt die klassische Zeit des Rittertums erst ihren An=
fang) gebrochen ist, war nicht zum geringsten durch die Über=
macht der von den Bettelorden überall eindringlich hingetragenen
mönchischen Predigt herbeigeführt worden. Das ritterliche Ideal
wich dem mönchischen.

§ 26.

Geistliches Recht und Gericht.

Gerade so begann das weltliche Gericht dem geistlichen Ge=
richt, das weltliche Recht dem geistlichen Recht zu weichen. Im
13. Jahrhundert stellte sich das Corpus Juris canonici, dessen
besten Inhalt die päpstliche Gesetzgebung eines Alexander III.
und Innocenz III. geschaffen hatte, neben das römische Corpus
Juris civilis. Dem Mittelalter galt das römische Recht als das
Weltrecht. Deutsches, französisches, englisches Recht konnten nur
die Geltung als Landrecht in Anspruch nehmen. Allein das
kirchliche Recht trat in der Form des Corpus Juris canonici dem

römischen Weltrecht als ebenbürtig zur Seite: durch das päpstliche Gesetzbuch empfing die Welt ein zweites Corpus Juris,
welches zugleich den Anspruch erhob, das alte römische Kaiser-
recht des Corpus Juris civilis für die Gegenwart von damals zu
reformieren. Und auf der Überlegenheit dieses kirchlichen
Rechtes, welches die Erbschaft des römischen Rechtes mit weisen
Einschränkungen angetreten hatte, ruhte die seit dem Ausgang des
13. Jahrhunderts immer deutlicher hervortretende Überlegenheit
des geistlichen Gerichts. Während die weltlichen Gerichte, und
zwar namentlich in Deutschland, nach einem altertümlichen, mehr
und mehr in Formenstrenge und Engherzigkeit erstarrenden Prozeß
verfuhren, trat im geistlichen Gericht ein im wesentlichen form-
freier, an erster Stelle die Gerechtigkeit und Billigkeit der Sache
in das Auge fassender Prozeß hervor: der Prozeß, welchem die
Zukunft gehörte.

*

Die Rechtsprechung, die Rechtsentwickelung, die Führung der
öffentlichen Meinung, die Bestimmung des Lebensideals, die entscheidende Stimme in allen großen öffentlichen Angelegenheiten
des Abendlandes, die Vorherrschaft vor Kaisertum und Rittertum,
alles war der Kirche und durch sie dem Papsttum zugefallen.
Im ersten Beginn des 13. Jahrhunderts that Papst Innocenz III.
(1198—1216), welcher über die Krone Deutschlands, Englands,
Aragoniens verfügt und als „Stellvertreter Christi und Gottes"
die weltliche Papstherrlichkeit auf ihre höchste Höhe gehoben hat,
den Ausspruch: Der Herr hat dem heiligen Petrus nicht bloß
die ganze Kirche, sondern die ganze Welt zu regieren übergeben. Er hat damit die Thatsache ausgesprochen, welche dem
12. und 13. Jahrhundert ihr Gepräge gibt: die Palme der Weltherrschaft war nicht Kaisern noch Königen, sondern dem Papsttum
zugefallen.

§ 27.

Der Bettelorden und der dritte Stand.

Die Bettelorden hatten noch eine andere Bedeutung, als daß sie die Ideen der Kirche und des Papsttums verbreiteten. Sie bedeuteten zugleich den Anfang der Entwickelung, welche den dritten Stand auf die Bühne der Weltgeschichte führte.

Bis dahin war die Geschichte des Mittelalters eine Geschichte von Adel und Geistlichkeit gewesen, und die Geistlichkeit war in ihren maßgebenden Teilen wiederum aus den Kreisen des Adels, aus den durch Grundbesitz und Ritterdienst ausgezeichneten höheren Schichten der Gesellschaft hervorgegangen. Zwar konnte es vorkommen, daß eines Handwerkers Sohn Papst wurde, wie z. B. Gregor VII. Für die Regel aber wurden die Bischofs= und Abtstellen mit Angehörigen der großen, vornehmen Familien be= setzt, und hatten auch unter den einfachen Mönchen die edel oder doch besser geborenen ein entschiedenes übergewicht (während in den niederen Kreisen der Weltgeistlichkeit die geringeren, häufig aus den unfreien Kreisen hervorgegangenen Elemente überwogen). Die Ekkeharde und die Notker, welche den Ruhm des St. Galli= schen Klosters begründeten, gehörten zu den abligen Familien Alemanniens. Bernhard von Clairvaux, der Stolz des Cister= cienserordens, war aus einer altabligen Familie Burgunds und brachte bei seinem Eintritt in das Kloster mehr denn 30 eble Gefährten mit sich. Ja, die ganze Bewegung, welche, von den Cluniacensern anhebend, im 11. und namentlich im 12. Jahr= hundert die asketisch gedachte Reform des Mönchswesens in= tonierte, hatte ihren ersten Ursprung in den Kreisen des Adels genommen, — und diese Beziehung zu den abligen und grund= besitzenden Klassen der Nation war es dann, welche jedesmal die Grundlage des Reichtums und damit auch des Verfalls des Klosterwesens wurde. In der Kirche wie in der Welt waren die abligen, mit Grundbesitz ausgestatteten Kreise die maßgebenden Führer und Träger der geschichtlichen Entwickelung. Der Bürger=

und Bauernstand war für die Weltgeschichte noch nicht da. Er stellte die große, aber einflußlose Menge der niederen, meist ungebildeten, der Mönchsgeistlichkeit im allgemeinen weit nachstehenden Weltgeistlichkeit, er half die wirtschaftlichen Grundlagen des nationalen Daseins bereiten, aber es war keine Idee da, welche er vertrat. Selbst dem städtischen Wesen fehlte noch der selbständige geistige Inhalt. Die Bürgerschaft befreite sich zwar im Laufe des 12. und 13. Jahrhunderts von den Fronden und Feudallasten, ja auch von der Herrschaft wie des hohen so des niederen (städtischen, patrizischen) Adels. Aber noch war den Kaufleuten und Handwerkern kein über das Gebiet ihrer Stadtmauern hinausweisendes eigenes geistiges Interesse aufgegangen. Sie lebten in partikularistischen Kirchturmsinteressen, während der Horizont von Adel und Geistlichkeit die abendländische Welt war.

Erst seit dem 14. Jahrhundert beginnt die aufsteigende Bewegung des dritten Standes, und zwar zunächst durch den Einfluß und in der Form der Bettelorden. Die Bettelorden vermochten die Masse der Nation zum Eintritt in das Kloster aufzufordern (oben S. 85). Den aristokratisch geprägten Orden alten Stils traten die Bettelorden mit breiter Volkstümlichkeit, jedermann zugänglich, gegenüber. Jetzt kam die Zeit, wo aus den niederen, insbesondere aus den städtischen Kreisen die Mönchs- und Nonnenklöster sich zu füllen anfingen. Die Macht, welche die Bettelorden, an erster Stelle der Dominikanerorden, ausübte, stellt zugleich die erste große Machtäußerung des dritten Standes dar, und nicht umsonst ging das adlige, höfische Wesen des Rittertums vor dem zugleich asketischen und bürgerlichen Instinkte des Bettelmönchwesens zu Grunde.

Der dritte Stand bemächtigte sich in den Bettelorden der Predigt, der Gewalt des Wortes. Aber nicht bloß des gesprochenen Wortes. Auch die Litteratur des 13., 14. und 15. Jahrhunderts ist vorwiegend in den Händen der Bettelmönche, an erster Stelle wiederum der Dominikaner. Die mächtige geistige Bewegung, welche im 12. Jahrhundert gleichzeitig mit den Kreuz-

zügen ihren Anfang genommen hatte, brachte ferner in Italien,
Frankreich, England, dann seit dem 14. Jahrhundert auch in
Deutschland die Universitäten hervor. Die Mehrzahl der Pro=
fessuren fiel wiederum den Bettelmönchen, insbesondere den durch
Ruhm der Gelehrsamkeit ausgezeichneten Dominikanermönchen zu.
Auf dem Katheder wie auf der Kanzel, auf dem Felde der Litte=
ratur wie des Unterrichts gewann der Bettelmönch die erste
Stelle, und die Erfolge, welche hier durch gelehrtes Studium,
durch schriftstellerische Thätigkeit, durch rednerische Begabung ge=
wonnen wurden, waren zugleich Erfolge des dritten Standes,
welcher in den Bettelorden zum erstenmal die Macht der Bil=
dung kennen und üben lernte.

Die Bildung, welche der dritte Stand in den Bettelorden
empfing und vertrat, war die Bildung der Kirche, welche in der
Begründung der Herrschaft der geistlichen Interessen über die
weltlichen, des Papsttums über das Kaisertum gipfelte. Uner=
schütterlich schien die Macht der Kirche und des Papsttums auf=
gerichtet. Auch der dritte Stand, welcher in breiten Massen
heranzog, um die Zukunft für sich zu fordern, erfüllte sich mit
dem Geiste der Hierarchie und der Askese und gab den Ideen
der Kirche gerade jetzt die volle Wucht und die unbeschränkte
Herrschaft über das Leben der Nation.

Dennoch war gerade in diesem Augenblick der Fall der
mittelalterlichen Kirche und des ganzen von ihr aufgerichteten
Weltgebäudes vorbereitet. Der volle Sieg der Kirche schloß die
Notwendigkeit der Reaktion in sich.

§ 28.

Übergriffe der päpstlichen Gewalt. Mißbräuche.

Das Papsttum hatte im Laufe des 13. Jahrhunderts in
mächtigem Kampfe das stolze Geschlecht der Hohenstaufen sieg=
reich zu Boden geworfen. Die Niederlage des großen Gegners
war das sichtbare Zeichen des erkämpften Triumphes. Das Papst=

tum kannte keine Schranke seiner Gewalt mehr, weder durch das
weltliche noch durch das geistliche Recht. Die Summe irdischer
Macht erschien in ihm wie in einem Punkt · vereinigt. Aber
gerade das Übermaß an Machtfülle mußte ihm gefährlich werden.

Die Herrschaft über die Kirche äußert sich thatsächlich in der
Besetzung der geistlichen Ämter. Wer die Stellenbesetzung hat,
der hat auch die Kirche. Wer die Stellenbesetzung hat, der hat
ferner auch die Pfründen, den über die ganze Welt verbreiteten
unermeßlichen Reichtum der Kirche zu seiner Verfügung. Seit
dem 12. Jahrhundert ging das Papsttum von dem Grundsatz
aus, daß ihm von Rechts wegen alle Stellenbesetzungsgewalt in
der ganzen Kirche gebühre, und daß der Papst daher berechtigt
sei, sich beliebig Stellen für seine freie Verfügung zu „reservieren":
Bischofstellen, Domherrenstellen, Pfarrstellen. Insbesondere war
es auf die Verleihung der reichen Domherrenpfründen abgesehen.
Der Papst verfügte über Pfründen in England, Deutschland,
Frankreich u. s. f. zuerst in der Form der Bitte (an den eigent=
lich Stellenbesetzungsberechtigten), dann in der Form des Befehls.
Welch ungeheurer Zuwachs der päpstlichen Gewalt! Kein Monarch
der Welt hatte eine so unerschöpfliche Fülle von Ämtern, Ehren,
Einkünften zu seiner Verfügung, um Menschen zu gewinnen oder
zu belohnen, wie der Papst. Das Besitztum der Kirche stand
ihm offen. Aber nicht zum Vorteil der Kirche. Die Stellen=
besetzung innerhalb der Diözes, welche für die Pfarrei, für die
Domherrenstelle den geeigneten Kandidaten sucht, bedarf der ört=
lichen und persönlichen Einzelkenntnisse, welche allein dem Orts=
bischof, nicht aber dem fernen Papst zur Hand sind. Der An=
spruch auf die unmittelbare Besetzung auch von Pfarr= und
Domherrenstellen in der ganzen Christenheit bedeutete die Ent=
fremdung der Stellenbesetzung von ihrem Zweck. Nicht der Kirche
und der Gemeinde, sondern allein der Macht des Papsttums war
damit gedient. Nicht dem Würdigsten, noch dem Landesange=
hörigen, mit der Gemeinde und ihren Verhältnissen Vertrauten,
sondern einem Fremdling, welcher Land und Gemeinde noch nie
gesehen, ja, welcher auch wahrscheinlich niemals kam, sein Amt

persönlich zu verwalten, welcher nur das Einkommen, die Pfründe zog, in den Pflichten aber durch einen hungernden Vikar sich vertreten ließ, mochte die Stelle gegeben werden und ward sie nur zu oft gegeben. Günstlinge des Papstes brachten es dahin, daß ihnen eine ganze Reihe von Stellen, vielleicht in den verschiedensten Ländern gelegen, übertragen ward, wo also von vornherein die ernsthafte Erfüllung des Amtes ausgeschlossen war. Umgekehrt kam es vor, daß dieselbe Stelle mehreren gegeben wurde, dem einen sofort, dem anderen als sog. Anwartschaft (Exspektanz) für den Fall und für die Zeit, wo der erste gestorben sein würde. Ja, solche Exspektanzen wurden häufig für dieselbe Stelle verschiedenen Kandidaten gegeben, so daß es bei Erledigung der Stelle zweifelhaft ward, wem sie denn zukomme, und die ärgerlichsten Prozesse entstanden. Immer war es klar, daß für den Bewerber nicht das Amt gemeint war, sondern das Einkommen. Die Kirche fiel in die Hände von Mietlingen. Nicht immer ließen sich die Gemeinden oder Ortsobrigkeiten die Anstellung eines von fernher ihnen zugewiesenen, vom Papst ernannten Eindringlings gefallen. Es ward nötig, daß den vom Papst Ernannten außer dem päpstlichen Schreiben auch päpstliche Exekutoren begleiteten, welche ihn mit Gewalt in die Stelle brachten. Welch ärgerliche Auftritte! Der König von England beschloß im Jahre 1350 mit seinem Parlament, keine päpstlichen Exekutoren mehr auf englischem Boden zu dulden. Man empfand das päpstliche Stellenbesetzungsrecht als eine Art von Ausbeutung des Landes zu gunsten der politischen Macht des Papsttums, zugleich zu gunsten der Fremden, Italiener und Franzosen, welche die nähere Umgebung des Papstes bildeten, und beschloß darum, England und die englischen Pfründen den Engländern vorzubehalten. Das nationale Interesse erhob sich bereits gegen die mittelalterlich-universale Papstidee.

Nicht bloß die Nationen, auch die Bischöfe und Pfarrer wurden durch das Umsichgreifen der Papstgewalt in ihren Lebensinteressen angegriffen. Mußte doch schon durch das Eingreifen des Papstes in die Stellenbesetzung die Stellung des Bischofs

zu seiner Diözes wesentlich erschüttert werden! Aber die Hauptsache war hier das Auftreten und die Macht der Bettelorden.
Durch das „große Meer" ihrer Privilegien waren sie den Äußerungen der bischöflichen wie der pfarramtlichen Gewalt entzogen.
Der Bischof hatte ihnen nichts zu sagen: die Bettelorden standen
unmittelbar unter dem Papst. Der Pfarrer konnte ihnen seine
Kanzel und Gemeinde nicht verbieten. Der Bettelmönch kam
und übte Seelsorge an den Gemeindegliedern; er kam und predigte, er kam und hörte Beichte; ja, er kam und that in den
Bann. Er hatte kraft der päpstlichen Privilegien weitergehende
Rechte der Absolution, andererseits auch der Zuchtübung, als der
einfache Pfarrer, selbst als der Bischof. Was Wunder, daß der
Bettelmönch im Beichtstuhl, überhaupt in der Seelsorge den Vorrang vor dem Pfarrer gewann! Der Pfarrer vermochte es nicht
zu hindern, daß der Bettelmönch mehr der Seelsorger und
Pfarrer seiner Gemeinde war, als er selbst. Die ordentliche
Kirchenverfassung ging vor den päpstlichen Privilegien zu Grunde.
Die Wucht der Papstgewalt drückte den Bau kirchlicher Organi-
sation, welcher auf Bischöfen und Pfarrern ruhte, zu Boden.

Was von bischöflicher Autorität noch übrig blieb, ward durch
die Appellationen an den Papst aufgehoben. Seit den Zeiten
Gregors VII. ward die Appellation nach Rom von seiten der
Päpste systematisch begünstigt: nicht bloß so oft es sich um ein
Urteil handelte, sondern in allen Sachen der kirchlichen Verwaltung. Bald gab es keinen Akt kirchlicher Administration mehr,
welcher nicht im Wege der Appellation an den Papst gebracht
werden konnte. Wie die gesamte Stellenbesetzung, so ward
auch die gesamte kirchliche Verwaltung im Papsttum grundsätzlich
vereinigt: die ganze Kirche sollte unmittelbar von Rom aus
regiert werden. War es aber nicht von vornherein unmöglich,
alle die Einzelfragen örtlicher Administration, jede streitige
Pfründenbesetzung, jede disziplinare oder sonstige Maßregel, an
einer einzigen Stelle, am päpstlichen Hof, zur endgültigen Entscheidung bringen zu wollen? Wie oft mußte da die Entscheidung
fehl gehen, wie oft mußte sie durch Zufälligkeiten oder, was

schlimmer war, durch Bestechung oder sonstige persönliche Ein=
flüsse bestimmt werden!   Und welche Beschwerden für Bischöfe
und Geistliche brachte die weite Reise an den päpstlichen Hof,
der Aufenthalt in der fernen Stadt, der Konflikt mit all den
Schwierigkeiten der Fremde mit sich!   Zu den Stellenbesetzungs=
fällen, welche dem Papst „reserviert" waren, zählten auch die=
jenigen, welche durch Tod an der Kurie, also dadurch erledigt
waren, daß der Inhaber der Stelle während seines Aufenthaltes
am päpstlichen Hofe starb.   Ein beredter Rechtssatz.   Am päpst=
lichen Hof drängte sich mit der Schar der Stellensucher auch
die ganze Schar derjenigen zusammen, welche auf die Ent=
scheidung irgend einer Rechts= oder Verwaltungssache zu warten
hatten, — und oft genug traf der Tod den Wartenden vor der
Entscheidung!

Wie das Übermaß päpstlicher Stellenbesetzungsrechte, so
mußte auch das Übermaß päpstlicher Verwaltungsrechte und das
Übermaß der vom Papst namentlich auf die Bettelorden ausge=
streuten Privilegien als Hindernis für die gesunde Entwickelung
der Kirche betrachtet werden.   Das Papsttum, bis dahin das die
Kirche führende und organisierende Element, ward jetzt, da seine
Macht in Allmacht sich verwandelte, ein Moment der Auflösung
und Desorganisation.

Um so entschiedener, da sich mehr und mehr in der Aus=
übung päpstlicher Gewalt weltliche, ja geradezu finanzielle Ge=
sichtspunkte hervordrängten.   In kühnem Idealismus hatte
Gregor VII. die Weltherrschaft einer rein geistlichen Gewalt,
des Papsttums, begründet.   Seine Nachfolger des 14. Jahr=
hunderts aber schickten sich an, die Gewalt des „Stellvertreters
Gottes auf Erden" als Mittel niedrigen Gelderwerbes zu be=
handeln.   Ungeheuer waren die Abgaben, welche aus der ganzen
Christenheit am päpstlichen Hof zusammenflossen.   Als besonders
drückend wurden die Annaten, die Palliengelder und die Dis=
penstaxen empfunden.   Die Annaten waren eine Abgabe (regel=
mäßig die Hälfte des Jahreseinkommens), welche derjenige im
voraus entrichten mußte, dem vom päpstlichen Hof eine Pfründe

übertragen worden war. Die Palliengelder waren die sehr erheblichen Abgaben, welche jeder Erzbischof für Empfang des Palliums (einer vom Papst verliehenen weißwollenen Schulter= binde) an den Papst zu zahlen hatte. Wechselte eine Stelle oft ihren Inhaber, so war sie bald überschuldet: die Palliengelder mußten gewöhnlich von der ganzen Provinz getragen werden, weil der Erzbischof aus eigenen Mitteln sie meist nicht aufzu= bringen im stande war. Die Dispenstaxen waren die Abgaben für eine vom Papst gewährte Dispensation. Da der Papst in vielen Fällen die Gesetze selber gemacht hatte, von denen er dispensierte, so ward geradezu der Vorwurf laut, daß manche Gesetze nur deshalb gemacht seien, um sodann gegen Taxe von denselben zu dispensieren.

Das Schlimmste aber war, daß am päpstlichen Hofe ganz offen Simonie getrieben wurde: die Gewährung geistlicher Ämter oder kirchlicher Verfügungen gegen Geld. Es hieß, daß nur derjenige am päpstlichen Hofe mit seinem Prozeß, mit seiner Bitte, mit seiner Stellenbewerbung durchdringe, welcher Geld mit vollen Händen auszustreuen im stande sei. Die ganze Um= gebung des Papstes vom Thürhüter bis hinauf zum Kardinal forderte von dem Bittsteller gewissermaßen ihren Tribut. Welch schmähliches Schauspiel! Die Korruption an der Stelle, von welcher die Christenheit die Antriebe sittlichen und religiösen Lebens erwartete!

§ 29.

Das babylonische Exil. Schisma.

Ein Zeichen des inneren Niederganges war der schwere Fall, welchen das Papsttum schon im 14. Jahrhundert that. Das 14. Jahrhundert ist die Zeit des sogenannten babylonischen Exils in Avignon. Nachdem das hohenstaufische Kaisertum gefallen war, trat Frankreich, bereits dem Einheitsstaate zustrebend, während Deutschland in die landesherrlichen Territorien zerfiel, mächtig hervor. Bonifaz VIII. (1294—1303), welcher die

Herrschaftsansprüche des Papsttums in voller Schärfe geltend
machte, geriet dabei mit Philipp dem Schönen von Frankreich
in schweren Konflikt. Gegen Philipp den Schönen war die
berühmte Bulle Unam sanctam von Bonifaz VIII. (1302) ge=
richtet, welche auch das weltliche Schwert, auch die Gewalt,
Könige einzusetzen und abzusetzen, mit rücksichtsloser Energie für
die Kirche in Anspruch nahm. Hier aber endigte das Papsttum
mit einer Niederlage. Papst Clemens V. (1305—1314) mußte
auf Anhalten Philipp des Schönen formell erklären (1306), daß
Frankreich und die Gewalt des französischen Königs durch die
Bulle Unam sanctam nicht betroffen worden sei. Ja, Philipp
der Schöne setzte es durch, daß Clemens V. (1309) den Sitz
des Papsttums von Rom nach Avignon verlegte. Avignon war
Eigentum des Papstes. Aber es lag in unmittelbarer Nähe des
französischen Machtgebietes. Was dem stolzen Geschlecht der
Hohenstaufen nicht gelungen war, das erreichte hier in wenig
Jahren das eben aufkommende, aber die Ideen moderner Staats=
gewalt in sich tragende französische Königtum. In derselben
Zeit, in welcher das Papsttum den Grundsatz von der Unbe=
schränktheit seiner Machtbefugnisse predigte und z. B. in der
Person Papst Johanns XXII. (1316—1334) Ludwig dem Bayern
gegenüber die Gewalt über Reich und Kaisertum in Anspruch
nahm, war es thatsächlich ein Vasall und Machtwerkzeug des
französischen Königtums geworden. Die überspannung seiner
Herrschaftsansprüche war es gewesen, welche ihm den Konflikt
mit der ihrer Kraft sich bewußt werdenden Staatsgewalt und
damit die Niederlage gebracht hatte. Das babylonische Exil zu
Avignon dauerte von 1305—1377 (von Clemens V. bis auf
Gregor XI.), also fast durch das ganze 14. Jahrhundert. überall
in der Kirche ward es als Entthronung und Gefangenschaft des
Papsttums, ja gewissermaßen der Kirche selbst, empfunden. Da=
her die unablässigen Bestrebungen, es zu beseitigen. Seit 1378
trat ein Papst in Rom dem Papst in Avignon gegenüber. Die
Christenheit teilte sich in zwei feindliche Heerlager. Das Papst=
tum, so lange die Säule der Einheit der abendländischen Kirche,

jetzt war es zur Ursache eines Schisma geworden! Mit Bann und Interdikt bekämpften sich die beiden Oberhäupter der Christenheit. Zum erstenmal sahen die Völker des Abendlandes, daß auch ein päpstlicher Bannstrahl machtlos erlöschen könne. Indem das Papsttum sich selbst bekämpfte, hob es durch seine eigenen Machtmittel den Nachdruck seiner Gewalt auf. Der Zwiespalt dauerte mehr denn dreißig Jahre (1378—1409). Im Jahre 1409 trat ein Konzil zu Pisa zusammen, welches das Schisma heben sollte. Es setzte die beiden Gegenpäpste ab und einen dritten Papst ein, aber ohne die Fähigkeit, seiner Entscheidung thatsächlichen Erfolg zu verschaffen. Die beiden Gegenpäpste blieben; der zu Pisa erwählte Papst trat als der dritte Gegenpapst hinzu. Das zweiköpfige Schisma war zu einem dreiköpfigen gesteigert worden (1409—1417)! Die Papstherrschaft endigte im Beginn des 15. Jahrhunderts mit einer ungeheuren Niederlage. Die herbe Frucht der errungenen Weltherrschaft war der innere und äußere Verfall.

§ 30.

Entartung des Mönchswesens.

Wie das Papsttum, so hat das Mönchtum durch seine Erfolge zugleich seinen Rückgang vorbereitet. Das 13. und namentlich 14. Jahrhundert ist, wie wir gesehen haben, die Zeit, wo das Mönch= und Nonnenwesen durch die Fühlung, welche es mit dem dritten Stande gewonnen, mächtig überhand nahm. Aber gerade die Massenbewegung, welche die Klöster der Bettelorden füllte, mußte ihnen verderblich werden. Wie viele legten da die Gelübde ab ohne den nötigen inneren Beruf! Wie viele traten da in das Kloster, nicht um der Welt und der Sünde, sondern um der Arbeit zu entgehen! So manches Kloster ward mehr einer Gemeinschaft von Faulenzern als einer Gemeinschaft von Asketen ähnlich, mehr die Kritik herausfordernd, als die Ehrfurcht. Unwillkürlich drängte sich bei dem Anblick dieser

7*

stetig sich mehrenden, vom Bettel lebenden Existenzen dem Bürger=
und Bauernstand die Frage auf, ob denn wirklich Nichtsthun
und von der Arbeit anderer leben Gott wohlgefälliger sei, als
treue Pflichterfüllung im irdischen Beruf. Es mußte gerade jetzt
unzweideutig klar werden, daß das Prinzip des Mönchtums
unfähig sei, wirklich auf die ganze Christenheit ausgedehnt zu
werden. Und konnte das wirklich als Lebensideal eines Christen
gelten, was doch nur durchführbar war, so lange die Mehrzahl
der Menschen, im irdischen Beruf verbleibend, mit einem nie=
drigeren Christentum sich begnügte? Aber noch mehr. Es zeigte
sich bald, daß a ch die Steigerung der Askese, zu welcher die
Bettelorden vorgegangen waren, außer stande war, den strengen,
wirklich mönchischen Geist aufrecht zu halten. Auch in den
Bettelorden riß Sittenlosigkeit und Unz ch t ein. Das 14. und
15. Jahrhundert widerhallt von den Klagen über die Unsittlich=
keit von Mönchen, Nonnen und Geistlichen. Es wäre unrecht,
zu übersehen, daß die besseren, geistig und sittlich durchgebildeten
Elemente auch zu dieser Zeit zahlreich vertreten gewesen sind.
Aber die Durchschnittshaltung der großen Masse von Ordens=
leuten und Geistlichen sank unter das normale sittliche Niveau.
Indem die Bettelorden sich anschickten, die Welt von damals zu
erobern, offenbarte sich, daß auch das strengste asketische Gesetz
außer stande sei, die sündhaften Triebe der Menschennatur zu
überwältigen. Es ging, wie es bei all den Orden gegangen
war: auf eine Zeit des Aufschwunges folgte die Zeit des Ver=
falls, eines um so tieferen und verhängnisvolleren Verfalls, je
größer zuvor die Anforderungen und insbesondere, je größer die
Massenbewegung war, welche an dem Auf= und Niedergang
teilnahm.

§ 31.

Die Reformkonzilien.

Die mittelalterliche Kirche war in ihren mächtigsten Erzeug=
nissen, in Papsttum und Mönchtum, an einem Ende der Ent=

wickelung angelangt. Das Papsttum war, seinen eigenen Macht=
ansprüchen erliegend, zu einer Quelle zahlloser Mißbräuche, ja
zur Ursache des Schismas geworden. Das Mönchtum, die
asketischen Anforderungen überspannend, endigte mit einem sitt=
lichen Bankerott. Kirche und Welt verlangten nach einem neuen
Lebensquell. Die Zeit der Reformation der Kirche an
Haupt und Gliedern war herangekommen.

Es gab niemanden, welcher nicht in dieses Verlangen mit
einstimmte. Die Empfindung des Reformationsbedürfnisses war
tief und allgemein. Das Abendland erhob sich zum Reforma=
tionswerk wie ein Mann, geführt zuerst durch seine geistliche,
dann durch seine weltliche Fürstenschaft.

Die Bischöfe waren es, welche als die ersten an die große
Aufgabe herantraten. Schon das Konzil zu Pisa (1409), dessen
oben gedacht wurde, war ein erster, wenngleich vergeblicher Ver=
such dieser Art gewesen. Drei Päpste standen sich nunmehr
gegenüber. Eine Schmach für die Christenheit! Aus der Stärke
dieser Empfindung ging die Kraft der Bewegung hervor, welche
das große Konzil von Konstanz (1414—1418) hervorbrachte.
Die Bischöfe aus allen Teilen der abendländischen Christenheit
waren hier mit zahlreichen Vertretern der Universitäten und der
theologischen Wissenschaft versammelt. Auch der Kaiser Sigismund
nahm Anteil. Dem Glanz der Versammlung entsprach ihre Macht,
welche auf dem einstimmigen Begehren des Abendlandes nach
Reformation der Kirche durch das Konzil beruhte. Zunächst
legte die Versammlung sich selber die Vollmacht zu ihrem Werke
bei. Da es sich um Reformation auch des Papsttums (des
Hauptes) und insbesondere um Beseitigung des Schismas han=
delte, so mußte die Versammlung für sich die Überordnung über
das Papsttum in Anspruch nehmen. Und so geschah es. Die
Versammlung beschloß, daß die höchste Gewalt in der Kirche
nicht beim Papst, sondern bei einem allgemeinen Konzil sei: die
Generalversammlung der Bischöfe stehe über dem Papst. In
Ausübung dieser höchsten Gewalt wurden dann die drei Gegen=
päpste durch Konzilsbeschluß abgesetzt, bezw. zur Abdankung

genötigt, und ein neuer Papst (Martin V.) eingesetzt (1417).
Die Machtstellung des Konzils kam darin zum Ausdruck, daß
der neue Papst allgemeine Anerkennung fand: das Schisma war
wirklich beseitigt worden. Zugleich hatte die Gesamtheit der
Bischöfe sich über das Papsttum gestellt: eine rückläufige Bewegung, welche die kirchliche Monarchie Gregors VII. aufheben
und die alte aristokratische Verfassung der Kirche wiederherstellen
sollte, war eingeleitet worden. Damit aber war die Kraft des
Konzils erschöpft. Die Herstellung des Reformationswerkes
ward einem neuzuberufenden allgemeinen Konzil vorbehalten.
Das Basler Konzil (1431—1443), noch von Papst Martin V.
kurz vor seinem Tode einberufen, ist Erbe und Fortsetzer des
Konstanzer Konzils geworden. Aber das Widerstreben des
Papstes (Eugen IV.) und der päpstlich gesinnten Partei hemmte
jede eingreifende Anordnung. Die Annaten wurden aufgehoben,
die Appellationen nach Rom beschränkt, Beschlüsse gegen die
päpstlichen Reservationen und gegen die Konkubinen von Geistlichen gefaßt. Das war alles. Als das Konzil weiter gehen
wollte, ward es durch die vom Papst verfügte Verlegung des
Konzils nach Ferrara (1437) gesprengt. In Basel blieb nur
ein Rumpfkonzil zurück, welches nach vergeblichem Kampf mit
dem Papst im Jahre 1443 ein erfolgloses Ende nahm. Die
Kraft der konziliaren Bewegung war gebrochen, das Reformationswerk, welches die Bischöfe in die Hand genommen, war
gescheitert. Es dauerte nicht lange, so konnte der Papst Pius II.
(1458—1464), welcher auf dem Konzil zu Basel selbst noch ein
Vorkämpfer der Reformpartei gewesen war, jede Berufung an
ein allgemeines Konzil als Ketzerei mit dem Kirchenbanne belegen
(1459). Das Papsttum griff wieder nach den Zügeln der Kirchengewalt. Die konziliaren Machtansprüche des Episkopats waren
eine bloße Episode gewesen.

§ 32.

Landesherrliche Gewalt.

Dennoch ward die alte unumschränkte Papstgewalt nicht wieder lebendig. Bereits war eine täglich mehr sich fühlende Staatsgewalt aufgenommen. Die universalen Ideen des Mittelalters, auf denen die Gewalt von Papsttum und Kaisertum beruht hatte, traten vor dem lebendig werdenden Nationalitätsgefühl zurück, und mit dem modernen nationalen Bewußtsein erwachte eine über ihre Aufgabe sich klar werdende nationale Staatsgewalt. In Frankreich, in England erwuchs ein lebendiges, in der Tiefe des Volkslebens wurzelndes Königtum. In Spanien kam die Zeit, wo der letzte Rest maurischer Herrschaft vernichtet und die Herrschaft Ferdinands des Katholischen über die ganze Halbinsel ausgebreitet ward. In Deutschland war es mehr noch der territoriale Staat der einzelnen Landesherren, welchem die Bewegung zu gute kam, als das Reich, aber in dem landesherrlichen Staat sollte der deutsche Staat der Zukunft sich vorbereiten. Die konziliare Bewegung ward vom Papsttum vornehmlich dadurch unterdrückt, daß der Papst durch Zugeständnis kirchlicher Regierungsrechte, namentlich kirchlicher Stellenbesetzungsrechte das weltliche Fürstentum für sich gewann. Der Staat verlangte nach Gewalt auch in der Kirche, und das Papsttum selber kam ihm entgegen. Die Regierung der spanischen Kirche ging unter Ferdinand dem Katholischen thatsächlich auf das Königtum über. Ganz ähnlich geschah es im Beginn des 16. Jahrhunderts unter Heinrich VIII. in England, wo die Regierung des mit päpstlicher Vollmacht ausgestatteten Kardinallegaten Wolsey in der That die Kirchenregierung des Königs von England bedeutete. Dem König von Frankreich ward 1517 die Besetzung der französischen Bistümer zugestanden. Die deutschen Landesherren empfingen ähnliche Rechte. Die Zeit der Kirchenherrschaft ging dahin, und die Zeit bereitete sich vor, wo Luther den christlichen Adel deutscher Nation zum Reformationswerk auffordern konnte. Das weltliche

Fürstentum nahm von der Kirche Besitz und versuchte auch seiner=
seits durch die Art der Stellenbesetzung und durch staatliche Auf=
sicht über das Leben der Kirche zur Reform beizutragen.

Aber, war der Staat im stande, der Kirche neues Leben ein=
zuflößen? Ward die Kirche Englands dadurch eine andere, daß
sie jetzt vom König geleitet wurde? Durch das Vortreten der
Staatsgewalt zerbröckelte die abendländische Kirche. Eine spanische,
eine französische (gallikanische), eine englische Nationalkirche kam
auf und es bedurfte, als Heinrich VIII. vom Papst die erbetene
Ehescheidung versagt wurde, nur eines königlichen Wortes, um
die Kirche Englands, zunächst ohne jede innere Reform, von der
Gesamtkirche abzutrennen. Die Folge des Staatsregiments war
die Auflösung der Kirche, nicht aber ihre Besserung.

*   *   *

Das Werk der Bischöfe auf ihren Konzilien, das Werk des
Staates durch seine Kirchenregierungsrechte, alles das war bloße
Verfassungsänderung. Dem Kleide der Kirche ward eine andere
Gestalt gegeben. Worauf es ankam aber, das war nicht Ver=
fassungs=, sondern Geistesänderung, das war ein Emporbringen
neuer Lebenskräfte aus den Tiefen des religiösen und kirchlichen
Lebens, aus dem unerschöpflichen Born des noch immer von der
Kirche unter ihrem Herzen getragenen Evangeliums — das war
ein Werk, welches nicht Fürsten noch Könige, nicht Bischöfe noch
Päpste vollbringen konnten, sondern Gott allein. Der Engel
Gottes mußte kommen, daß er die Wasser des kirchlichen Lebens
bewege, um ihnen neue Gesundkraft zu verleihen.

Drittes Kapitel.

Das Reformationszeitalter.

Erster Abschnitt.

Reformation.

§ 33.

Neue Strömungen.

Wenn wir um das Jahr 1500 in Deutschland eintreten, so lesen wir über dem Thorbogen, durch welchen wir unsern Einzug halten, in goldenen Lettern die Inschrift: Renaissance. Ein Jubelruf geht durch die ganze gebildete Welt. Frenet euch, freuet euch! Die Welt des klassischen Altertums, neu verklärt, in jugendlicher Schönheit ist sie wiedergeboren worden! Hier ist der echte Aristoteles, hier der göttliche Plato, hier die Meisterwerke der Kunst und Wissenschaft, wunderbarer Schönheit, unsterblichen Geistes voll, — und die Sonne Homers, siehe, sie leuchtet auch uns!

Es war die Zeit des Raffael und des Michelangelo. Es war die Zeit, wo an der hoheitvollen Kraft antiker Litteratur und Wissenschaft sich ein aufstrebendes, nach allem Großen begehrendes, leidenschaftliches, lebensdurstiges, ehrgeiziges, begeistertes Geschlecht entflammte, wo an den Heldengestalten und politischen Idealen des Altertums unser Nationalbewußtsein groß wurde, die universalistischen Ideen des Mittelalters verdrängend, wo der dritte Stand kräftig in den Vordergrund der Weltgeschichte eintrat, in der neuen Wissenschaft eine ihm eignende, von kirch-

licher Vormundschaft befreiende Kulturmacht begrüßend und er-
greifend, welche das Bürgertum zum bevorzugten Träger der
gelehrten Bildung, die Städte endgültig zum Mittelpunkt des
nationalen Geisteslebens machte. Das ganze Leben nahm andere
Gestalt an. Der mönchischen Askese trat der Geist der Alten
gegenüber, Freude am Leben und an der Schönheit, Sinn für
geschmackvolle Gestaltung des Daseins, Begeisterung für Nation
und Staat um sich verbreitend, die ganze Welt mit Rosenschimmer
übergießend.

Ein neues Evangelium der Bildung erfüllte, von Italien
ausgehend, das Abendland. Die mittelalterlichen Ideen und Anschauungen wichen dem Geist des auferstandenen Altertums. Eine
neue Zeit zog herauf, morgenfrisch, eine Zukunft voll unerschöpflicher Verheißungen triebkräftig im Mutterschoße tragend.

Und doch, war dies die Wiedergeburt, welche das 15. Jahrhundert so heiß ersehnte? War dies das Evangelium, nach
welchem die alternde Welt des Mittelalters begehrte, um sich
aufs neue jung daran zu trinken? Nein, trotz alledem und alledem! Was die Welt des 15. Jahrhunderts in ihrem Tiefinnersten begehrte, war nicht Renaissance, sondern Reformation, war
nicht die Wiedergeburt von Kunst und Wissenschaft, sondern die
Wiedergeburt der Kirche an Haupt und allen Gliedern, war nicht
die Botschaft von der Neuentdeckung des Altertums, sondern die
Botschaft, welche den Armen gepredigt worden war, welche Sünder
selig machen und den ganzen Menschen wiedergebären kann. Die
sittliche Renaissance durch die Erneuerung des kirchlichen
Lebens, das war das größte und höchste Anliegen, welches deshalb die Kräfte des 15. Jahrhunderts in immer wiederholte
Gesamtbewegung setzte. In den Mißbräuchen des kirchlichen
Lebens, in der Entartung der Geistlichkeit, in der Trübung und
Verstopfung der Quellen, aus welchen die Gesamtheit sittlich genährt, erhalten werden sollte, erkannte der Instinkt der Zeit mit
treffender Sicherheit den Grund des allgemeinen Verderbens.
Die Kirche hatte sich an die Welt verloren. Das Salz war
dumm geworden. Die Anforderungen des Christentums wurden

von denen am meisten mit Füßen getreten, welche berufen waren, die Gefäße des Glaubens, die Verkündiger der göttlichen Wahrheit, die Vorbilder ihrer Herde zu sein. Der Niedergang des kirchlichen Lebens schrie zum Himmel. Daher tönt durch all die Freudigkeit der Renaissance, durch all den Jubel, welcher aus der Erneuerung des wissenschaftlichen und künstlerischen Seins hervorbricht, immer aufs neue, immer mächtiger anschwellend, der gewaltige Ruf durch das ganze 15. Jahrhundert: Reformation der Kirche an Haupt und Gliedern! Reformation nicht bloß des wissenschaftlichen, des künstlerischen, nein, was weit köstlicher ist, des religiösen Lebens!

Wir haben sie gesehen, die großen Reformkonzilien zu Konstanz und Basel, welche die ganze erste Hälfte des 15. Jahrhunderts erfüllen. Welche Flutwelle kirchlichen Reformationsbegehrens, das ganze Abendland mit sich fortreißend, fast im Begriff, das Papsttum selber mit seinen Mißbräuchen hinweg zu schwemmen! Welche großartigen Pläne und Hoffnungen, und doch welcher Mißerfolg! Wir haben sie gesehen, die Staatsgewalten, welche in der zweiten Hälfte des Jahrhunderts das Reformationswerk in die Hand nehmen. Mit Hilfe staatlichen Stellenbesetzungs= und Aufsichtsrechtes sollen den Reihen der Geistlichkeit neue Kräfte, soll der Kirche der kirchliche Geist wiedergegeben werden. Aber welch wenig verheißungsvolle Arbeit an den Außenwerken der Kirche, und anstatt innerer Wiedergeburt die Auflösung der abendländischen Kirche in eine Reihe nach Selbständigkeit strebender Landeskirchen!

Aber! war die Bildung der Zeit, die kühn und mächtig voranschreitende Renaissancebewegung vielleicht im stande, die ersehnte Kirchenbesserung zu bringen? Ach, diese Bildung trug das Heidentum in ihrem Herzen! Sie dachte nicht an Reformation, sie war vielmehr bereit, sich äußerlich der Macht der Kirche nebst all ihren Zeremonien und Anforderungen ohne großen Kampf zu unterwerfen, denn in ihrem Innersten lebte die Gleichgültigkeit gegen alles Christliche und das Alleininteresse für das rein Menschliche. Die Renaissance von Kunst und Wissenschaft war keine Wiedergeburt der Sittlichkeit gewesen. War es doch gerade die Renaissance, welche, indem sie das Heldenideal des Altertums neu erweckte, gerade dadurch die Städte und Staaten Italiens mit diesen nach Macht und Ehre dürstenden, gewalt= thätigen, rücksichtslosen, kraftstrotzenden Tyrannen erfüllte, deren Genialität nur durch ihre Verachtung aller Gebote der Sittlichkeit erreicht wurde. Nie gab es eine Gesellschaft so glänzend gebildet, so reich an Interessen und Begabung, so kraftvoll schöpferisch an unsterblichen Meisterwerken, und doch zugleich so tief unsittlich, so tief verderbt, so bestialisch egoistisch wie jene Gesellschaft Italiens in der zweiten Hälfte des 15. Jahrhunderts. Dies war die Zeit, welche einen Cäsar Borgia hervorbrachte, ihr Ab= bild, ihr Ideal und zugleich ihr Entsetzen. Dies war die Zeit, in welcher Macchiavell seinen „Fürsten" schrieb, ein Lehrbuch und zugleich eine Verherrlichung für den kältesten, rücksichts= losesten, berechnendsten, grausamsten Fürsten=Egoismus. Ja, selbst wenn wir auf all die Madonnen= und Heiligenbilder, voran auf Raffaels wunderbare Schöpfungen sehen, so überwiegt der Eindruck schöner, herrlicher, verklärter Menschlichkeit. Nur selten, daß die Geheimnisse des Christentums, wie aus den Augen der sixtinischen Madonna, uns überwältigend entgegen leuchten. Und das Papsttum der Renaissance! In der Person eines Innocenz VIII. (1484—1492) und eines Alexander VI. (1492—1503*) hatte die tiefe Unsittlichkeit der Renaissance, mit Mord, Verrat und Unzucht sich befleckend, den päpstlichen Thron bestiegen. Ihnen folgte Julius II. (1503—1513), ein Feldherr mehr denn ein Geistlicher, dessen Lebenswerk Krieg und Gewaltthat war, um den Kirchenstaat zugleich zu vergrößern und innerlich zu politischer Einheit zu führen; dann Leo X. (1513—1521), der feine Kunstkenner, der hochgebildete Mann, der Gönner Raffaels und Michelangelos.

Wo sind die Antriebe, welche diese Männer der Kirche

---

*) Sein Sohn war bekanntlich Cäsar Borgia, seine Tochter Lucrezia Borgia.

gegeben hätten? Wie groß ist das Papsttum Leos X. für die
Kulturgeschichte, und wie klein für die Kirchengeschichte! Gerade
die Renaissance, welche diese Päpste hervorbrachte, war es, welche
ihnen die Richtung auf das Irdische, Weltliche gab, welche
machte, daß der Papst, die Interessen der Gesamtkirche, Stellen=
besetzungs= und Regierungsrechte, leichten Herzens dem welt=
lichen Fürstentum preisgebend, den Kirchenstaat in den Vorder=
grund seines Interesses rückte und sich aus einem Oberhaupt
der geistlichen Universalmonarchie in einen wollüstigen, grau=
samen, oder auch gewaltthätigen, kriegerischen, oder künstlerisch
und wissenschaftlich interessierten italienischen Tyrannen ver=
wandelte.

Die Interessen der Renaissance waren im letzten Grunde
den Interessen der Kirche entgegengesetzt, und die Hochflut
des geistigen Lebens, welche um das Jahr 1500 das Abendland
mit sich fortriß, schien, anstatt die Rettung zu bringen, vielmehr
das endgültige Verderben zu beschleunigen.

Allerdings, in Deutschland nahm die geistige Entwickelung
eine etwas andere Richtung. Hier war der Herd jener großen
Reformations=Bewegung des 15. Jahrhunderts gewesen, welche
durch die Konzilien zu Konstanz und Basel die ganze Welt
erschüttert hatte. Hier waren auch jetzt, im Beginn des 16. Jahr=
hunderts, die geistlichen Interessen noch in starkem Übergewicht.
Sie waren es, an welchen alle Glieder der Nation in gleichem
Grade sich beteiligt fühlten. Sie waren es, welche selbst der
deutschen Renaissancebewegung, dem Humanismus, eine entschiedene
Richtung auf das Kirchliche verliehen. Zu tief waren die großen
Anliegen, welche allein durch das Christentum ihre Befriedigung
finden konnten, in dem Herzen der Nation lebendig; zu mächtig
war die Kraft, mit welcher das Volk nach der Gewißheit seines
Seelenheils verlangte, als daß es über irgend etwas anderem
dieses seines größten Begehrens hätte vergessen können. So
kam es, daß der Humanismus durch Erasmus von Rotterdam
das Neue Testament, durch Reuchlin das Alte Testament den
Gebildeten der Nation aufs neue in der Ursprache in die Hand

gab, daß man die Philologie verwertete, um gerade a ch der
Theologie zur vollen Kenntnis ihrer Urquellen zu verhelfen, ja
daß man hoffte, durch die philologische Schriftforschung (das war
die überzeugung des Erasmus) die Wiederbelebung der Kirche
unmittelbar ins Werk setzen zu können. Aber diese wissenschaft=
liche Bewegung, welche in Deutschland mit aufgehobenem Finger
auf das Neue Testament hinwies, war dennoch weit entfernt,
die Massen des Volkes nachdrucksvoll beherrschen und dem Ver=
derben der Kirche ein Ziel setzen zu können. Sie nahm zunächst
nur die Gebildeten, und sie nahm auch diese nur durch die Auf=
forderung zur Forschung, nicht durch feste, lebenskräftige, fertige
Ergebnisse in Anspruch. Gewiß, die Humanisten Deutschlands
waren nicht in ähnlicher Weise gleichgültig gegen die Kirche, wie
ihre Bildungsgenossen in Italien. Aber ihrer Bildung fehlte
die Feuerkraft großer positiver überzeugungen. Und daher kam
es, daß die Fülle von Geist und Kenntnissen, welche diesen
Männern innewohnte, für das kirchliche Gebiet in einem Raketen=
schwarm von Spottversen und Satiren verpuffte (Lob der Narr=
heit von Erasmus 1509), mit welchem sie die Mißbräuche der
Kirche überschütteten. Es war eine Bewegung, welche, wie jede
rein wissenschaftliche Bewegung, stark war im Verneinen, aber
schwach war im Bejahen, welche wohl die Mängel sah, die es
zu bekämpfen galt, aber ohne jene elementare Naturkraft zu
besitzen, welche allein die großen schöpferischen weltgeschichtlichen
Bewegungen hervorbringt.

Als im Jahre 1517 das große lateranische Konzil geschlossen
wurde, welches a ch seinerseits mit der Reformation der Kirche
sich beschäftigte, aber sich damit begnügte, die Allgewalt des
Papstes und die Unsterblichkeit der menschlichen Seele zu definieren
(das war bereits der Aufklärung Italiens gegenüber notwendig
geworden), — da sprach der Bischof von Isernia in der Schluß=
rede, die ihm aufgetragen worden war, die Worte: „Das Evan=
gelium ist die Quelle aller Weisheit, aller Tugend, alles Gött=
lichen und Bewundernswerten; das Evangelium, ich sage: das
Evangelium!" Der Mann hatte recht, ja noch mehr recht, als

er selbst vielleicht dachte. Und schon erhob sich der jugendliche Held, welcher von Gott gesandt war, das schon vergessene, wahre volle Evangelium überallhin zu verkündigen.

§ 34.
Luther.

Die Hilfe kam daher, von woher man sie niemals erwartet hätte, aus den Kreisen des Mönchtums. Das Mönchtum hatte einst durch die cluniacensische Bewegung die Kirche des Mittelalters hervorgebracht, und wiederum durch das Mönchtum sollte die Kirche des Mittelalters vernichtet werden.

Wie war das Mönchtum der allerverachtetste Teil der Kirche geworden! Aus der Welt hatte es fliehen wollen, alles hatte es hinter sich gelassen, aber die Welt im eigenen Herzen, die sündige Lust, die Selbstsucht: unsichtbar, unentrinnbar war sie mit hinausgezogen in die Wüste, in die Einsiedelei, in das Kloster. Und auch aus dem Herzen des Mönches waren gekommen arge Gedanken, fleischliche Gelüste, weltliche Gelüste. Von der Welt, die es hatte fliehen wollen, war das Mönchtum verschlungen worden, und gerade das Mönchtum war der wunde Punkt geworden, auf welchen die Humanisten die Geschosse ihres Spottes lenkten, wenn sie die Schäden der Kirche geißeln wollten. Aber trotz alledem, — doch lebte in dem Mönchtum, wenngleich getrübt, verschüttet, oft kaum noch wahrnehmbar, noch immer die Nachwirkung echt christlichen Wesens, welches mit Angst und Zittern nach der Gerechtigkeit trachtet, die vor Gott gilt. Und diese Antriebe religiösen Lebens sollten sich mächtiger erweisen, die ganze Welt von damals zu befreien und zugleich zu reformieren, als die Bildung und all die großen Entdeckungen jener Zeit. Das Mönchtum, seine Seligkeit suchend in der Flucht vor der Welt und in den Werken der Askese, schloß gerade für den ernsthaft Suchenden die Notwendigkeit des Endergebnisses in sich, daß dennoch durch des Gesetzes Werke kein Fleisch vor Gott gerecht wird, daß alles

menschliche Thun umsonst ist, dem Zorn des gerechten, heiligen,
die Sünde hassenden und bis ins vierte Glied verfolgenden
Gottes zu entfliehen, daß auch die Möncherei mit all ihrer Selbst=
peinigung und Weltentsagung umsonst ist für den Erwerb der
Seligkeit.   Die Entwickelung des Mönchtums war eine Steige=
rung des asketischen Prinzips gewesen.   Die Steigerung mußte
zur Selbstaufhebung führen.   Dies war der Entwickelungsgang,
welchen Luther mit der ganzen Wirkungskraft einer feurigen,
groß angelegten Natur durchlebt hat.   Er hatte die ganze Schwere
des göttlichen Gesetzes in seinem tiefinnersten Gewissen empfunden.
Er hatte die Stunden durchlebt, in welchen ihm sein Gottes=
glaube zu einer Leib und Seele zermarternden Qual ward, die
Stunden, in welchen Gott „wie ein Löwe" die Gebeine des um
sein Seelenheil mächtig mit ihm ringenden Mönches zerknirschte.
Das waren die Stunden, in welchen Gott den Mönch zu seinem
gewaltigen Rüstzeug zubereitete.   Welche Ängste, welche Kämpfe,
und dann — welcher Sieg!   „Der Gerechte wird seines Glaubens
leben", das ward die Melodie, welche, immer mächtiger durch=
dringend, seine Seele mit himmlischen Wonneschauern erfüllte.
Der Mensch soll gerecht werden, nicht durch seine Werke, noch
durch seine Selbstpeinigung, noch durch Flucht aus der Welt,
sondern allein durch den Glauben, aus Gnade, aus freier, all=
barmherziger, unerschöpflicher Gnade.   Die Gnade und Wahr=
heit, welche in Jesu Christo erschienen ist, jetzt leuchtete sie dem
Manne hell, friedebringend, entzückend auf den Pfad seines
Lebens, den immer sturmvolleren.   Eine „weit aufgesperrte Thür
ins Paradies" ward ihm das neu entdeckte, solange schmerzlich
entbehrte, solange verschüttet gewesene Evangelium.   Wie hatte
er gehungert und gedürstet nach der Gerechtigkeit.   Wahrlich,
jetzt sollte er satt werden.   Wie hatte er vor allen Dingen ge=
trachtet nach dem Reiche Gottes, und siehe, — alles war ihm
zugefallen: die Seligkeit der Kinder Gottes, fähig, jeden neuen
Tag in einen Festtag zu verwandeln, — die Freiheit eines
Christenmenschen, der durch seinen Glauben ist „ein Herr über
alle Dinge".

Und er ward genötigt, das, was ihm felber zur feligen Ge=
wißheit geworden war, mit Pofaunenstimme weithin in alle Lande
fund zu thun. Seine Gegner waren es, welche ihn in die große
Bahn hineindrängten, immer weiter, bis er plötzlich die ganze
firchliche Organifation, an die feine Seele fich fo innig feft gehängt
hatte, mit all ihren überlieferungen, Heiligtümern, Priestertümern
und Gewalten zwischen fich und dem lauteren Evangelium er=
blickte. Und in diesem Augenblick — das war feine große That —
befann er fich keinen Moment, all das, was ihm bis dahin groß,
herrlich, heilig, unentbehrlich und unerfetzlich erschienen war, von
fich zu werfen und daran zu geben, nur um des Evangeliums
von Jefu Christo willen. Ja, um des Evangeliums willen ward
er arm an allem, was ihn bis dahin reich gemacht hatte. Die
ganze Welt, in und von der er bis dahin gelebt, fie brach
um ihn zufammen. Den Glauben an feine Kirche, die fo heiß
geliebte, mußte er daran geben, aber — um dafür den vollen,
köftlichen Glauben an die Erlöfung und Rechtfertigung durch
Jefum Christum einzutaufchen. Die Welt feiner Jugend follte
er verlieren, aber die Welt der Zukunft follte ihm als Er=
fatz zu teil werden. Dem Mönchtum und feiner Askefe, der
Kirche und ihrer mächtigen Hierarchie warf er mit kühner
Schleuder das Evangelium entgegen, das Evangelium von der
Rechtfertigung allein durch den Glauben, ein unerschöpfliches
Evangelium, voll reformatorifcher Kräfte, fähig, nicht bloß das
Alte zu zerstören, fondern eine neue Zeit, lebensstrotzend, die
überkommenen Fefeln durch innere Fülle brechend, fiegreich her=
aufzuführen.

Das Mönchtum endigte in der Perfon Martin Luthers
damit, daß es die Askefe von fich warf, daß es Ordenskleid und
Klosterwefen, daß es Faften und Betteln abthat, daß es in die
Welt zurückkehrte, um die Welt nicht zu fliehen, fondern zu
heiligen.

Das wiedergeborene Evangelium bedeutete die Reformation
der Kirche und mit der Reformation der Kirche die Reformation
der ganzen Welt.

Sohm. Kirchengefchichte.

Dem Mittelalter war die Welt eine Welt der Sünde. Darum bestand die Frömmigkeit des Mittelalters in der Verneinung dieser Welt mit allen ihren Gaben. In diesem Sinne flieht der Mönch die Ehe, den Besitz, die ganze Welt, ihre Kunst, ihre Wissenschaft, ihre Freuden, ihre Pflichten, um sein Fleisch zu kreuzigen mit allen seinen Begierden. Welch großartige Kraft der Welt- und Selbstaufopferung! Und doch wehe ihm! Mit der Welt der Sünde flieht er zugleich die Welt der Sittlichkeit. Er flieht vor der Versuchung, aber er flieht zugleich vor den Aufgaben, welche Gott dem einzelnen, ja jedem einzelnen in dieser Welt gesteckt hat, vor den Aufgaben des Familienlebens, des bürgerlichen Lebens mit all ihren Anforderungen an Selbstentsagung, an Selbstaufopferung, an echte, rechte thatkräftige Sittlichkeit. Egoistisch zieht der Mönch sich von der Welt zurück in seine Klosterzelle, um nicht mehr seinem Nächsten, sondern allein sich selbst zu leben. Die Thür fällt hinter ihm ins Schloß; er sieht die Welt nicht mehr mit ihren Pflichten, er sieht nur sich selbst. Dem Sturm des Lebens hat er flüchtig sich entzogen; aus dem Meer der Sorgen, der Arbeit, des täglichen Berufes ist er in den Hafen des Friedens eingekehrt, die anderen draußen lassend: mögen sie sehen, wie sie sich selber helfen können! Dem Kampf des Lebens ist er entronnen. Doch wehe ihm! Denn seine Flucht ist feige Fahnenflucht.

Wie ist das Angesicht der ganzen Welt durch die reformatorische Lehre von der Rechtfertigung allein durch den Glauben verändert worden! Glaube an den Herrn Jesum Christum, so wirst du und dein ganzes Haus selig: das ist das volle, ganze, göttliche Evangelium, das duldet weder Zusatz noch Schmälerung. Nimm seinen köstlichen Inhalt hin und laß dich von ihm erquicken! Du selber hast nichts hinzuzuthun. Hinweg mit der selbstgemachten Sittlichkeit, Frömmigkeit, Heiligkeit asketischen, weltflüchtigen Lebens! Das Mönchswesen will der in Christo angebotenen Gnade Gottes nicht trauen, sondern der Gnade Gottes die selbsterworbene Gerechtigkeit hinzufügen. Darum hinweg mit dem Mönchtum! Der Mensch ist von Gott in die Welt gesetzt, nicht damit er die Welt fliehe, sondern damit er in der Welt Gott diene. Das Eintreten in die Welt, in all die Freuden und Leiden des Berufs, des Familienlebens, des Lebens mit und für den Nächsten, um durch den Glauben an Gott die rechte Freude, zugleich die frische Kraft zu siegreichem überwinden, um in aller Unruhe doch die innere Ruhe, in all dem Weltlichen doch das Göttliche, Ewige, nach oben Führende zu finden, das ist wahre christliche Sittlichkeit. Die Pflichterfüllung ist der wahre Gottesdienst. So führt der Glaube mitten in die Welt, in den Dienst des Nächsten. So erzeugt der Glaube die Kraft der Liebe, welche nicht das Eigene, sondern das sucht, was des andern ist. Wie der Glaube den Christenmenschen zu einem Freiherrn über alle Dinge macht und niemandem unterthan, so macht er durch die Liebe den Christenmenschen zugleich zu einem dienstbaren Knecht aller und jedermann unterthan. Das ist die wahre christliche Vollkommenheit, mitten im Drange des menschlichen Lebens ein wahrer Christ zu sein, in der Arbeit des Tages den guten Kampf zu kämpfen, welchem die Verheißung des Sieges gegeben worden ist!

Der Makel des Unheiligen war von der Welt und von dem Leben in der Welt genommen worden. Das Leben im weltlichen Beruf, in Staat, Gemeinde und Familie erschien nicht mehr als ein unvermeidliches Übel, um der Schwachen willen zugelassen, als eine gleißende Schale mit todbringendem Inhalt, sondern als Bethätigung der wahren und vollkommenen christlichen Sittlichkeit. All diese Verhältnisse des Menschen zum Menschen, sie tragen eine von Gott gesetzte Aufgabe, ein eigenes sittliches Prinzip, eine Kraft wahrer Befreiung von den Versuchungen des Egoismus in sich, welche die Sünde des Menschen wohl zu beflecken, aber nicht auszulöschen im stande ist. Sieh hier die Ehe! Sie erscheint jetzt als der wahre heilige, geistliche Stand. Sie ist der von Gott selber gestiftete Orden, eine Erziehungsanstalt gerade auch für den erwachsenen Mann, ihm nicht bloß die Gattin, nicht bloß die Kinder, nicht bloß diese Zuflucht vor den Unbilden des Lebens, diese stets neue Freudenquelle, diese

8*

schützende Atmosphäre lebendiger Liebe schaffend, nein, ihn täglich
durch die Aufgaben des häuslichen Lebens sittlich übend, nährend,
kräftigend, berichtigend, das Dasein in ein Leben für andere ver=
wandelnd, und aus dem Schoße der Häuslichkeit täglich neu die
Ideale ans Licht rufend, welche dem Erziehenden und Lehrenden
predigen, wie dem Erzogenen! Sieh hier den Staat! Er er=
scheint nicht mehr als ein Werk des Teufels oder der Sünde
oder der Ungerechtigkeit. Nein, wie die Familie, so ist der
Staat eine Gottesordnung, seine selbständige, sittliche Aufgabe
in sich tragend, bestimmt, dem Menschen die rechtliche Freiheit
zu ermöglichen und zu vermitteln, welche die Vorstufe der sitt=
lichen Freiheit ist. Sieh hier das ganze bürgerliche Leben, die
Arbeit in Ackerbau und Handel, in Handwerk und Gewerbe, in
Wissenschaft und Kunst, in Befehlen und Gehorchen, die Arbeit
des Knechtes, der Magd, des Richters, des Soldaten, des Be=
amten, des Fürsten, — sieh, wohin du willst: all diese Arbeit
als einen von Gott gegebenen Beruf erfüllt, das ist der Gott wohl=
gefällige Gottesdienst. Die ganze Welt ist geheiligt worden, das
Profane ist von ihr hinweggethan. Die Welt mit all ihren Auf=
gaben ist in den Weinberg des Herrn, in einen Tempel Gottes
verwandelt worden, in welchem wir Gott dienen sollen im Geist
und in der Wahrheit.

Diese reformatorischen Ideen erfüllten mit Sturmesbrausen
die abendländische, insbesondere die germanische Welt. Sie haben
die Welt der Gegenwart begründet, ja, das sittliche Lebensideal
der Gegenwart erzeugt. Dem mittelalterlichen, asketischen, welt=
flüchtigen Lebensideal trat ein neues, der Welt zugekehrtes, die
Welt begreifendes und ergreifendes, insofern der Renaissance ver=
wandtes Lebensideal gegenüber, aber nicht um die Welt mit den
Ideen des Humanismus, sondern um sie mit den Ideen des
Christentums zu erfüllen.

Eine Menge sittlicher Kräfte ist durch diesen Umschwung
der Anschauungen frei geworden und dem Familienleben, dem
politischen, dem gesamten bürgerlichen Leben zugeführt. Jetzt
erst beginnt die volle Wertschätzung des bürgerlichen Berufes,

des Staates, der bürgerlichen Freiheit. Der Staat der Gegen=
wart erhebt sich, die sittlichen Ideale, welche die Welt des Irdi=
schen in sich trägt, treten mächtig neben die kirchlichen Be=
strebungen. Die Welt des Irdischen ist frei geworden, sie ist
dem Bann, mit welchem die Kirche des Mittelalters sie belegt
hatte, jetzt entrückt. Die Welt des Irdischen ist reformiert.

Die Reformation der Welt war eine Folge der Reformation
der Kirche.

Das 15. Jahrhundert hatte es versucht mit Verfassungs=
experimenten und Disziplinarvorschriften. Ein vergebliches
Mühen, die Kirche damit zu reformieren! Indem Luther die
Lehre der Kirche, das Evangelium, welches sie predigte, angriff,
umgestaltete, mit neuem Geist erfüllte, traf er, ohne es zunächst
selbst zu wissen, den einzigen Punkt, von welchem aus das ganze
Sein und Leben der Kirche in Bewegung gesetzt und umgestaltet
werden konnte. Das Herz der Kirche ist ihr Glaube. Wie ihr
Glaube ist, so ist die Kirche. Und das Glaubensleben der
Kirche empfing durch die reformatorische Bewegung neue Tiefe
und ungeahnte Kraft. Von der Kirche gilt in doppeltem Maß,
daß sie nicht allein vom Brot lebt, sondern von jeglichem Wort,
das durch den Mund Gottes gehet. Und das Wort Gottes ward
wieder im Schwange. Es ging durch alle Lande, mit eherner
Zunge die Völker rufend, Leben weckend, die Herzen erhebend
und Frucht wirkend für das ewige Leben. In immer steigendem
Aufschwung geht durch das 16. Jahrhundert die geistliche Be=
wegung. Sie war so stark, daß sie selbst den Humanismus in
den Hintergrund gedrängt hat. Das Herz der Kirche pulsierte
wieder, und damit ward sie auch gesund. Nicht so, als ob nur
die protestantische Kirche reformiert worden wäre. Nein, im
Kampf um die großen Glaubensfragen gelangte auch die Gegen=
lehre, welche die mittelalterlichen Grundlagen zu erhalten und
nur fortzubilden, nicht aufzugeben, beabsichtigte, zu neuer reli=
giöser Kraft und Klarheit und großen reformierenden sittlichen
Antrieben. Die Frucht des 16. Jahrhunderts war das Schisma,
die Spaltung zwischen der protestantischen und katholischen Kirche, —

aber nicht bloß das Schisma, sondern auch diese lang begehrte, heiß ersehnte, endlich mit Geistesbrausen herbeigekommene Reformation. Durch die reformatorische Bewegung, welche von Deutschland aus überall in Christenlanden zündete, ist, in Wirkung und Gegenwirkung, nicht bloß die protestantische Kirche, sondern die ganze Kirche reformiert worden.

§ 35.

Die protestantische Reformation.

Das Ablaßwesen der mittelalterlichen Kirche gab den äußeren Anlaß zu Luthers Auftreten. Der Ablaß (Indulgenz, Nachlaß) ist ursprünglich der Nachlaß der Kirchenstrafe. Dann ward die Ablaßgewalt der Kirche auf die zeitliche Sündenstrafe überhaupt erstreckt, also auch auf die nach mittelalterlicher Lehre im Jenseits, im Fegfeuer, zu erduldende zeitliche Strafe. Der Ablaß ward gegen Verrichtung eines guten Werkes gewährt. Der Papst hatte das Recht, für die Verrichtung bestimmter Werke einen allgemeinen Ablaß zu gewähren. So konnte auch für die Geldzahlung zu irgend welchem kirchlichen Zweck Ablaß gewährt werden. Die Idee war, daß die Kirche, indem sie Ablaß gewähre, an Stelle der Sündenstrafe (welche der Ablaßempfänger hätte erdulden müssen) aus dem Schatz der überschüssigen guten Werke (thesaurus supererogationis), welchen die Kirche durch das Verdienst Christi und der Heiligen besitze, Gott Genugthuung anbiete.

Im Jahre 1517 hatte Papst Leo X. einen allgemeinen Ablaß in der ganzen Christenheit ausgeschrieben. Das gezahlte Geld sollte zur Vollendung der Peterskirche in Rom verwandt werden. Erzbischof Albrecht von Mainz und Magdeburg war Kommissar des Papstes für die Ablaßpredigt in einem Teil des deutschen Reiches. Ihm sollte die Hälfte der Ablaßgelder, welche in seinen Diözesen eingehen würden, zufallen, damit er dem Hause Fugger die Schuld von dreißigtausend Goldgulden heimzahlen könne, welche er zur Bezahlung seines Palliengeldes hatte übernehmen

müſſen. So wurden die Ablaßprediger des Erzbiſchofs von den
Agenten des Juggerſchen Hauſes begleitet, welche von den ein=
gehenden Geldern ſofort die Hälfte für ſich entgegennahmen.
Um ſo mehr gewann der Ablaßhandel den Charakter eines Geld=
geſchäfts. So ward es auch von den Zeitgenoſſen empfunden.
Kurfürſt Friedrich der Weiſe von Sachſen verbot die Ablaß=
predigt in ſeinem Gebiet, damit ſein Land nicht wegen des
Mainzer Palliums in Kontribution geſetzt werde. Aber der
Kurfürſt vermochte nicht zu hindern, daß einer der eifrigſten und
in bezug auf den Geldertrag erfolgreichſten Ablaßprediger, der
Dominikanermönch Tetzel, in der Nähe des kurſächſiſchen Terri=
toriums, auf magdeburgiſchem Boden, thätig ward. Nach der
Theorie ſollte der Ablaß nur auf grund aufrichtiger Buße und
Reue gegeben werden. Aber es lag nahe, daß es mit dieſem
Erfordernis von dem Ablaßkrämer leicht genug genommen wurde,
daß vielmehr die Geldzahlung an die erſte Stelle trat. So
mußte Luther, damals Auguſtinermönch, Profeſſor der Theologie
und Seelſorger in Wittenberg, erleben, daß von ſeinen Beicht=
kindern, von denen er wahrhafte Buße und Reue forderte, ihm
der Ablaßzettel entgegengehalten wurde. Luther fühlte ſich durch
den Ablaßprediger unmittelbar in ſeinem Seelſorgeramt ange=
griffen. Ja, er fühlte ſich von ihm in ſeinem Heiligſten beleidigt.
Schon war er unter Einwirkung geiſtesverwandter Ordensgenoſſen,
insbeſondere ſeines Ordensoberen, des Generalvikars Johann
von Staupitz, zu der Erkenntnis gelangt, daß nach dem
Zeugnis der heiligen Schrift die durch den lebendigen Glauben
bewirkte, innere Herzensumwandlung das allein und auch das
völlig zur Gerechtigkeit vor Gott Genügende und Erforderliche
ſei. Sein ganzes religiöſes Weſen lehnte ſich gegen die Schän=
bung des Heiligen auf, welche er in dem Auftreten des Domini=
kanermönches erblickte. Er ſah, daß „Gnade ums Geld verkauft“
wurde. Im Feuereifer ſchlug er am 31. Oktober 1517 ſeine
berühmten 95 Theſen über den Ablaß an die Thür der Schloß=
kirche zu Wittenberg. Sie waren lateiniſch abgefaßt. Sie be=
deuteten nach Sitte der damaligen Zeit eine Herausforderung des

Gegners zu wissenschaftlicher Disputation. Sie richteten sich zu=
nächst an die Gelehrten, nicht an die Menge. Und doch er=
regten sie mit einem Schlage das ganze deutsche Volk. Sie ent=
wickelten den Satz, daß der Ablaß, welcher als solcher gut und
löblich sei, nur die Kirchenstrafe nachlassen könne, nicht aber
Strafen des Jenseits, daß vor Gott nur wahre Reue erforderlich
und genügend sei. „Jeglichem Christen, der wahrhaft reuig ist,
gehört völliger Erlaß von Strafe und Schuld auch ohne Ablaß=
briefe"; des Papstes Vergebung und Austeilung der Güter
Christi bedeutet nur „eine Erklärung der göttlichen Vergebung"
(These 36, 38). Dem schmählichen Mißbrauch, welcher in dem
Treiben der Ablaßkrämer vor aller Augen lag, trat ein männlich
offenes Zeugnis und die laute Verkündigung des Evangeliums
von der Gnade Gottes gegenüber. In einer Woche waren die
Thesen in ganz Deutschland verbreitet. Der Mönch und Pro=
fessor hatte sich in den Sprecher der Nation verwandelt. Luther
war weit entfernt, einen Angriff auf den Papst oder gar auf
das ganze kirchliche System zu machen oder auch nur zu beab=
sichtigen. Er war vielmehr der Meinung, daß, „wenn der Papst
der Ablaßprediger Schinderei kennete, er lieber haben· würde,
daß Sankt Peters Kirche zu Asche werden, als daß sie mit seiner
Schafe Haut und Bein aufgebaut werden sollte" (These 50).
Die Meinung des Papstes glaubte er gegen die Ablaßkrämer zu
verteidigen. Aber der Kampf für seine Überzeugungen drängte
ihn weiter von Schritt zu Schritt, und er mußte am Ende
erkennen, daß in seinem Glauben, welchen er aus der heiligen
Schrift geschöpft und welcher ihm Quelle und Kraft seines Lebens
geworden war, der Widerspruch gegen das ganze vom Mittelalter
aufgeführte System der Lehre, ja gegen die ganze Kirche, wie
sie bestand, enthalten war. Im Januar 1519 gab Luther auf
Anhalten des päpstlichen Abgesandten Miltitz noch das Ver=
sprechen, schweigen zu wollen, falls auch seine Gegner schweigen
würden. Noch dachte er nicht, daß er zum Reformator der
Kirche berufen sei. Aber seine Gegner schwiegen nicht. Der
Ingolstadter Professor Dr. Eck hatte zu Leipzig eine Disputation

mit dem Wittenberger Kollegen Luthers, Karlstadt, verabredet, bei welcher auch Sätze, welche Luther aufgestellt hatte, von Eck angegriffen werden sollten. Dadurch hielt Luther sich seines Versprechens für entbunden. Er trat am 4. Juli 1519 seinem Gegner in Leipzig gegenüber. Hier begann die Verhandlung sofort mit dem Streit über die päpstliche Gewalt. Luther bestritt, daß die Gewalt des Papstes göttlichen Ursprungs sei; sie sei ein Erzeugnis lediglich menschlich=geschichtlicher Entwickelung, etwa wie die Gewalt des deutschen Kaisers, und der Glaube an die Papstgewalt sei zur Seligkeit nicht notwendig. Damit war der verhängnisvolle Schritt gethan. Sein Gegner hielt ihm vor, daß gerade so einst Wiclef und Johann Huß gelehrt hätten, und daß diese Lehre von dem großen Konzil zu Konstanz als pestilenzialische Irrlehre verdammt worden sei. Den über= zeugungen Luthers warf die Autorität der Kirche sich entgegen: er sollte gegenüber dem Zeugnis nicht bloß einer päpstlichen Entscheidung, sondern eines allgemeinen Konzils standhalten. Und er that's. Er erklärte, daß unter den Sätzen des Huß manche sehr christliche und evangelische seien, und daß auch ein allgemeines Konzil in Glaubenssachen durch die Schrift berichtigt werden, daß also auch ein allgemeines Konzil irren könne. Damit hatte er die Brücke zwischen sich und der mittelalterlichen Kirche abgebrochen. In diesem Augenblicke konnte er nicht mehr zurück. Es ward ihm klarer und klarer, daß er, gestützt auf die heilige Schrift allein, den Kampf gegen die formale, bis dahin von ihm unbedingt verehrte Autorität der Kirche auf= nehmen müsse. In ihm erhob sich das Gewissen, der Glaube, die überzeugung des Individuums gegen die hierarchische Or= ganisation. Schon vor ihm hatte mancher diesen ungleichen Kampf unternommen. Huß war ihm erlegen im Feuertod (1415). Durch Luther ist er zum siegreichen Ausgang geführt worden. Die Stunde der Gegenwart hatte geschlagen. Das Individuum trat auf den Plan, bereit, in seiner innersten heiligsten über= zeugung sich keiner äußeren Autorität zu beugen, keinem Kaiser noch Papst, keinem Bischof noch Konzil, sondern allein der selbst=

erkannten göttlichen Wahrheit. Die innere Freiheit des Indi=
viduums verlangte offene Bahn, und sie ist ihr erstritten worden,
nicht durch die klassische Bildung der Renaissance, sondern allein
durch die Kraft christlichen Glaubens an die Wahrheit des Evan=
geliums. Auf die heilige Schrift und ihren ewigen göttlichen
Inhalt gegründet, fand in der Person Luthers das Individuum
die sittliche Energie und positive Kraft, durch welche es in den
Stand gesetzt wurde, den Kampf mit einer Welt auf sich zu
nehmen, — „und wenn die Welt voll Teufel wär'!" Schon in
dem nächsten Jahre nach der Leipziger Disputation trat Luther
mit voller Klarheit auf den Kampfplatz. Jetzt war ihm der
ganze große Horizont reformatorischer Ideen aufgegangen. Im
Sommer 1520 erschienen, Posaunenstößen gleich in die Christen=
heit hineindringend, die mächtigen Schriften: „An den christlichen
Adel deutscher Nation, von des christlichen Standes Besserung",
und „Von der babylonischen Gefangenschaft der Kirche". Auf
die Bannbulle des Papstes (16. Juni 1520) antwortete er dann
nicht bloß mit ihrer Verbrennung vor dem Elsterthor in Witten=
berg (10. Dezember 1520), sondern vor allem mit der an den
Papst adressierten Schrift „Von der Freiheit eines Christen=
menschen". Das allgemeine Priestertum aller Gläubigen, das
unmittelbare Verhältnis eines jeden Christen zu Gott, die Be=
freiung des Christen durch den Glauben von aller Sünde und
von allem äußeren Werkdienst, das waren die weithin wirkenden
Gedanken, mit denen er das bisherige System in seinen Grund=
vesten angriff, erschütterte.

Dann zog Luther nach Worms im Jahre 1521, um dort
vor dem Kaiser und den versammelten Fürsten des Reiches seinen
Glauben zu bekennen und zu erklären, daß er nur Gründen aus
der heiligen Schrift zu weichen gesonnen sei (17. und 18. April).
Bann und Reichsacht vermochten das von ihm begonnene Werk
nicht zu hemmen. Die Zeit der unfreiwilligen Muße auf der
Wartburg (4. Mai 1521 bis 3. März 1522) benutzte er, um die
deutsche Bibelübersetzung zu beginnen (das neue Testament ward
schon 1522, das alte 1534 vollendet). Auch die revolutionären

Bewegungen der Reichsritterſchaft unter Franz von Sickingen (1523) und der aufrühreriſchen Bauern (1525), welche das Evangelium zum Vorwand weltlicher Beſtrebungen machten, ja ſelbſt die bilderſtürmeriſchen, tumultuariſch überſtürzenden Unter= nehmungen der exzentriſchen „Schwarmgeiſter" Karlſtadt und Genoſſen vermochten den Fortgang des Reformationswerkes nicht zu hindern.

Luther hatte in ſeiner Schrift an den chriſtlichen Adel deutſcher Nation den Fürſten und Reichsſtänden ihr Recht und ihre (in dem allgemeinen Prieſtertum aller Gläubigen begründete) Pflicht auseinandergeſetzt, die Reformation der Kirche ſelber in die Hand zu nehmen, falls die legitimen Organe der Kirche, Papſt und Biſchöfe, ſich deſſen weigerten. Auf wie bereiten Boden ſeine Ausführung fiel, zeigte der Reichstag zu Nürnberg von 1522, wo die Stände 100 Beſchwerden gegen den römiſchen Stuhl, gegen deſſen Gelderpreſſungen und Satzungen aufſtellten und erklärten, daß ſie ſich ſelber helfen würden, falls kein Wandel geſchaffen werde. Der Reichstag von Speier 1526 gab den Ständen, alſo den Landesherren und Reichsſtädten, die reichs= geſetzliche Freiheit, es mit der Ausführung des Wormſer Edikts (die Achterklärung Luthers und ſeiner Anhänger betreffend) nach ihrem Gewiſſen zu halten. Damit empfing das „Reformations= recht" (jus reformandi) der Landesherren, kraft deſſen ſie über die Durchführung der Reformation in ihren Landen die Ent= ſcheidung handhabten (cujus regio, ejus religio), ſeine reichsge= ſetzliche Grundlage. Der Reichstag zu Speier 1529 hat dann, in rückläufiger Bewegung, dieſe Vollmacht für die Reichsſtände wieder aufgehoben (alſo die ſtracke Durchführung des die Ketzer ächtenden Wormſer Edikts verlangt), aber unter Proteſt der reformatoriſch geſinnten Reichsſtände, ein Proteſt, von welchem die evangeliſchen Stände ihren Namen Proteſtanten empfangen haben. Zugleich damit traten zwei Parteien, die einen, welche der Neuerung zugethan, die anderen, welche ihr zuwider waren, einander feindlich gegenüber. Die lutheriſche Partei überreichte auf dem Reichstag zu Augsburg 1530 ihr Glaubensbekenntnis

(confessio Augustana), welche das Symbol ward, unter welchem
die lutherische Bewegung seitdem gekämpft hat. Der Schmal=
kaldische Bund (1531) gab den evangelischen Ständen sodann
auch die militärische Konstituierung. Die Schmalkaldischen Artikel
(1537) waren die endgültige Kriegserklärung gegen Rom und Un=
abhängigkeitserklärung der protestantischen Kirche. Im Jahr 1546
antwortete dann der Kaiser mit dem schmalkaldischen Krieg, welcher
zunächst zur Unterwerfung des Protestantismus, dann aber durch
den Parteiwechsel Herzogs Moritz von Sachsen zur reichsgesetz=
lichen Anerkennung des Protestantismus führte (Passauer Vertrag
von 1552, Augsburger Religionsfriede 1555). Das Reich ver=
wandelte sich in einen paritätischen Staat, welcher auf der Gleich=
berechtigung beider Bekenntnisse, des katholischen und des evan=
gelischen, ruhte, — ein Ergebnis, welches nach den schweren
Kämpfen und dem furchtbaren Elend des dreißigjährigen Krieges
durch den westfälischen Frieden (1648) endgültig bestätigt wor=
den ist.

So erkämpfte die protestantische Kirche in schwerem Ringen
sich ihr Dasein.

Ihre Lehre gründete sich einerseits auf das Formalprinzip
der Alleinverbindlichkeit der heiligen Schrift als Norm des
Glaubens, andererseits auf das Materialprinzip von der Recht=
fertigung des Menschen allein durch den Glauben. Wie durch
das erste Prinzip die Lehrautorität der Kirche (die Kirchenlehre
hat als solche nach protestantischer überzeugung keine das Ge=
wissen verbindende Kraft), so war durch das zweite Priestertum
und Mönchswesen mit all seinen Konsequenzen aufgehoben.

§ 36.

Protestantische Kirchenverfassung.

Das Absehen der Reformatoren war ursprünglich nicht
auch auf eine neue Organisation, überhaupt nicht auf eine
neue Kirchengründung gerichtet gewesen. Sie wollten nicht die

Verfassung, sondern lediglich den Glauben der Kirche fortent=
wickeln, reinigen, und wenn es ihnen nicht gelang, die ganze
Kirche für ihre Überzeugungen zu gewinnen, so wollten sie mit
ihren Anhängern in der alten Kirche bleiben, Papstgewalt und
Bischofsgewalt als äußere, menschlich geordnete Regierungs=
gewalt anerkennen, wenn ihnen nur die Predigt des reinen
Evangeliums und die Verwaltung der Sakramente nach richtigem
Verstande gestattet werden möchte. Auf diesem Standpunkte steht
noch die Augsburgische Konfession vom Jahre 1530 (Art. 28
a. E.: „Jetzt geht man nicht damit um, wie man den Bischöfen
ihre Gewalt nehme, sondern man bittet und begehrt, sie wollten
die Gewissen nicht zu Sünden zwingen"). Aber es kam anders.
Die Schmalkaldischen Artikel von 1537 haben bereits die Not=
wendigkeit der Kirchentrennung eingesehen und Papst und Bischöfen
den Gehorsam aufgekündigt. „Weil denn nun die Bischöfe, so
dem Papst sind zugethan, gottlose Lehre und falschen Gottesdienst
mit Gewalt verteidigen und fromme Prediger nicht ordinieren
wollen, sondern helfen dem Papst dieselben ermorden, — haben
die Kirchen große und notwendige Ursach genug, daß sie solche
nicht als Bischöfe erkennen sollen" (Schmalk. Art. Von der Ge=
walt und Oberkeit des Papstes, gegen Ende). Der neuen Kirche
mußte eine neue Verfassung geschaffen werden.

Aber welche Verfassung? „Man soll die zwei Regiment,
das geistliche und weltliche, nicht in einander mengen und werfen"
(Augsb. Konf. Art. 28). Das ist der Grundgedanke. Der Kirche
gehört die geistliche, und nur die geistliche; dem Staat die welt=
liche, und nur die weltliche Gewalt. Die weltliche Gewalt ist
äußere Zwangsgewalt („schützt nicht die Seelen, sondern Leib
und Gut wider äußerliche Gewalt mit dem Schwert und leib=
lichen Poenen"). Die geistliche Gewalt („Gewalt der Schlüssel
oder der Bischöfe"), d. h. die Kirchengewalt, ist keine äußere
Zwangsgewalt, sondern „ein Gewalt und Befehlich Gottes, das
Evangelium zu predigen, die Sünde zu vergeben und zu behalten,
und das Sakrament zu reichen und zu handeln" (Augsb. Konf.
Art. 28). Solche „Gewalt der Kirchen oder Bischöfe", welche

„ewige Güter gibt" (durch Wortverwaltung und Sakrament),
wird „allein durch das Predigtamt geübt und getrieben"
(Augsb. Konf. Art. 28). Dies Predigtamt ist jedem Bischof
und Pfarrherrn grundsätzlich in gleicher Weise zuständig; denn
„nach göttlichem Recht ist kein Unterschied zwischen Bischöfen und
Pastoren oder Pfarrherrn" (Schmalk. Art. Von der Gewalt des
Papstes); die katholische Unterscheidung zwischen Bischöfen und
Pfarrern ist „allein aus menschlicher Ordnung kommen". Dennoch
„darf weder Peter noch andere Diener des Worts ihnen zumessen
einige Gewalt oder Oberkeit der Kirche", denn „Paulus lehret,
daß die Kirche mehr sei denn die Diener", und „die Schlüssel"
(die geistliche Gewalt) „sind nicht einem Menschen allein, sondern
der ganzen Kirche gegeben", und Christus „gibt das höchste und
letzte Gericht der Kirchen". Darum, „weil doch die verordneten
Bischöfe das Evangelium verfolgen und tüchtige Personen zu
ordinieren sich weigern, hat eine jetzliche Kirche in diesem Fall
gut Fug und Recht, ihr selbst Kirchendiener zu ordinieren"
(Schmalk. Art. Von der Gewalt des Papstes). Also: die geist=
liche Gewalt gehört „der Kirchen", d. h. der Gesamtheit der
Gläubigen, sei sie groß oder klein („Wo zween oder drei in
meinem Namen versammelt sind, da bin ich mitten unter ihnen"),
welche um Wort und Sakrament sich versammeln. Aber die
Kirchengewalt wird ausgeübt (ordentlicherweise) durch das
Predigtamt. Nur im Notfall, wenn das Predigtamt seine
Pflicht nicht erfüllt (denn „keines Gewalt noch Ansehen darf mehr
gelten denn das Wort Gottes", Schmalk. Art.), wird die Schlüssel=
gewalt (die geistliche Gewalt) von der „Kirchen" selber ausgeübt,
„wie denn in der Not auch ein schlechter Laie einen anderen
absolvieren und sein Pfarrherr werden kann".

Das Predigtamt ist zugleich das Regieramt in der
Kirche, wenngleich in Unterordnung unter die „Kirche". Aber
der Inhalt dieser dem Predigtamt zur Ausübung zuständigen Ge=
walt (Schlüsselgewalt, Kirchengewalt) ist nur geistlicher Natur,
ist die Gewalt: das Evangelium zu predigen, Sakramente zu
reichen, den Kirchenbann (den „kleinen Bann") zu handhaben und

Kirchendiener zu ordinieren, und alles dieses „ohn leibliche Ge=
walt durchs Wort" (Schmalk. Art. Von der Gewalt des
Papſtes Art. 11). Äußere Zwangsgewalt, d. h. eine formale,
rechtlich zur Unterwerfung nötigende Gewalt iſt in der Kirchen=
gewalt nicht enthalten. Dadurch wird die Stellung der welt=
lichen Gewalt zur Kirche gegeben. Die weltliche Gewalt iſt
Zwangsgewalt, rechtliche Gewalt. Ihre Sorge ſoll es ſein, der
Kirche zur Entfaltung ihrer geiſtlichen Gewalt zu helfen. „Für=
nehmlich aber ſollen Könige und Fürſten, als fürnehmſte
Glieder der Kirchen, helfen und ſchauen, daß allerlei Irrtum
weggethan und die Gewiſſen recht unterrichtet werden, wie denn
Gott zu ſolchem Amt die Könige und Fürſten ſonderlich ermahnet."
„Denn dies ſoll bei Königen und großen Herren die fürnehmſte
Sorge ſein, daß ſie Gottes Ehre fleißig fördern" (Schmalk. Art.
Von der Gewalt des Papſtes). Der Landesherr ſoll „als vor=
nehmſtes Glied der Kirche" auch ſeine weltliche Gewalt in den
Dienſt der Kirche ſtellen. In welchem Sinne? In dem Sinne,
daß er die Kirche ſelbſt regiert? Keineswegs! Die Kirchen=
gewalt kann auch von dem Landesherrn, welcher als ſolcher
nicht Biſchof oder Pfarrherr iſt, nur im Notfall, wenn das
ordentliche Predigtamt ſeinen Dienſt verſagt, gehandhabt werden.
Er ſteht darin den übrigen Gliedern der Kirche vollkommen gleich.
Aber er ſoll ſeine weltliche Gewalt (denn nur dieſe hat er) da=
hin „wenden", daß die rechte Lehre geſchützt und „ſolche greu=
liche Abgötterei und andere unzählige Laſter" nicht erhalten
werden. Was dem Landesherrn zukommt, iſt die Polizeigewalt,
welche wir heute Kirchenhoheit (jus circa sacra) nennen würden,
d. h. die Polizeigewalt, welche (ſo wurde das Kirchenhoheitsrecht
des Landesherrn damals gedacht) Aufſicht über die Verkündigung
rechter Lehre und Verteidigung der rechten Lehre iſt. Dieſe
landesherrliche Polizeigewalt hat deshalb eine ſo tief auch in das
Innere des kirchlichen Lebens eingreifende Bedeutung gewonnen,
weil die Kirche als ſolche nach reformatoriſcher Überzeugung aller
Zwangsgewalt entbehrt. Was an rechtlicher Zwangsgewalt in der
Kirche wirkſam wird, iſt durchweg nicht der Kirche zuſtändig,

sondern weltliche Gewalt. Es war die Zeit, wo (schon im
15. Jahrhundert) das Reformationsrecht des Landesherrn,
d. h. jene weitgehende Aufsichtsgewalt über Lehre und Gottes=
dienst, einen Gegenstand allgemeiner Rechtsüberzeugung bildete.
Im Sinne dieser Rechtsüberzeugung hatte sich Luther (1520) an
den „christlichen Adel deutscher Nation" gewandt, um ihn zu solchem
Reformationswerk aufzufordern, und die Reformationsgewalt
(jus reformandi) der Landesherrn, welche im Augsburger Re=
ligionsfrieden und sodann im westfälischen Frieden endgültig
reichsgesetzliche Anerkennung fand, ist die weltliche Gewalt, mit
welcher die Landesherren, wie oben gezeigt ist, der Kirche dienen
sollen.   Sie ist an sich nicht Kirchengewalt, sondern nur der Kirche
Bahn schaffende Gewalt, aber doch eine Gewalt, welche, weil die
Grenze zwischen Aufsicht und Regierung eine schmale ist, in jedem
Augenblick im stande ist, sich in Regierungsgewalt zu verwandeln.
Die Reformationsgewalt hatte gerade ebenso auch der katholische
Landesherr im katholischen Territorium. War ihm damit die
Kirchengewalt zuständig?   Weit entfernt! Ganz ebenso im pro=
testantischen Lande.   Der protestantische Landesherr hatte gleich=
falls die Reformationsgewalt, nicht mehr. Auch die protestantische
Kirche ist nach den reformatorischen überzeugungen im Ideal
eine durch Bischöfe (d. h. Pfarrherrn), im Notfall durch die
Gemeinde sich selber regierende Organisation. Nur daß das
Mittel ihres Regiments lediglich das Wort Gottes ist, „ohn
leibliche Gewalt"!
    Aus diesen Grundlagen ist thatsächlich das Kirchenregiment
der Landesherren erwachsen. Der Landesherr übte seine Auf=
sichtsgewalt (sein Reformationsrecht) zuerst durch von Fall zu Fall
entsandte Kommissarien, dann durch ständige Kollegien (die Kon=
sistorien), denen die Superintendenten (gleichfalls als landes=
herrliche Beamte) untergeordnet wurden, und dieser vom Landes=
herrn erzeugte Aufsichtsorganismus ist zum Regierungsorganismus
der protestantischen Kirche geworden, welcher a ch das Stellen=
besetzungsrecht und auch den Kirchenbann (beides nach reforma=
torischer Lehre zur geistlichen Gewalt gehörig) an sich gezogen

hat, ſo daß dem Predigtamte die Handhabung des Wortes (in Ordination und Exkommunikation) genommen und nur die Ver= kündigung des Wortes (das Predigtamt im engeren Sinne des Wortes) mit der Sakramentsverwaltung gelaſſen wurde. Warum? Weil die Gemeinde hinter dem Ideal der Reformatoren zurück= blieb. Weil die bloß geiſtliche Gewalt (in dem oben entwickelten reformatoriſchen Sinne) thatſächlich nicht ausreichte, um in den Gemeinden chriſtliche Ordnung aufrecht zu erhalten, weil die Sünde, Lauheit, Zuchtloſigkeit äußeren Zwang herausforderte, darum iſt die weltliche Gewalt die in der evangeliſchen Kirche allein herrſchende geworden, und ihr Aufſichtsrecht in Re= gierungsrecht verwandelt. Denn äußere, rechtliche, zwingende Ge= walt iſt nach der reformatoriſchen Lehre nur dem Staat zu= ſtändig. Weil die Kirche des geiſtlichen Selbſtregiments allein durch das Wort Gottes unfähig war, darum iſt dem Landes= herrn als dem Nothelfer das Kirchenregiment zu teil geworden.

So ſteht das landesherrliche Kirchenregiment mit den grund= legenden reformatoriſchen Ideen zugleich in Einklang und in Wider= ſpruch. In Widerſpruch, ſofern die weltliche Gewalt nach ihrem Begriff nur der Kirche helfen, nicht die Kirche regieren ſoll. In Einklang, ſofern rechtliche Gewalt nach reformatoriſcher über= zeugung niemals von der Kirche, ſondern, auch in der Kirche, nur vom Staat geübt werden kann. Sobald und ſoweit die Kirchen= gewalt rechtliche Gewalt iſt, muß ſie ans geiſtlicher (der Kirche zuſtändiger) Gewalt in Staatsgewalt ſich verwandeln.

Es iſt das eine Gedankenreihe, welche uns heute teilweiſe fremdartig anmutet. Sie iſt durchaus nicht modern. Aber ſie trägt einen mächtigen, aus chriſtlichem Glauben geborenen Idealis= mus in ſich, welcher, wenngleich er zunächſt in der Erzeugung einer Reihe von einzelnen, äußerlich getrennten und landesherrlich regierten Landeskirchen endigte, nie aufhören wird, der evange= liſchen Kirche ihr Urbild, dem ſie nachſtrebt, und den Stachel zu weiterer Entwickelung zu geben.

§ 37.

Lutheraner und Reformierte.

Luther ist der erste große Herold der Reformation, aber nicht der einzige Mann gewesen, welcher die Art ihrer Durchführung bestimmt hat. Neben ihm stand Melanchthon, der fein gebildete, manche Härten Luthers ausgleichende Humanist und Theolog, der Schöpfer des protestantischen Unterrichtswesens (praeceptor Germaniae) und der wissenschaftlichen protestantischen Theologie. Luther gegenüber standen die großen Männer, welche die Träger der reformiert=protestantischen Reformation geworden sind.

In der Schweiz war fast gleichzeitig mit Luther Ulrich Zwingli als Reformator aufgetreten. Das Studium der heiligen Schrift hatte ihn wie Luther zu einer Reihe von Lehren der Kirche in Widerspruch gesetzt. 1518 predigte er in Maria=Einsiedeln, einem berühmten Wallfahrtsort, gegen Wallfahrten und gegen den Ablaß; 1519 als Pfarrer an das Große Münster in Zürich berufen, beherrschte er dort durch seine Predigten bald Stadt und Regiment und bewirkte in wenig Jahren die volle Durchführung der Reformation. Sein Ausgangspunkt war nicht, wie bei Luther, das religiöse Bedürfnis, sondern eine durch humanistische Bildung bestimmte vorwiegend verstandesmäßige Erkenntnis. Daher die Abneigung der Zwinglischen Reform gegen das Mystische. Die äußere Gestalt des Gottesdienstes ward soviel wie möglich vereinfacht, alle Bilder aus der Kirche entfernt; nur das klare Wort sollte übrig bleiben. In der Lehre vom Abendmahl gelangte Zwingli zum Widerspruch nicht bloß gegen die katholische Transsubstantiationslehre, sondern auch gegen die lutherische Lehre, daß der wahre Leib und das wahre Blut Christi in, mit und unter dem Brot und Wein im Abendmahl von den Genießenden (Gläubigen und Ungläubigen) empfangen werde. Nach Zwingli ist das Abendmahl ein bloßes Gedächtnismahl. An dieser Lehre ist der Gegensatz Luthers und Zwinglis unversöhnlich geworden. In allen anderen Stücken schien ein Ausgleich möglich, nur in diesem einen nicht. Mit der Feststellung dieses Zwiespalts endigte das Marburger Religionsgespräch im Oktober 1529, zu welchem Luther und Zwingli persönlich zusammengekommen waren. Seitdem ging die Spaltung durch die Reformation. Schon auf dem Reichstag zu Augsburg 1530 trat der Gegensatz hervor. Die vier oberdeutschen Städte Straßburg, Konstanz, Memmingen und Lindau verweigerten wegen der Abendmahlslehre die Unterschrift der Augustana und übergaben dem Kaiser eine besondere Bekenntnisschrift, die sog. Tetrapolitana, deren Annahme der Kaiser jedoch ablehnte. Zwingli fand 1531 auf dem Schlachtfeld bei Kappel in Verteidigung seines Glaubens gegen die katholischen Ur-Kantone seinen Tod. Sein Werk ist fortgesetzt und zu weltgeschichtlicher Bedeutung gefördert worden durch Calvin. In Genf hat dieser dem französisch-reformierten Wesen feste Form gegeben und demselben von dort aus durch seine zahlreichen Schüler Bahn in Frankreich, in den Niederlanden und vor allem in Schottland (durch John Knox) geöffnet, von wo aus dann mächtige Antriebe auf die Kirche Englands und der neuen Welt ausgegangen sind.

Die charakteristischen Züge der calvinischen Reform waren die Prädestinationslehre und die puritanische Strenge der Kirchenzucht. In der Abendmahlslehre gelangte er zu einem zwischen Luther und Zwingli ausgleichenden Standpunkt. Nach Calvin wird mit dem Mund zwar nur Brot und Wein empfangen, aber doch der verklärte Leib Christi geistlich von den gläubigen Abendmahlsgästen genossen.

Auch in Deutschland fand die reformierte Lehre weite Verbreitung, namentlich in Hessen und in der Pfalz. Der „Heidelberger Katechismus" (1563) ist eine der bedeutendsten reformierten Bekenntnisschriften, doch hat die volle Strenge namentlich calvinischer Kirchenzucht niemals in Deutschland Wurzel geschlagen.

Die Spaltung der Protestanten in Reformierte und Lutheraner war für die Sache der Reformation ein nie genug zu beklagendes Unglück. Sie brach die Kraft der Reformbewegung,

9*

erzeugte unendlichen, teilweise äußerst gehässigen Streit und er=
höhte den Gegnern des Evangeliums Mut und Kraft zum Wider=
stande. Trotzdem ist sie nicht bloß der naturnotwendige Aus=
druck des mit dem Wesen des Protestantismus gegebenen Indi=
vidualismus, sondern zugleich eine Quelle reichen Segens ge=
wesen. Das Ringen nach der Wahrheit des Evangeliums kam
in zweifach verschiedener Form zum Ausdruck und auf dem Boden
der Reformation erhoben sich zwei große kirchliche Strömungen,
welche im letzten Grunde einig und doch eine jede mit besonderen
Kräften und Gnadengaben ausgerüstet waren. Die geschichtliche
Aufgabe und Leistung des lutherischen Protestantismus ist es vor
allem gewesen, sich in die Tiefen der göttlichen Lehre, in die
Geheimnisse der Person Christi und seines Werkes zu versenken,
während es der reformierten Kirche gegeben war, das Evangelium
weithin über die romanische und anglo=amerikanische Welt aus=
zubreiten und das praktische Leben des einzelnen Christen wie
der Kirche mit organisatorischer Kraft zu ergreifen. Welche In=
brunst des religiösen Lebens, welche weltgeschichtliche Leistungs=
fähigkeit war in dem eisernen Puritanismus der schottischen Kirche
wirksam, der in solcher Gestalt nur auf dem Boden des refor=
mierten Glaubens erwachsen konnte! Und in der reformierten
Kirche ist jene presbyteriale und synodale Verfassungsform der
Kirche groß geworden, welche der Gemeinde eine geordnete Form
der Mitwirkung am Kirchenregiment gab und damit ein Ideal
auch der lutherischen Reformation erfüllte. So verderblich der
Kampf der beiden protestantischen Bekenntnisse miteinander, so
segensreich ist die Wechselwirkung gewesen, welche sie durch gegen=
seitige Mitteilung ihrer Gaben aufeinander geübt haben.

Zweiter Abschnitt.

Gegenreformation.

§ 38.

Die katholische Reformation.

Die geistigen Kräfte, welche die mittelalterliche Kirche her=
vorgebracht und getragen hatten, waren mit nichten im 16. Jahr=
hundert untergegangen. Sie waren nur zurückgedrängt worden
durch die neu auftretende reformatorische Bewegung. Ja, sie
vermochten sich durch den neuen Geist, welcher die protestantische
Kirche hervorbrachte, ihrerseits zu sättigen und neu zu beleben.
In der Forderung einer Reformation der Kirche an Haupt und
Gliedern waren alle kirchlich Gesinnten des 15. und 16. Jahr=
hunderts miteinander einig. Der Unterschied der Meinungen
bezog sich nur darauf, wie weit diese Reformation gehen, welche
Teile des kirchlichen Lebens sie ergreifen sollte. Die Reforma=
tion der Lehre, von welcher Luther, Zwingli und Calvin aus=
gingen, ward in diesen Kreisen zurückgewiesen, und eine bloße
Reformation der Zucht, des Lebens, der Organisation der Kirche
gefordert. Aber der Sturm frischer Geistesbewegung, welcher
durch die protestantische Lehr=Reformation und durch den großen,
damit entzündeten Kampf der religiösen Überzeugungen erregt
war, gab gerade die Kraft, durch welche eine Reform auch in
diesem engeren Sinne jetzt möglich wurde. Ja, die vom Pro=
testantismus angeregte Bewegung auf dem Gebiet der Kirchen=
lehre mußte notwendig als Gegenwirkung eine schärfere, klarere,
vollere Gestaltung auch der Gegenlehre hervorbringen, so daß
auch auf der anderen Seite eine Reihe neu formulierter dogma=
tischer Sätze, in diesem Sinne auch hier eine Reform des Dogmas
auftrat, welche kraft ihres geistigen Gehalts auch hier neue reli=
giöse Kräfte, eine neue Bahn der Entwickelung herauffführte.

So trat der protestantischen Reformation eine katholische Reformation, die sog. Gegenreformation, gegenüber. Während die protestantische Reformbewegung die erste Hälfte des 16. Jahrhunderts ausfüllt und beherrscht, nimmt die katholische Gegenreformation um die Mitte des 16. Jahrhunderts ihren Anfang, die Kräfte des vom Mittelalter überlieferten Kirchentums immer nachdrücklicher belebend und um sich scharend, um im Kampf und dadurch zugleich in unwillkürlicher Gemeinschaft mit dem Protestantismus die katholische Kirche der Gegenwart hervorzubringen.

Die beiden Faktoren, durch welche die katholische Reformation ins Werk gesetzt ist, waren einerseits der Jesuitenorden, andererseits das tridentinische Konzil.

§ 39.

Der Jesuitenorden.

Der Jesuitenorden ist ein Erzeugnis des spanischen Katholizismus. In Spanien hatte in heißem Kampf mit den Mauren das ganze Mittelalter hindurch die nationale Begeisterung mit der religiösen sich verschmolzen. Dort hatte der mittelalterliche Katholizismus ein Maß von Glut und religiöser Kraft bewahrt, welches ihm in den übrigen Teilen der Kirche abhanden gekommen war. Ein spanischer Edler, Ignatius von Loyola, hat (1534) den Jesuitenorden gestiftet (bestätigt durch Papst Paul III. 1540), in der Idee, Jesu Christo, dem Haupt der Kirche, und dem sichtbaren Stellvertreter desselben, dem Papst, eine Schar unbedingt ergebener Kämpfer zuzuführen, um sowohl den Unglauben unter den Heiden, wie den Unglauben in dem Schoß der Kirche selbst siegreich zu überwinden. Den drei herkömmlichen Mönchsgelübden (der Armut, der Keuschheit und des Gehorsams) ward ein viertes hinzugefügt: das Gelübde vollkommenen Gehorsams gegen den Papst. Die Gehorsamspflicht, in den alten Orden Mittel zum Zweck, ist hier an die erste Stelle gerückt worden, um das höchste

Ziel des Ordens: Machtentfaltung im Dienste des Papsttums und eines entschlossenen, keine Nachsicht kennenden Katholizismus, zu erreichen. Die Idee des Jesuitenordens, der „Kompanie Jesu", ist die militärische, bedingungslose Subordination auch auf dem Gebiet des geistlichen Lebens. Das wird erreicht durch die Isolierung des Individuums, — der Jesuit darf keine Freundschaft, keine Verwandtschaft kennen, alle engeren Beziehungen, gerade auch der einzelnen Ordensgenossen untereinander, sind ausgeschlossen, damit der Obere allein Einfluß, Gewalt über den einzelnen habe, — durch die stete Beaufsichtigung des Individuums, welche durch ein ausgebildetes System der Spionage und Angeberei und durch die Ordenspflicht, dem Oberen alles, auch die geheimsten Regungen zu bekennen, erreicht wird, — und endlich durch die geistlichen Übungen (exercitia spiritualia), durch ein geistliches Exerzierreglement, welches, meisterhaft von dem Stifter des Ordens selbst ausgearbeitet, immer aufs neue den Seelenzustand des Übenden vor den Augen des die Exerzitien Leitenden enthüllt und dem Übenden in Erregung und Aufhebung geistlicher Empfindungen die volle Herrschaft über sich selbst geben soll, die ihn zugleich befähigt, andere zu beherrschen, und wiederum seinerseits sich unbedingt und ohne Rückhalt einem anderen unterzuordnen. Das Prinzip der Unterordnung gipfelt in dem Satze, daß jeder Ordensangehörige in seinem Vorgesetzten Christum selber zu erblicken verpflichtet ist. Der Jesuitenorden ist die Ausprägung des Prinzips, welches dem protestantischen Geist am vollkommensten entgegengesetzt ist. Wie das protestantische Prinzip der Freiheit des in dem Einzelnen lebendigen Gewissens von jeder menschlichen Autorität, so hat auch der entgegengesetzte Grundsatz von der Unterwerfung des ganzen individuellen Daseins, selbst des Gewissens, unter eine sichtbare Autorität, damit ein bestimmtes großes Ziel erreicht werde, seine Gläubigen, und liegt gerade in dieser ungeheuren Anspannung des Autoritätsprinzips die vornehmste Kraft, welcher der Jesuitenorden seine Erfolge zu verdanken hat.

Der Protestantismus mußte dem Jesuitenorden als sein

geborener Gegner erscheinen, zu dessen Vernichtung er an erster
Stelle berufen sei. Es galt ihm, zunächst eine geistige Gegen=
wirkung gegen die mächtig heranbrausende reformatorische Be=
wegung hervorzubringen. Der deutsche Katholizismus war dazu
außer stande. Fast ohne Widerstand zu finden, drang die pro=
testantische Lehre in Deutschland überall hin, selbst nach Bayern
und Österreich. Die Universitäten, die Schulen, die Geistlichen
und Mönche, welche noch dem alten Glauben treu blieben, ent=
behrten doch der vollen freudigen Widerstandskraft gegen das mit
neuen Zungen gepredigte Evangelium. Sie waren innerlich
selbst von der neuen Lehre berührt, mehr zweifelnd und ungewiß,
als von der lebendigen Kraft entgegengesetzter Überzeugung durch=
drungen. Erst als die Jesuiten in der zweiten Hälfte des 16.
Jahrhunderts nach Deutschland kamen, änderte sich das Ver=
hältnis. Die „spanischen Priester" (so wurden die Jesuiten vom
Volk genannt) gaben dem katholischen Glauben auf der Kanzel,
auf dem Lehrstuhl neuen Nachdruck. Ihr Ziel war, den Pro=
testantismus mit den Mitteln des Protestantismus zu bekämpfen.
Die Wissenschaft der Dominikaner, die mittelalterliche Scholastik,
war vor dem Humanismus, welcher jetzt mit dem Protestantismus
gemeinsame Sache gemacht hatte, erlegen. Der Jesuitenorden
hat die humanistische gelehrte Bildung sich angeeignet, um sie in
den Dienst der Kirche zu stellen. Der protestantischen gelehrten
Schule trat die Jesuitenschule, der protestantischen Wissenschaft
eine mit allen Mitteln ausgerüstete jesuitische Wissenschaft, der
protestantischen Predigt eine gleichfalls in der Volkssprache ge=
haltene, an die Bibel anknüpfende, den Katholizismus ausbrei=
tende Jesuitenpredigt gegenüber. Ein gewaltiges Maß geistiger
und sittlicher Kräfte ist aufgewandt worden, um den Protestan=
tismus mit seinen eigenen Waffen zu vernichten.

Aber die litterarische und rein geistige Gegenwirkung führte
den Jesuitenorden nicht schnell genug zum Ziel. Im Dienst der
Kirche mußte auch das Mittel äußerer Gewaltmaßregeln ange=
wandt werden. So nimmt in der zweiten Hälfte des 16. Jahr=
hunderts auf Betreiben der Jesuiten die im engeren Sinne sog.

Gegenreformation, die gewalttthätige Gegenreformation,
den Anfang. In Deutschland gab der Augsburger Religions=
friede von 1555, welcher jedem Landesherrn die Entscheidung
über die Konfession seines Territoriums zuwies, dafür die gesetz=
liche Grundlage. In Bayern, wo die Jesuiten seit 1556 in
Ingolstadt ansässig geworden waren, nahm die Gegenreformation
auf ihr Anstiften den Anfang: 1563 wurden die evangelischen
Prediger und Laien aus Bayern ausgetrieben, der evangelische
Adel vom Landtag ausgeschlossen. Die geistlichen Fürsten folgten
dem gegebenen Beispiel: in Trier, Würzburg, Bamberg, Salz=
burg wurden die protestantischen Prediger durch Jesuitenzöglinge
ersetzt, so daß die Predigt der reformatorischen Lehre verstummte.
Ein Dekret des Jesuitenschülers Erzherzogs Ferdinand vertrieb
1598 die lutherischen Prediger aus Steiermark, Kärnten und
Krain. Was in Deutschland, das ward auch anderwärts ins
Werk gesetzt. Das Blutregiment der katholischen Marie von
England (1553—1558), des spanischen Herzogs von Alba in den
Niederlanden (1567), die Bartholomäusnacht in Frankreich (1572)
waren ebenso viele und furchtbare Denkmäler der von dem Geist
der Jesuiten erfüllten und geleiteten Gegenreformation. Auch
in Deutschland führte die Gegenreformation im Beginn des 17.
Jahrhunderts endlich zu der unerträglichen Spannung, welche
dann im dreißigjährigen Krieg in soviel Blut und Elend endigte.
Der Schluß war, daß im westfälischen Frieden (1648) der Pro=
testantismus seine definitive reichsgesetzliche Anerkennung fand.
Er hat infolge der Reformation unersetzliche Verluste in den
Territorien mit katholischen Landesherren (insbesondere Bayern,
Österreich) erlitten. Er ist, während er um die Mitte des 16.
Jahrhunderts schon im Begriff stand, ganz Deutschland zu erobern,
auf bestimmte Grenzen zurückgedrängt, beschränkt worden. Aber
doch hatte er auch in Deutschland sein Dasein gerettet, und dem
Jesuitenorden steht bis auf den heutigen Tag in Deutschland der
Protestantismus gegenüber, ihm die Alleinherrschaft auch inner=
halb der katholischen Kirche wehrend.

Der Papst erhob gegen den westfälischen Frieden Wider=

spruch, und erklärte ihn, ebenso wie früher den Augsburger
Religionsfrieden, für ungültig. Doch seine Worte verhallten
ungehört. Es war seit langer Zeit das erste Mal, daß eine große
politische Aktion ohne Mitwirkung, ja gegen den Widerspruch
des Papstes vor sich ging. Die Zeiten hatten sich geändert.
Das Mittelalter war vorüber. Das weltliche Schwert des
Papstes war zerbrochen worden. Der Protestantismus hatte,
trotz des Jesuitenordens, ein Doppeltes erreicht: er hatte sich
selbst behauptet, und er hatte durch die Zerstörung der Welt=
herrschaft des Papsttums das Angesicht der ganzen politischen
Welt verändert.

§ 40.

Das tridentinische Konzil.

Ihren formalen Ausdruck und Abschluß fand die katholische
Reformation in dem tridentinischen Konzil, welches mit
mannigfachen Unterbrechungen in den Jahren 1545—1563 in
Trient versammelt war. Hier ist das Dogma von der Tradition
(der verbindlichen Kraft der Kirchenlehre), von der Erbsünde,
von den sieben Sakramenten, von der Transsubstantiation, von
der Buße und letzten Ölung, vom Meßopfer, von der Priester=
weihe und Hierarchie, von dem Sakrament der Ehe, vom Feg=
feuer, Heiligen= und Reliquiendienst, Klostergelübden, Ablaß u. s. f.
in antiprotestantischem Sinne festgestellt worden. Im Widerspruch
gegen die protestantische Lehrbewegung erhob sich jetzt erst das zu
genauem Ausdruck gebrachte katholische Dogma der Neuzeit. Dem
protestantischen Prinzip von der alleinigen Autorität der heiligen
Schrift als Norm des Glaubens trat der katholische Grundsatz von
der Autorität der Kirche und zwar gerade der Autorität ihrer dog=
matischen Beschlüsse in klarem Selbstbewußtsein gegenüber. Dem
Katholiken ist seine Kirche ein Gegenstand und eine Quelle seines
Glaubens. An diese sichtbare Kirche, an ihre Heiligkeit und
Unfehlbarkeit glauben, das glauben, was die Kirche lehrt, das
heißt ein Katholik sein. Das Autoritätsprinzip, die kirchliche

Autorität dem Gewissen und Glauben des einzelnen überord=
nend, erhob sich deutlich ausgesprochen als das Prinzip des im
tridentinischen Konzil sich neu befestigenden katholischen Glaubens.
Mit diesem Prinzip waren alle übrigen Lehrentscheidungen als
seine Konsequenz gegeben. Mit der Neuherstellung des Dogmas
verband sich eine Reformation auch der Verfassung und der
Kirchenzucht. Eine Reihe der schreiendsten Mißbräuche ward
abgestellt, die Verwertung des Ablasses als Gewinnquelle ver=
boten (seitdem verschwindet der Verkauf des Ablasses), der
Geistliche zur persönlichen Verwaltung seines Amtes verpflichtet
u. s. f. Die Hauptsache war, daß Papsttum und Geistlichkeit mit
neuem Geist sich erfüllten. Wie durch ein Wunder verschwand
das verderbte, weltlich gesinnte Papsttum, wie es im 15. und zu
Beginn des 16. Jahrhunderts geblüht hatte. Seit dem über=
handnehmen der reformatorischen Bewegung setzte das Papsttum
sich mehr und mehr an die Spitze der streng kirchlich gesinnten
Partei. Im Kampf mit dem Protestantismus hat es sich selbst
wiedergefunden. Und wie dem Papsttum, so erging es der
katholischen Geistlichkeit. Die Reformationsbewegung des 16.
Jahrhunderts war eine allgemeine. Der reformierten pro=
testantischen Kirche trat eine reformierte katholische Kirche
gegenüber.

Viertes Kapitel.

Pietismus und Aufklärung.

---

§ 41.

Der Pietismus.

Der große Kampf des Reformationszeitalters um die Wiederaufrichtung des Evangeliums von der Rechtfertigung durch
den Glauben erzeugte zwei mächtige Bewegungen, welche, teils
nebeneinander hergehend, teils miteinander kämpfend, die nächst-
folgende Zeit (vom Ausgang des 16. bis in die erste Hälfte des
18. Jahrhunderts) beherrscht haben.

Die eine Bewegung war auf die Herausarbeitung eines Lehrsystems gerichtet, welches den Inhalt der neuerkannten evangelischen
Wahrheit in wissenschaftliche Form und damit der Kirche zu vollem
Bewußtsein bringe. Diese Richtung war vornehmlich in der
lutherischen Kirche herrschend. Sie schloß an die Arbeit an,
welche bereits Melanchthon begonnen hatte. Ihr Ertrag war
die lutherische Dogmatik des 17. Jahrhunderts, die Schöpfung
einer lutherischen Theologie, welche ihren bedeutendsten Ausdruck
in den weitberühmten Schriften des Joh. Gerhard (seit 1616
Professor der Theologie in Jena, starb 1637) gefunden hat, deren
Einfluß auf das Gesamtgebiet des Protestantismus sich erstreckte.
Mit dieser Entwickelung des theologischen Lehrsystems war jedoch
eine Gefahr verbunden, die Gefahr, über den zum Teil sehr spitz-
findigen Fragen der Dogmatik die eigentlich Leben spendenden
Heilswahrheiten in den Hintergrund zu schieben, und zugleich

der Kirche das Joch einer bis in das einzelnste ausgebildeten
theologischen Lehre als Gesetz auf den Hals zu legen. Die Kirche
aber vermag nur von dem wahren, klaren Gotteswort zu leben,
nicht von den anfechtbaren Erzeugnissen menschlicher theologischer
Wissenschaft. Und es ist klar, daß die lutherische Kirche dieser
Gefahr nicht völlig entgangen ist. Die Konkordienformel von
1577, welche jedoch nur in einem Teile der lutherischen Lande
Aufnahme gefunden hat, bewegt sich sehr entschieden in der Rich=
tung, welche soeben bezeichnet wurde. Während in der Augs=
burgischen Konfession von 1530 und ebenso in den Schmalkal=
dischen Artikeln von 1537 lediglich die Wahrheiten zu kraftvollem
Ausdruck gebracht worden waren, an denen der evangelische
Glaube hängt, führt in der Konkordienformel bereits das Epigonen=
tum das Wort, welchem die Theologie mit ihren Streitfragen in
den Vordergrund getreten ist, um durch verstandesmäßige Aus=
künfte nicht bloß die Wissenschaft, sondern das Leben der Kirche
zu beherrschen. In den Bahnen der Konkordienformel aber geht
die lutherische Theologie des 17. Jahrhunderts einher, und im
Sinne der Konkordienformel hat sie ihren mächtigen Einfluß auf
die Kirche ausgeübt. Die Frucht einer solchen wesentlich dogma=
tisch zugespitzten Bewegung war, wie lutherische Theologen von
damals (z. B. der durch seine Erbauungsschriften noch heute be=
rühmte Joh. Arnd, starb 1621 zu Celle) selber bezeugt haben,
eine neue Scholastik, eine äußere Kirchlichkeit, welche die innere
Kraft des Christentums verleugnete. Ihren eigentlichen Antrieb
fand diese Bewegung in dem Gegensatz gegen die reformierte
Lehre, und so sehr die lutherische Theologie in ihrem Recht war,
wenn sie ihr lutherisches Bekenntnis verteidigte, ebensosehr geriet
sie in das Unrecht, sobald ihr die Versuchung nahe trat, den
Gegensatz zu übertreiben und im Interesse ihrer Lehre den In=
halt ihrer Bekenntnisschriften an die erste Stelle vor dem Inhalt
der Schrift zu setzen. Der einseitige Dogmatismus der luthe=
rischen Theologie von damals war nahe daran, in römisch=katho=
lischer Weise durch eine scholastisch gewordene Kirchenlehre die
Kraft und Klarheit des Schriftwortes für die Gemeinden zu ver=

dunkeln. Aber die lutherische Kirche trug selber die Fähigkeit
in sich, von solchen Auswüchsen sich zu befreien, und neben der
dogmatischen Bewegung hat sie aus eigenen Mitteln auch die
andere Strömung hervorgebracht, welche bestimmt war, ihr als
Gegengewicht zu dienen.

Die zweite Bewegung, welche aus der Reformation hervor-
ging, hatte an erster Stelle nicht die Lehre, sondern die praktische
Gestaltung und Hervorbringung christlichen Lebens zu ihrem
Ziel. Sie war zuerst, und zwar namentlich durch den Einfluß
Calvins, in der reformierten Kirche groß geworden. Sie erzeugte die puritanische Kraft und Strenge der französischen und
der schottisch-englischen (presbyterianischen) reformierten Kirche.
Sie vermochte es zugleich, den Gemeinden durch die Ältesten-
Verfassung und die Synoden einen Anteil am kirchlichen Leben
zu geben, welcher vor der Erstarrung schützte, in welche die
lutherischen Gemeinden unter dem Kirchenregiment des Landesherrn und der orthodoxen Theologen nur zu häufig verfallen
waren. Aber das calvinisch-puritanische Wesen schloß zugleich
eine Gesetzlichkeit, ein Regiment äußeren, die Freiheit des Christenmenschen vernichtenden Zwanges in sich, welche dem evangelischen
Wesen wie die Faust in das Angesicht schlug. Und auch hier ward
(man denke an die schottische, englische, niederländische Kirchengeschichte) ein Dogmatismus groß, ein Halten auf einzelne, nur
durch die Kirchenlehre herausgestellte Glaubensartikel, welcher
an Feindseligkeit gegen jede Abweichung und an selbstgerechter
Überhebung in nichts gegen den Dogmatismus der gleichzeitigen
lutherischen Theologen zurückstand. Zugleich der Geist des Mönchtums und der Geist der Scholastik schien im Gebiet des Protestantismus aufs neue mächtig werden zu sollen.

Aber mächtiger blieb in der evangelischen Kirche lutherischen
wie reformierten Bekenntnisses der wahre Geist des Evangeliums.
Es trat eine Gegenwirkung ein, welche die protestantische Kirche
von den Gefahren einseitiger Entwickelung innerlich befreite.
Die Palme in dieser Bewegung ist der lutherischen Kirche zugefallen. Darin besteht die Bedeutung des lutherischen Pietismus,

welcher durch Spener und Francke am Ausgang des 17. Jahr=
hunderts dem Dogmatismus gegenübertrat. Spener (zu Rap=
poltsweiler im Elsaß 1635 geboren) vereinigte in seiner Persön=
lichkeit die Wirkungen, welche die reformierte Richtung auf streng
christliches asketisches Leben (er verweilte während seiner Studien=
zeit längere Zeit in Genf) und die lutherische Richtung auf schrift=
gemäße Lehre des Gotteswortes auf ihn geübt hatten. Es war
die Zeit, wo namentlich durch Speners Lehrer, den Professor
Sebastian Schmidt zu Straßburg*), das eindringende exegetische
Studium des Bibeltextes zu neuem Leben in der lutherischen
Kirche erwachte. Es war zugleich die Zeit, wo das Elend des
großen Krieges die Gemüter weich gemacht und auf die Tröstungen
der christlichen Heilsoffenbarung zubereitet hatte, wo Paul Ger=
hardt seine Stimme laut und lieblich erhob, um lebendiger
christlicher Glaubenserfahrung zu Herzen dringenden, köstlichen
dichterischen Ausdruck zu verleihen, wo eine Reihe von lutherischen
Theologen, wie Großgebauer (starb in Rostock 1661) u. a.,
bereits aufgetreten waren, um dem noch unverlorenen wahrhaft
evangelisch=lutherischen Sinn, dem Verlangen nach innerer Wieder=
geburt eines in Kraft des Geistes wirksamen Glaubenslebens
durch entschiedenes Zeugnis Bahn zu schaffen. Dieser ganzen
Bewegung hat Spener die Krone aufgesetzt und sie zum Siege
geführt, indem er in seinen pia desideria (1675) mit eindring=
lichem Ernst gemeinsames Bibelstudium (in Privatversammlungen),
Anteilnahme der Laien am kirchlichen Leben und Bethätigung
des christlichen Glaubens durch ein Leben der Liebe forderte,
indem er vor allem durch seine Erbauungs= und Bibelstunden
(seit 1670) einer Behandlung der Schrift Bahn brach, welche das
Gotteswort nicht als Quelle scholastischer Erörterungen, sondern
als eine Kraft des Lebens zum Leben behandelte. Die Bibel
trat wieder in den Vordergrund vor den Bekenntnisschriften der
Kirche, die Forderung der Wiedergeburt durch den Glauben

---

*) Vergl. über diesen Theologen die Schrift von W. Horning,
Dr. Sebastian Schmidt von Lampertsheim. Straßburg 1885.

ging wie ein mächtiger Mahn= und Weckruf durch die protestan=
tische Welt, und die großartigen Franckeschen Stiftungen in Halle
(der Grundstein zum Waisenhaus ward 1695 gelegt) schufen ein
unvergängliches Zeugnis von der praktischen Kraft echt christlicher
Liebe, welche mit ebenso echt christlichem unbedingten Vertrauen
auf Gott sich verbindet. Von dem Pietismus sind die entschei=
denden Anregungen auf die herrnhutische Gemeinde des Grafen
Zinzendorf (als selbständige freie christliche Sozietät gestiftet 1727)
und ebenso, durch das Mittel der Herrnhuter, auf die Methodisten
ausgegangen, welche in England, namentlich aber in der neuen
Welt eine neu belebte, durch das Dringen auf persönliche Hei=
ligung ausgezeichnete Form des reformierten kirchlichen Lebens
darstellen (erste Gründung einer methodistischen Gemeinde in
London durch John Wesley 1739). Vor allem aber ist der
Ruhm des Pietismus, daß durch ihn die protestantische Mission
ins Werk gesetzt worden ist. Aus dem Franckeschen Waisenhaus
zu Halle sind die ersten lutherischen Missionare (Ziegenbalg u. a.)
hervorgegangen. Das Siegel mannbar gewordener Geisteskraft
empfing der Protestantismus, indem er seine Sendboten erregte,
in die Welt hinauszuziehen, um sie für das Evangelium Christi
zu erobern.

Es konnte nicht fehlen, daß auch die neue Bewegung Aus=
wüchse zeitigte. Die Schwäche des Pietismus lag vornehmlich
einerseits in seinem Separatismus, andererseits in seinem Metho=
dismus. Im Separatismus, insofern er die Neigung begünstigte,
engere Gemeinden sich wahrhaft erweckt Dünkender von dem
„großen Haufen" auszuscheiden, ecclesiolae in ecclesia zu bilden,
und dadurch die Kraft und Bedeutung der kirchlichen Organisation
zu schwächen. Im Methodismus, insofern er, wenngleich nicht
in so schroffen Formen, wie der eigentliche Methodismus Eng=
lands und Nordamerikas, aber doch in verwandter Weise ein
Verfahren vorschrieb, welches durch künstliche Erregung des Buß=
gefühls zum „Durchbruch der Gnade im Menschen" und damit
zur Wiedergeburt führen sollte. Damit hing die Ausbildung
eines in das einzelne gehenden sittlichen Kanons zusammen,

welcher die erworbene Heiligung durch eine Art weltentsagender
Lebensführung, durch den Verzicht auf an sich erlaubte Freuden des
menschlichen Lebens (wie Tanz, Spiel, Besuch des Theaters u. dgl.)
bewiesen wissen wollte, so daß mitten im Protestantismus aufs
neue die Werkgerechtigkeit ihr Haupt erhob. Durch diese Über-
treibungen ist dem Pietismus der Beigeschmack gegeben worden,
welcher ihm schon um die Mitte des 18. Jahrhunderts die wer-
bende Kraft für weitere Kreise des Protestantismus nahm, zumal
eine andere Kraft, die Aufklärung, um diese Zeit mächtig auftrat,
um die Welt in neue Bahnen zu führen.

Aber trotzdem ist die Wirkung des Pietismus unvergänglich
gewesen. Er vornehmlich blieb durch das ganze Aufklärungs-
zeitalter hindurch bis in das 19. Jahrhundert die Kraft, welche,
wenngleich in kleineren Kreisen, evangelisch=christliches Leben treu
bewahrte, bis mit dem Anfang unseres Jahrhunderts die Stunde
der Wiedergeburt für die evangelische Kirche schlug. Er stellt
bis in unsere Tage die Erscheinung des Protestantismus dar,
welche neben der konfessionellen Strömung die notwendige Ergänzung derselben für das protestantische kirchliche Leben bedeutet. Ist es dort an erster Stelle die Lehre, so ist es hier
an erster Stelle das Leben im Sinne des Evangeliums, worin
der Zielpunkt und die kirchengeschichtliche Bedeutung der hier wie
dort wirksamen geistlichen Kräfte gegeben ist. Keine Bewegung
vermag ohne die andere ihre heilsame Wirksamkeit voll zu entfalten. Der einzelne wird, wie es in der menschlichen Natur
liegt, entweder der einen oder der anderen vornehmlich angehören.
Die Kirche aber vermag keine zu entbehren. In ihrem Bündnis
kennzeichnen und beherrschen sie die protestantische kirchliche
Gegenwart.

Der Pietismus vom Ende des 17. und dem Anfange des
18. Jahrhunderts war der letzte große Wellenschlag der mit der
Reformation eingeleiteten kirchlichen Bewegung, der Abschluß und
die letzte Ausgestaltung des durch die Reformation geschaffenen
Protestantismus. Es kam die Zeit, wo nunmehr eine andere
geistige Bewegung die Gemüter gefangen nahm.

§ 42.

Die Aufklärung.

Bis zum Ausgang des 17. Jahrhunderts steht im ganzen
abendländischen Europa die kirchliche Entwickelung im Vorder=
grunde, welche in Reformation und Gegenreformation gipfelte.
Seitdem begann ein anderer Geist sich wahrnehmbar zu machen.

Die naturwissenschaftlichen Entdeckungen des 16. und 17. Jahr=
hunderts und eine durch dieselben angeregte, namentlich von Eng=
land ausgehende philosophische Bewegung bereiteten eine neue
Weltanschauung vor, welche ihren Standpunkt nicht in dem
Glauben der Kirche, sondern in den Erkenntnissen der mensch=
lichen Vernunft suchte. Mit kühnem Entschluß ward die Be=
freiung von der Macht der überlieferung unternommen, um das
geschichtlich überkommene einer Kritik zu unterziehen, durch welche
das Geschichtliche, Positive, Zufällige von dem Ewigen, Ver=
nünftigen, durch die Natur des Menschen und der Dinge Ge=
gebenen unterschieden werden sollte. Ein natürliches Recht, ein
natürlicher Staat, eine natürliche Volkswirtschaft, eine natürliche
Religion leuchteten als große Ideale am geistigen Horizont der
Menschheit auf, um die Welt des 18. Jahrhunderts in leiden=
schaftlich nachstrebende Bewegung zu versetzen. In diesen Kämpfen
ist die Entstehung der modernen Menschheit vorbereitet worden.

Auch an der überlieferten christlichen Religion ward vom
Standpunkt ihrer Vernünftigkeit und Natürlichkeit Kritik geübt,
und weder die katholische noch auch die protestantische Form des
Christentums vermochte, die Ansprüche des philosophischen Denkens
auf vernunftgemäßen Inhalt zu erfüllen. Natürlich! Denn die
Religion entspringt aus dem Verhältnis des Menschen zu Gott,
dessen Wesen mit begrifflicher Notwendigkeit den Denkformen des
menschlichen Verstandes sich entzieht. Die Religion muß in dem
Unbegreiflichen endigen, und ihre das Gemüt befriedigende und
von dem Drang des Irdischen befreiende, gerade ihre eigentüm=
lich religiöse, das Leben des einzelnen wie der Nation ausfüllende

Kraft empfängt sie nur durch das, was in ihr unbegreiflich, über menschliches Denken und Verstehen ist, nicht durch das Begreifliche. In dem Geheimnis, zu welchem sie den Menschen dennoch in lebendige Beziehung setzt, liegt die Macht der Religion.

Das 18. Jahrhundert suchte nach einer Religion, welche das sich Widersprechende vereinigen, welche zugleich den Verstand befriedigen sollte und das Verlangen des Gemütes nach dem Ewigen, Unendlichen, Unerfaßbaren. Das Ergebnis dieser Bewegung war ein Glaubensbekenntnis, welches nur noch die drei großen Gegenstände kannte: Gott, Tugend und Unsterblichkeit. Alles Positive des christlichen Glaubens war hinweggethan worden und doch eine verstandesmäßig geschlossene, beweisbare Kette von Wahrheiten nicht erreicht. Nur daß der feste Stab des christlichen Glaubens, an dem sich sicher durchs Leben wandern läßt, in ein schwankendes Rohr, in unbestimmte, Zweifel weckende Vorstellungen verwandelt worden war. In der zweiten Hälfte des 18. Jahrhunderts war dieser Rationalismus auf allen Punkten der Linie siegreich. Er herrschte sowohl in der protestantischen wie in der katholischen Kirche. Von Voltaire und Lessing mit den Waffen des Spottes und des durchdringenden Scharfsinnes verteidigt, entfaltete er in Kants Philosophie seine höchste Hervorbringung, indem er die Schranken des menschlichen Verstandes aufwies, und das Dasein Gottes, sowie die Unsterblichkeit der Seele für eine unbeweisbare Forderung der sittlichen Vernunft erklärte. Die Philosophie Kants bedeutete die Selbstaufhebung des Rationalismus, die Ersteigung eines Gipfels der Entwickelung, welche plötzlich Aussichten in ein ganz neues, ungeahntes Land eröffnet. Der Verstand war in seine Grenzen zurückgewiesen worden, und die Philosophie selber hatte erkannt, daß die Religion nicht bestimmt sei, als eine Art von philosophischer Lehre das Bedürfnis des Verstandes nach Erkenntnis, sondern vielmehr als eine unmittelbar, ohne Gründe den Menschen innerlich überführende, erfüllende Macht das Bedürfnis des Willens nach Freiheit (von Welt und Sünde), das Bedürfnis des Menschen nach Gott zu befriedigen. Doch blieb Kant in den Schranken

des Rationalismus, indem er der Religion lediglich die Ab=
zweckung auf die Moral ("die Anerkennung unserer Pflichten als
göttlicher Gebote") gab, und die hoheitsvolle Kraft, in welcher
das Sittengesetz bei Kant als das unbedingte, allein kraft seines
Inhalts, nicht kraft irgend welcher Zweckmäßigkeitsgründe ver=
bindliche Gebot ("kategorischer Imperativ") erscheint, vermochte
nur unvollkommen dafür zu entschädigen, daß Gott bei Kant in
den zürnenden Gesetzgeber vom Sinai zurückverwandelt ward und
das "Wort Gottes" in seinem System keinen Platz fand, welches
der Welt sich offenbart hatte "voll Gnade und Wahrheit".

Die großen praktischen Erfolge der Aufklärung waren die
Aufhebung des Jesuitenordens, die Begründung der omnipotenten
Staatsgewalt und die Toleranzidee.

§ 43.

Die Aufhebung des Jesuitenordens.

Der Jesuitenorden hatte seinen Sturz bereits durch seine
eigene Entwickelung vorbereitet. Die Moral, welche er predigte,
hatte sich in Kasuistik verwandelt, welche die Fälle suchte, in
denen man das Böse dennoch mit gutem Gewissen thun könne.
Solche Fälle sollten z. B. sein: wenn man nur nicht die Absicht
habe, durch die Handlung zu sündigen, sondern vielmehr einen
löblichen Zweck zu erreichen (methodus dirigendae intentionis).
Oder: wenn man um eines guten Zweckes willen seinem Ver=
sprechen innerlich einen beschränkteren Sinn oder eine geheime
Bedingung beilegte (Mentalreservation) oder sich eines zwei=
deutigen Ausdruckes bediente (Amphibolie). In diesen Lehren
ist der Satz: der Zweck heiligt die Mittel, nicht direkt ausge=
sprochen, aber angewandt. Ja, die moraltheologischen Schrift=
steller der Jesuiten verwandelten die Forderungen der Sittlichkeit
in bloße Meinungen über das sittliche Verhalten und ent=
wickelten die Lehre, daß man auch gegen das eigene Gewissen
handeln dürfe, sobald man nur eine "probable Meinung", nämlich

das Zeugnis eines als Autorität anerkannten Schriftstellers für sich habe (sog. Probabilismus). Der Probabilismus ist ein Erzeugnis bereits der scholastischen Doktrin des ausgehenden Mittelalters gewesen, doch ist er erst durch jesuitische Schriftsteller (z. B. den Spanier Escobar, starb 1633) zu voller Blüte gefördert worden. Durch diesen Probabilismus ward jeder Unsittlichkeit Thür und Thor geöffnet. Selbst das Papsttum, so sehr es auch die Jesuiten als seine getreuesten Anhänger in Schutz zu nehmen trachtete, sah sich genötigt, gegen die Moral der Jesuiten Front zu machen. Alexander VII. mißbilligte den Probabilismus und die damit zusammenhängenden Lehren (1665); Innocenz XI. verdammte durch feierliche Bulle 65 von den laxen jesuitischen Moralsätzen (1679). Der Orden sah sich (1687) genötigt, seine Solidarität mit dem Probabilismus durch formelle Erklärung von sich abzulehnen: er verhindere nicht, daß auch die antiprobabilistische Lehre vorgetragen werde. Nichtsdestoweniger hat der Orden niemals seine ungeheure Gewalt über seine Mitglieder zur Unterdrückung der gerade von jesuitischen Schriftstellern so vornehmlich verteidigten probabilistischen Morallehre angewandt.

Ein mächtiger Gegner erstand dem Jesuitenorden in dem Jansenismus, einer von der Universität Löwen (wo Jansen 1630—1638 Professor war) ausgehenden, dann namentlich in Frankreich weit verbreiteten Richtung. Während der Jesuiten= orden die von der katholischen Kirche rezipierte Lehre vertrat, daß der Mensch kraft der ihm trotz des Sündenfalls verbliebenen Freiheit zum Guten durch seine Werke (neben der göttlichen Gnade) mitwirke zu seiner eigenen Seligkeit, verteidigte der Jansenismus, ähnlich den protestantischen Reformatoren, die augustinische Lehre, daß die den einen zur Seligkeit, den andern zur Verdammnis prädestinierende Gnade Gottes die alleinige Ursache für die Seligkeit der Auserwählten darstelle. Der Jansenismus ist, wie es in der Natur der Dinge lag, wiederholt von den Päpsten verurteilt worden. Er war ein dem Jesuitismus entgegengesetzter Reformationsversuch innerhalb der katholischen Kirche. Seine Popularität hatte er namentlich dem zu asketischer

Strenge gesteigerten sittlichen Ernst zu verdanken, welcher seine
Anhänger auszeichnete, deren örtlichen Mittelpunkt bald das
Cisterciensernonnenkloster Port Royal in der Nähe von Ver=
sailles bildete.

Die weltgeschichtliche Wirkung des Jansenismus hat weniger
in seinen dogmatischen Lehrsätzen, als in der Kritik bestanden,
welche er an der Moral der Jesuiten geübt hat. Der Jansenismus
bedeutete das gerade Widerspiel der jesuitischen sittlichen Grund=
sätze. Zudem lag der Jansenismus mit dem Jesuitenorden über
die Lehre in einem Kampf auf Leben und Tod. Darum ist die
stärkste Gegenwirkung gegen die Jesuitenmoral von jansenistischen
Kreisen ausgegangen. Ihnen gehörte Blaise Pascal an, der
berühmte Mathematiker und Naturforscher, welcher in seinen lettres
provinciales (1656/57) der Entrüstung über die jesuitische Moral
den vollsten, geistreichsten und gewaltigsten Ausdruck gegeben hat.
Der Jansenismus ist dem Jesuitenorden unterlegen. Auf dem Boden
der katholischen Kirche war der Jesuitenorden, welcher das offizielle
Dogma der Kirche verteidigte, ihm naturgemäß überlegen. Aber
trotzdem ist der witz=, geist= und zornsprühende Angriff Pascals
niemals vom Jesuitenorden verwunden worden. In mehr als
60 Auflagen wurden die lettres provinciales verbreitet. Sie
führten gegen den mächtigen Orden den ersten großen Schlag,
welcher die Stellung desselben nachhaltig erschütterte. Mit der
Moral war die Achillesferse des Jesuitismus getroffen worden.

Es kam hinzu, daß der Orden in weltliche Macht= und
Reichtumsinteressen immer tiefer verflochten wurde, daß große
Handelsunternehmungen und Geldgeschäfte den geistlichen Geist
in ihm erstickten, daß die Lehre des Ordens, welche unter gewissen
Voraussetzungen (im Interesse der Kirche nämlich) den Fürsten=
mord genehmigte (eine Lehre, welche z. B. den Mördern Hein=
richs III. und Heinrichs IV. von Frankreich den Mordstahl in
die Hand gab), naturgemäß Haß und Abneigung gegen den Orden
erregten. Die entscheidende Thatsache aber, welcher der Orden
endlich erlegen ist, war die Verbreitung der Aufklärung im
18. Jahrhundert. Der Jesuitenorden erschien dem 18. Jahr=

hundert, welches mit dem Geist der Philosophie und der freien
Forschung sich erfüllte, als ein Anachronismus der ärgsten Art.
Ein Geist der Finsternis, die Scholastik und geistige Barbarei
des Mittelalters in sich tragend, so trat dem 18. Jahrhundert
der Geist des Jesuitenordens gegenüber. Auch die Kirche, die
katholische wie die protestantische, begann mit den Ideen der
Aufklärung sich zu erfüllen, welche auf das positiv Christliche
Verzicht leistete und nur die allgemein menschlichen religiösen
Vorstellungen als den eigentlichen Kern des Christentums fest-
hielt. Nur der Jesuitenorden stand noch aufrecht, dem extremsten
Katholizismus huldigend, ein Denkzeichen vergangener Geistes-
strömungen. Die ganze Bildung des 18. Jahrhunderts lehnte
sich gegen die Orden auf.

So war die Stunde des Niederganges gekommen. Auf das
Begehren des Königs von Frankreich, der Jesuitengeneral Ricci
möge eine Reform des Ordens herbeiführen, gab dieser die berühmte Antwort: sint ut sunt, aut non sint („sie sollen sein wie
sie sind, oder nicht sein"). Konflikte mit dem Staat, welcher den
Jesuitenorden wie einen Staat im Staate sich gegenüber sah,
gaben den Ausschlag. 1759 ward der Orden in Portugal, 1764
in Frankreich, 1767 in Spanien und Neapel aufgehoben. Endlich
hob Clemens XIV. 1773, dem vereinten Andrängen der Regierungen und der Zeitströmung nachgebend, den Jesuitenorden für
die ganze Kirche „auf immer" auf.

Die Aufklärung hatte über den Jesuitenorden triumphiert.

§ 44.

Der omnipotente Staat.

Waren die Ideen des Mittelalters der Gewalt der Kirche
zu gute gekommen, so bedeuteten die Ideen der Aufklärung eine
ebenso entschiedene Gegenbewegung zu gunsten der Staatsgewalt.

Ihren Anfang hatte die den Staat begünstigende Bewegung
schon im 14. Jahrhundert genommen, als der Nationalstaat und

ein auf ihn gegründetes Königtum sich ankündigten. Sie war
zum sichtbaren Ausdruck in der Monarchie Philipps des Schönen,
sodann in den Aufsichts- und Regierungsrechten gelangt, welche
im Lauf des 15. Jahrhunderts in immer steigendem Maß der
Staatsgewalt in allen Teilen Europas zugefallen waren. In der
Reformation hatte sie einen neuen mächtigen Anhalt gewonnen.
Die Reformatoren (mit Ausnahme jedoch Calvins und seiner
Nachfolger) lehrten, daß der Kirche keinerlei äußeres Regiment,
sondern lediglich die Predigt des göttlichen Wortes und die Verwaltung der Sakramente anvertraut sei. Das ganze Gebiet des
bürgerlichen Lebens, ja auch das Kirchenregiment, soweit es die
Anwendung äußerer Zwangsgewalt in sich schließt (Gesetzgebung,
Stellenbesetzung, Kirchenzucht), fiel dem Staat anheim. Der Staat
schickte sich an, die Kirche zu regieren. Keineswegs nur in den
protestantischen Ländern, sondern ebenso in den katholischen. Es
handelte sich um eine Idee, welche der Reformation nicht eigentümlich war, welche sie vielmehr, soweit es sich um die Hoheits-
gewalt des Staates über die Kirche handelte, aus dem 15. Jahrhundert ererbt hatte, und welche nunmehr im 16. Jahrhundert
im ganzen Umkreis des Abendlandes, in Spanien und Frankreich, Bayern und Österreich sowohl wie in dem protestantischen Norden, zu voller Klarheit und Macht gelangt war. Die
Staatsgewalt entdeckte die ihr eingeborenen Kräfte, und in dem
steigenden Gefühl der ihr innewohnenden Macht forderte sie die
ganze Welt des Kulturlebens.

Auch hier ist durch die Aufklärung die letzte entscheidende
Wendung herbeigeführt worden. Das philosophische Denken über
Ursprung und Natur der Staatsgewalt hatte zu dem Ergebnis
geführt, daß die Staatsgewalt durch einen Vertrag (den Gesellschaftsvertrag, contrat social) erzeugt sei. Diese Vorstellung ging
auf Aristoteles zurück. Sie war bereits dem Mittelalter geläufig
gewesen. Aber jetzt erst entfaltete sie die ganze ihr innewohnende
Naturkraft.

Der Gesellschaftsvertrag ist nach dieser Lehre zu gunsten der
Staatsgewalt, nicht irgend einer anderen Gewalt (z. B. auch nicht

zu gunften der Kirchengewalt) geschlossen worden. Zu gunften des Staates, und allein des Staates, hat das Individuum seiner natürlichen Freiheit sich entäußert. Es folgt daraus, daß alle öffentliche Gewalt der Staatsgewalt gebührt, daß alle Gewalt= übung innerhalb des Staates lediglich auf Auftrag, Delegation von seiten der Staatsgewalt beruhen kann. Die Staatsgewalt ist omnipotent. Auch die Kirchengewalt ist nur ein Ausfluß der Staatsgewalt.

Bis hierher erscheint das Ganze als eine lediglich theoretische Reflexion, und das war diese Gedankenreihe auch durch lange Jahrhunderte hindurch gewesen. Aber die Aufklärung trug ein Moment in sich, welches den Zündstoff in dies Pulverfaß hinein warf, die Idee nämlich, daß die Gegenwart frei ist von der Vergangenheit.

Nach den Überzeugungen der Aufklärung sind die Ergebnisse der geschichtlichen Entwickelung als solche unverbindlich. Sie verlieren ihre verbindliche Kraft in demselben Moment, in welchem ihre Unvernunft, ihr Widerspruch mit den Ergebnissen des philo= sophischen Denkens konstatiert ist. Die Staatsgewalt hat freie Bahn, das natürliche, vernunftgemäße Recht in Wirklichkeit zu verwandeln. Ja, es ist wie das höchste Recht so die höchste Pflicht der Staatsgewalt, dies Ideal des Rechtes durch Auf= hebung des geltenden Rechtes zu praktischer Geltung zu beför= dern. Die Staatsgewalt ist allgewaltig auch gegenüber der über= lieferten Rechtsordnung, und die Gegenwart heischt von ihr an erster Stelle, daß sie das unverjährbare Vernunftrecht in Kraft setze an Stelle des geschichtlichen Rechtes.

Wie wuchsen da der Staatsgewalt, wie wuchsen da der Ge= setzgebung die Flügel! Das 18. Jahrhundert glaubte an die Macht des Staates, durch seine Gesetzgebung all den Härten und Unvollkommenheiten der menschlichen Gesellschaftsordnung ein Ende machen zu können, und damit ein vernunftgemäßes, befreiendes, beglückendes, allseitig gerechtes, vollkommenes Recht herzustellen.

Ein schneidiger Zug der Reformgesetzgebung ging durch die

Welt, vieles, was bereits innerlich erstorben war, hinwegfegend. Die französische Revolution erhob sich als der großartigste Versuch, die Welt nach den ewigen Vernunftprinzipien der Freiheit, Gleichheit, Brüderlichkeit neu zu ordnen und die langvergessenen Menschenrechte herzustellen. Von welchen Hoffnungen ward sie getragen! Welch edle, tiefe Begeisterung kam ihr entgegen! Die Staatsgewalt, die Gesetzgebung, in ihr die Vernunft der Gegenwart, war zur Herrin der Welt erklärt. An ihr allein lag es, das ganze rechtliche und gesellschaftliche Sein neu zu gebären, das Füllhorn des Glückes über die von den Fesseln der Vergangenheit befreite Menschheit auszuschütten.

Die Revolution endigte in der Schreckensherrschaft. Das erträumte Glück wich dem Entsetzen. Die Freiheit ging aus in die Despotie des militärischen Gewalthabers. Es ergab sich, daß auch die Staatsgewalt nicht allmächtig ist, daß überhaupt das Recht sich nicht beliebig machen läßt, daß die plötzliche Loslösung von der Vergangenheit die Gesellschaft nicht in den Himmel, sondern in den Abgrund führt. Wie ein Läuterungsfeuer ging die Revolution mit ihren Wirkungen durch die Welt, um dann doch die Fortführung des Werkes den aus der Vergangenheit stammenden Kräften zu überlassen.

In dieser energischen Reformbewegung ging der alte ständische Staat mit seinen Privilegien und Standesunterschieden zu Grunde, um dem Unterthanenstaat Platz zu machen, dessen Grundlage das Prinzip der gleichen öffentlichen Berechtigung und Verpflichtung aller Staatsangehörigen ist.

Auch die Kirche alten Stils ward von der Bewegung verschlungen. Dem omnipotenten Staat aus der zweiten Hälfte des 18. Jahrhunderts deuchte die Kirche zu sein wie Wachs in seiner Hand. Er fühlte sich berufen und befähigt, die Stellung, ja auch das innere Leben der Kirche frei nach seinen Vernunftidealen zu bestimmen.

In diesem Sinne begann Joseph II. seine Reformgesetzgebung auf kirchlichem Gebiet. Er reformierte das Ordenswesen, indem er alle weder dem Unterricht noch der Seelsorge dienenden

Orden aufhob (1782) und ihr Vermögen zu einem vom Staat
verwalteten „Religionsfonds" vereinigte. Er reformierte die
Ausbildung und Erziehung der Geistlichkeit, indem er an die
Stelle der kirchlichen Bildungsanstalten staatliche „General=
seminarien" setzte, welche den Geist der Aufklärung in die Reihen
der Seelsorger des Volkes zu tragen bestimmt waren. Er regelte
die Formen des Gottesdienstes, Art und Inhalt der Predigt, den
Gesang der Mönche und den Schmuck der Kirchen, Großes und
Kleines. Das ganze Gebiet des kirchlichen Lebens sollte von ihm
mit starker Hand und auf einmal in seinem Sinne zweckmäßig,
vernünftig gestaltet werden. Aber das Ende war die belgische
Revolution (1787), welche Österreich eine seiner schönsten Pro=
vinzen kostete, und die Notwendigkeit, mit einer Reihe von Re=
formen den Rückzug anzutreten.

Die Gesetzgebung Friedrichs des Großen, welche den
Inhalt des preußischen Landrechts bestimmt hat (1794), ist in
ähnlichem Sinne gehalten. Das preußische Landrecht kennt über=
haupt eine Kirche nicht, weder eine protestantische noch eine katho=
lische Kirche, sondern lediglich die Gemeinde (die sogenannte
Kirchengesellschaft). Mehrere Gemeinden (Kirchengesellschaften),
welche (im Sinne des preußischen Landrechts) zufällig denselben
Glauben haben, bilden (nicht eine Kirche, sondern) eine „Religions=
partei", ähnlich also wie etwa die Partei der evangelischen oder
der katholischen Mächte in Europa. Irgend welche gemeinsame
Organisation ist damit nicht gegeben. Nur die Kirchengesellschaften
(Gemeinden) der Katholiken haben die Eigentümlichkeit, daß
mehrere derselben (die Gemeinden einer Diözese) denselben Vor=
stand haben (den Bischof), ebenso wie bei Protestanten mehrere
Kirchengesellschaften demselben (Provinzial=)Konsistorium unter=
geben sind, — eine Einrichtung, welche aber im Sinne des preu=
ßischen Landrechts zufällig ist, nicht auf der Verfassung der Kirche,
sondern auf der Verfassung der einzelnen Ortsgemeinden (Kirchen=
gesellschaften) beruht. Die Kirche ist atomisiert. Sie ist (auch
die katholische Kirche) von Rechts wegen in eine Reihe von Orts=
gemeinden aufgelöst. Alle Gewalt, welche über der Gemeinde

steht, ist grundsätzlich Staatsgewalt. Der König von Preußen
erscheint als der oberste Bischof und Gewalthaber wie der protestantischen so auch der katholischen Kirche. „Auswärtige Obere"
(z. B. der Papst) dürfen ohne Genehmigung des Königs keine
Gesetzgebung, keine Gerichtsbarkeit, keine Verwaltungshandlung
in bezug auf die Kirche Preußens vornehmen. Will der Papst
Rechte innerhalb Preußens ausüben, so mag er einen inländischen
(also dem König von Preußen untergebenen) Vikar bestellen.

Das war das Kirchenrecht der preußischen Monarchie, wie
es der Gesetzgeber aus seiner Vernunft geschöpft hatte, und er
glaubte sich berechtigt und befähigt, diese Ergebnisse seiner Philosophie durch einen einfachen Gesetzgebungsakt der omnipotenten
Staatsgewalt in wirklich lebendiges Recht zu verwandeln.

Die französische Revolution ist auch auf dem Gebiete der
Kirchengesetzgebung am entschiedensten vorgegangen, um ein frei
aus der Vernunft erdachtes Naturrecht durch Dekret der Staatsgewalt zu verwirklichen. Das revolutionäre vernünftige, natürliche Kirchenrecht ist in der „Zivilkonstitution des Klerus" von
1790 enthalten. Die Kirchenverfassung entspricht der Staatsverfassung. Jeder Kanton hat seinen Pfarrer, jedes Departement
seinen Bischof. Der Pfarrer wird von allen Aktivbürgern des
Kantons (ohne Rücksicht auf ihr Glaubensbekenntnis), ebenso der
Bischof von den Aktivbürgern des Departements gewählt. Ein
Papst ist für diese „bürgerlich verfaßte" Kirche überhaupt nicht vorhanden. Auch das Glaubensbekenntnis spielt für sie keine Rolle
mehr, insofern jeder Staatsbürger als solcher Mitglied dieser
Kirche ist. Die katholische Kirche in dem altüberlieferten Sinn
hat aufgehört zu existieren. Sie ist durch Staatsgesetz beseitigt
worden. Der Staat ist jetzt zugleich Kirche, und die kirchliche
Verwaltung ein Teil der Staatsverwaltung. Daher sind die-
selben Wahlkörperschaften, welche die staatlichen Organe (den
Distriktsrat, den Departementsrat) wählen, auch berechtigt, den
Pfarrer, den Bischof zu wählen. Mit Lineal und Zirkel ist diese
Kirchenverfassung hingezeichnet, in genauem Einklang mit der
Staatsverfassung. Die lebendigen Kräfte der Kirche, das Papst-

tum, der überlieferte Glaube, werden ignoriert. Der Staat hat
freie Hand, mit der Kirche, ihrem Recht, ihrem Dasein zu schalten
wie er will. In den Tagen der Schreckensherrschaft ward sogar,
wenn auch nur vorübergehend, das Christentum überhaupt that=
sächlich abgeschafft und der Kultus „der Vernunft", dann „des
höchsten Wesens" eingeführt. Die Staatsgewalt erschien als die
unbeschränkte Herrin auch des religiösen Lebens. Napoleon hat
durch das Konkordat von 1801 das Papsttum und die katholische
Kirche wieder in das Recht von Frankreich eingeführt, aber trotz=
dem ist in dem französischen Recht, dessen Grundlage er geschaffen
hat, der revolutionäre Gedanke der Aufklärungszeit noch heute
lebendig, daß die Kirche mit ihrer Verwaltung der Staatsver=
waltung eingegliedert ist.

Die Allgewalt des Staates über die Kirche bedeutete a ch
die Allgewalt des Staates über das Kirchengut. Joseph II.
bildete aus dem Vermögen der aufgehobenen Klöster den staat=
lichen „Religionsfonds". Die französische Revolution erklärte
das gesamte Kirchengut für Nationalvermögen. Auch in Deutsch=
land vollzog sich derselbe Vorgang. Der Friede von Luneville
(1801) hatte das linke Rheinufer an Frankreich abgetreten. Das
deutsche Reich erteilte dabei die Zusage, daß die dadurch deposse=
dierten weltlichen Fürsten ans den Mitteln des Reiches entschädigt
werden sollten. Die Kosten dieser Entschädigung mußte die Kirche
zahlen. Der Reichsdeputationshauptschluß von 1803 legalisierte
auch in Deutschland die Säkularisation des Kirchengutes (des
Vermögens der Bistümer, Stifter, Klöster) und die Aufhebung
der geistlichen Fürstentümer. Die weltliche Macht der katholischen
Kirche ward mit dem Todesstreich getroffen.

Der Staat nahm Genugthuung für die Zeiten des Grego=
rianischen Systems. Wie den Jesuitenorden warf er, mit den
philosophischen Ideen des 18. Jahrhunderts gerüstet, die Kirche
selbst, die katholische wie die protestantische Kirche, zu Boden.

§ 45.

Die Idee der Toleranz.

Der dauernde Erfolg der geistigen Bewegung, welche wir unter dem Namen der Aufklärung zusammenfassen, ist jedoch weder in der Aufhebung des Jesuitenordens, noch in der Herrschaft zu erblicken, welche die omnipotente Staatsgewalt über die Kirche erlangte. Der Jesuitenorden ist bereits 1814 durch Papst Pius VII. wieder hergestellt worden. Die Zeit des omnipotenten Staates ist bereits vorüber. Die dauernde Frucht der Aufklärung, — keine große geistige Strömung geht ohne solche dauernde Frucht vorüber, — liegt vielmehr in dem Grundsatz der Toleranz, welchen sie überall, namentlich auch der katholischen Kirche gegenüber, siegreich zur Geltung gebracht hat.

Die katholische Kirche ist grundsätzlich intolerant. Da nach katholischem Glauben die Unterordnung unter Papst und Bischöfe (die Zugehörigkeit zum katholischen Kirchenkörper) für das Seelenheil eines jeden unentbehrlich ist, so hält die katholische Kirche sich nicht bloß für berechtigt, sondern für verpflichtet, den Ketzer nötigenfalls durch Gewalt zu jener Unterordnung zurückzuführen und die hartnäckige Ketzerei im äußersten Fall als schwerstes gemeingefährliches Verbrechen mit der Todesstrafe zu belegen. Auch die protestantische Kirche hat wiederholt Anwandlungen der Intoleranz gehabt und Andersgläubige mit weltlicher Gewalt gerichtet und gestraft. Der berühmteste Fall dieser Art ist die Hinrichtung des antitrinitarisch lehrenden Spaniers Michael Servet in Genf (1553), welche namentlich auf Andrängen Calvins erfolgt ist.

Das Vordringen des Toleranzgedankens hält mit dem Vordringen der Aufklärung gleichen Schritt. In der zweiten Hälfte des 18. Jahrhunderts wird er in Deutschland durch Friedrich den Großen und Joseph II., in Frankreich durch die französische Revolution ins Werk gesetzt. Die Erklärung der Menschenrechte (1789), welche gewissermaßen das politische Programm der Auf-

klärung enthält, verkündigte zugleich die Freiheit des religiösen
Kultus und gab damit den Protestanten Frankreichs endgültig
die so lang ersehnte, seit der Aufhebung des Edikts von Nantes
durch Ludwig XIV. (1685) ihnen verweigerte Duldung.

Die katholische Kirche hat ihren Grundsatz der Intoleranz
noch im 19. Jahrhundert wiederholt zum Ausdruck gebracht,
indem sie durch den Mund Papst Gregors XVI. (1832) und Papst
Pius' IX. (1864) die Glaubens= und Gewissensfreiheit verdammte.
Wenn dennoch das Postulat der Glaubens= und Gewissensfrei=
heit, kraft dessen jeder äußere Zwang gegen die Glaubensüber=
zeugungen des Individuums ausgeschlossen ist, heute ausnahmslos
das Recht unserer Kulturstaaten und ebenso die Überzeugungen
der gebildeten katholischen wie protestantischen Menschheit be=
herrscht, so sehen wir darin das große Erträgnis der geistigen
Bewegung des vorigen Jahrhunderts vor uns, den endgültigen
Sieg, welchen die Aufklärung trotz alledem über die äußere Macht
insbesondere der katholischen Kirche davongetragen hat.

Das 18. Jahrhundert endigte damit und vollbrachte zugleich
damit sein größtes Werk, daß es die weltliche Machtstellung der
Kirche, der evangelischen und der katholischen Kirche, zerstörte.
Es war damit freie Bahn für eine Zukunft geschaffen, welche
bestimmt war, das Leben der Kirche ans ihren geistlichen
Kräften heraus neu zu gebären.

Fünftes Kapitel.
Das neunzehnte Jahrhundert.

---

§ 46.

Die Frage.

Unter den Gewittern der Revolution ist das neunzehnte Jahrhundert geboren worden. Die ganze Welt war in Auflösung. Nicht bloß die äußere, sondern ebenso die innere, geistige Welt. Die Aufklärung war gekommen und hatte den Himmel hinweggenommen: nicht bloß den sichtbaren, welcher vor den Entdeckungen der Naturwissenschaft in eine bloße optische Täuschung sich verwandelte, sondern, was mehr war, den unsichtbaren Himmel, welchen der christliche Glaube über die Welt dieses Lebens herrlich, trostbringend ausgespannt hatte. Die feste, gegebene, von der Kirche getragene Weltanschauung, welche in den Zeiten des Mittelalters, und ebenso noch in den Zeiten des 16. und 17. Jahrhunderts den einzelnen empfangen, ihn sicher, unerschütterlich, mit fester Hand durch das Leben geführt hatte, war durch die Zweifel der Philosophie zerstört worden. Und mit dieser festen, religiösen, das sittliche Leben des einzelnen wie der Gesellschaft beherrschenden Weltanschauung war zugleich die überlieferte Grundlage von Staat und Kirche vernichtet worden. Die Folge der Aufklärung war die Revolution.

Das 19. Jahrhundert ward mit einer Frage geboren, mit der Frage: kannst du wieder herstellen, was zerstört ist? Kannst du der in ihrem Innersten erschütterten Gesellschaft die feste

Grundlage, kannst du ihr den welterlösenden und welterhalten-
den Glauben, den christlichen Glauben wiedergeben? Je
nach der Antwort auf diese Frage wird das Schicksal unseres
Jahrhunderts sein.

An erster Stelle ist es die Kirchengeschichte des 19. Jahrhunderts, welche von der Antwort auf diese Frage handelt.

§ 47.

Die Restauration und die Romantik.

Die Revolution hatte der Kirche in Frankreich auch ihren
weltlichen Besitz gekostet: das Kirchengut war vom Staate säku-
larisiert worden. Auch in Deutschland führten die politischen
Ereignisse zu wesentlich dem gleichen Ergebnis. Der Friede von
Luneville (1801) trat an Frankreich das linke Rheinufer ab:
die dadurch depossedierten erblichen Fürsten sollten aus den
Mitteln des Reiches entschädigt werden. So verschwanden die
linksrheinischen geistlichen Fürstentümer ohne weiteres. Das
Verschwinden auch der übrigen führte der Reichsdeputationshauptschluß von 1803 in Ausführung jenes Friedensvertrages
herbei. Die Entschädigung der durch den Frieden von 1801
benachteiligten weltlichen Fürsten ward durch die Aufhebung und
Verteilung der reichsunmittelbaren geistlichen Fürstentümer und
Herrschaften bewirkt. In bezug auf die Besitzungen der reichsmittel-
baren (in den weltlichen Territorien gelegenen) Stifter empfingen
die Fürsten Vollmacht zur Säkularisation, eine Vollmacht, welche
durch das bekannte Edikt vom 30. Oktober 1810 für den
preußischen Staat in Gebrauch gesetzt wurde. An die Stelle
des eingezogenen Kirchengutes trat ein landesherrliches Dota-
tionsversprechen. Als die Stürme der napoleonischen Zeit vor-
übergebraust waren, kam es dann zu einer Neueinrichtung der
kirchlichen Verhältnisse. Wie in Frankreich durch das Konkordat
von 1801 die katholische Kirche neu hergestellt, ihre Gliederung
und ihre Erhaltung neu geregelt wurde, so ward durch eine Reihe

von Verträgen mit dem päpstlichen Hof (1817 kam das Kon=
kordat mit Bayern, 1821 die Neueinrichtung der katholischen
Kirche Preußens durch die Bulle de salute animarum zustande)
auch in Deutschland der äußere Organismus der katholischen
Kirche wieder aufgerichtet, eine neue Umschreibung der Bistums=
und Erzbistumsgrenzen (nach Maßgabe der jetzt gegebenen Landes=
grenzen) ins Werk gesetzt und durch landesherrliche Dotation
der äußere Bestand der katholischen Kirche sicher gestellt. Der
evangelischen Kirche gelang es nicht, eine vor der Willkür der
jeweiligen Verwaltung gesicherte gesetzliche Dotation zu erringen.
Aber a ch hier fand nach Maßgabe des jetzt veränderten (ver=
größerten) Territorialbestandes eine Neueinrichtung statt, und
in der evangelischen Landeskirche Preußens gelangte ein Kirchen=
körper zur Erscheinung, im stande, auch Bewegungen von größerer
Kraft und Bedeutung Raum zur Entfaltung zu gewähren. Auf
die Revolution war im zweiten und dritten Jahrzehnt unseres
Jahrhunderts die Restauration gefolgt.

Gleichzeitig erhob sich der Geist, welcher den neugeschaffenen
Formen inneres Leben geben sollte, der Geist der Romantik,
die gewaltige Gegenbewegung des 19. Jahrhunderts gegen die
Ideen des 18. Jahrhunderts, — nicht bloß eine Dichterschule,
sondern eine breite Geistesströmung bedeutend, welche die Welt
der Kunst und Wissenschaft, des Staates und der Kirche weithin
fruchtbar überflutete.

Das 18. Jahrhundert hatte sich erfüllt mit der Vergötte=
rung des Individuums, zugleich mit der Vergötterung der frei
bewußt, zweckmäßig schaffenden individuellen Vernunft. Ein
Rationalismus war die Folge gewesen, welcher nur das als
zweckmäßig Erkannte gelten ließ, welcher Religion und Kirche
lediglich unter dem Gesichtspunkt praktischer Nützlichkeit (sofern
sie Moral erzeugten) begriff, welcher alles Wunderbare als un=
vernünftig leugnete, welcher mit Recht und Staat willkürlich,
revolutionär schaltete, weil nicht dem geschichtlich Gegebenen,
sondern nur dem Begreiflichen, dem nach Anschauung der Gegen=
wart Zweckmäßigen ein Recht des Daseins zugestanden wurde.

Diesem individualistischen, Freiheit, Begreiflichkeit, Vernünftigkeit
predigenden Rationalismus war schon in einzelnen großen
Geistern des 18. Jahrhunderts eine Gegenströmung gegenübergetreten, deren Ziel war, von Vernunft, Aufklärung, Bildung
zur Kraft und Einfalt der N a t u r zurückzukehren. Rousseau
war es, welcher der Bildung seiner Zeit sein Naturevangelium
entgegensetzte, welcher in den Wilden Kanadas das Ideal der
Menschheit entdecken zu können meinte, welcher seine Zeitgenossen
lehrte, in der Einsamkeit die Erhabenheit und Schönheit der
Natur, das Gold des Ginster, den Purpur der Sonnenstrahlen,
die Majestät des Hochgebirges, die Herrlichkeit der Landschaft
zu genießen, welcher der aufklärerischen Philosophie gegenüber
das unaustilgliche Verlangen des Herzens nach dem lebendigen
Gott als den unzerstörbaren Urgrund aller Religion und als
den unwiderleglichen Beweis für die Geltung der religiösen Ur-
wahrheiten proklamierte. In diesem gewaltigen Manne, elend
als Charakter, aber groß durch die unmittelbare Anschauungs-
kraft genialer Leidenschaftlichkeit, verbanden sich die Ideen, welche
einerseits die Revolution erzeugten und andererseits die mächtigste
Gegenwirkung gegen die Revolution hervorzubringen bestimmt
waren. Sein contrat social brachte die Verkündigung der Volks-
souveränetät, welche in Frankreich das Königtum, dann Staat
und Kirche vernichtete. Seine Entdeckung der Natur mit ihren
Geheimnissen, Wundern, ewigen Kräften, seine Bewunderung
der ursprünglichen, durch Kultur noch unberührten Volkskraft
und zugleich seine Verteidigung der Rechte des Herzens gegenüber den Beweisführungen des Verstandes machten ihn zum
Anfang der Bewegung, welche Staat und Kirche wiedergeboren
hat. Unter den Einwirkungen seiner Ideen erfolgte die ungeheure Umwälzung des Geschmackes, welche von der steifen,
klassizistischen französischen Manier zu Homer, Shakespeare, zum
wahren Verständnis des Altertums und zugleich zu dem ewigen
Jungbrunnen volkstümlicher Dichtung zurückführte. Herder
entdeckte die Volkspoesie, Goethe schrieb seinen Götz und Werther,
und die Jugend Deutschlands suchte in Sturm und Drang von

11*

den überlieferten Formen sich zu befreien, um zur Natur, der ewig wahren, zurückzukehren. Aus diesen Anfängen im 18. Jahrhundert ist die Romantik des 19. Jahrhunderts hervorgegangen. Das Individuum und mit ihm der Verstand des einzelnen ward entthront.

Wie entsteht das Recht? Auf diese Frage antwortete das 18. Jahrhundert: durch die zweckbewußte Überlegung des vom Naturzustand durch freien Vertragsschluß (contrat social) in den Staats= und Rechtszustand übertretenden Individuums. Das 19. Jahrhundert fand durch den Mund von Savignys eine andere Antwort auf diese große Frage: das Recht entsteht vielmehr aus der nationalen Rechtsüberzeugung, aus den unbewußt, instinktiv, mit innerer Notwendigkeit wirkenden sittlichen Anforderungen des nationalen Gewissens. Das Volk erzeugt das Recht, aus dunklem Schoß, unwahrnehmbar, unerklärbar. Die Entstehung des Rechtes ist eine positive, geschichtliche, geheimnisvolle, wunderbare Thatsache. Und wie das Recht, so der Staat, so die Sprache, so die Kunst und so auch die Wissenschaft. Nicht der Geist und der bewußte Wille des einzelnen erzeugt diese ganze ideale und soziale Welt, in der wir leben, sondern der Volksgeist, die unbewußt den einzelnen tragende, mit sich fortreißende, überwältigende Gesamtkraft. Der einzelne ist nicht geboren, Souverän, sondern nur geboren, Unterthan, Werkzeug der ihn umgebenden, geschichtlichen, ungeheuren, in Massenbewegung wirkenden Kräfte zu sein.

Der Sinn für das nicht von dem einzelnen willkürlich Gemachte, nicht von des Gedankens Blässe Angekränkelte, der Sinn für das Gegebene, Naturwüchsige, Gewordene, Autoritäre war erwacht. Die reale Welt mit ihren Kräften übte jetzt gerade deshalb, weil sie in die Kategorien des Verstandes nicht aufging, weil sie dem einzelnen überlegen und im letzten Grunde unverständlich gegenübertrat, diesen bestrickenden Zauber auf das der Vernunft übersatt gewordene Jahrhundert. Nicht das Verständliche und Vernünftige, sondern das Unverständliche und Unvernünftige, das Naturtrieb Atmende, Erdgeruch an sich

Tragende, Geheimnisvolle, Abenteuerliche, Romanhafte, Märchen=
hafte, Kindliche, Naive, Unbewußte, das war es, was der Ro=
mantik groß und herrlich deuchte, was das 19. Jahrhundert mit
Sehnsucht erjagte, in Wissenschaft und Kunst zu hinreißender
Darstellung brachte.

Unter diesen Anregungen der Romantik entsprang die
heutige Sprachforschung, die heutige Geschichtsforschung, das
heutige deutsche National= und Staatsgefühl und das Wieder=
erwachen des kirchlichen Lebens. Die Sonne religiöser
Aufklärung, welche die Überlieferungen des Christentums nach
ihrer Zweckmäßigkeit und Vernünftigkeit beleuchtet und nur
einige kahle Verstandeswahrheiten übrig gelassen hatte, verlor
bei hellem Tage ihren Schein. Das 19. Jahrhundert verlangte
nicht nach Kritik, sondern nach Überzeugung, nach dem Glauben
der Väter, nach dem lebendigen Brot, an dessen Stelle man
ihm einen Stein geboten hatte. Die Geheimnisse des Christen=
tums fanden wieder Gläubige, Tausende und aber Tausende.
Die Schreckensherrschaft, mit welcher die französische Revolution
geendigt hatte, die Not der großen Kriegsereignisse, welche den
Anfang des Jahrhunderts erfüllten, in Deutschland insbesondere
der mit den Freiheitskriegen verbundene sittliche Aufschwung,
all diese Ereignisse kamen hinzu, um die Furchen tiefer zu
ziehen, in denen der Same des göttlichen Wortes aufs neue
Wurzel schlagen konnte.

Die christliche Religion kam, tröstete, erquickte. Auf die
Zeit der Kritik und des Unglaubens folgte eine Zeit, welche
dem geoffenbarten, geschichtlichen, positiven Christentum mit
sehnsuchtsvollem Verlangen entgegenkam. Auf den Freiheits=
rausch, welcher in der französischen Revolution zu so furchtbarem
Ende gekommen war, folgte um so entschiedener das Begehren
nach fester, gegebener Autorität, auf die Zeit der Aufklärung
das Dürsten nach einem, das Herz erfüllenden, befriedigenden
Glauben.

So kam es, daß die katholische und die protestantische Kirche
im Anfang unseres Jahrhunderts zu neuem Leben sich erhoben.

Der katholischen Kirche kam zugleich die Begeisterung der Ro=
mantik für das Mittelalter entgegen. War doch das Mittelalter
vor allem die Zeit des Volkstümlichen, Naturwüchsigen, Wunder=
baren und zugleich die Zeit der beiden großen, weltbeherrschen=
den Autoritäten, des Kaisertums und des Papsttums, gewesen.
Von diesen beiden Autoritäten war die eine, das Papsttum,
noch am Leben. Die gewaltige geschichtliche Größe des Papst=
tums, der mächtige autoritäre Verfassungsbau der katholischen
Kirche, der Pomp des katholischen Gottesdienstes, alle Künste
in seinen Dienst rufend, Phantasie und religiöses Gefühl be=
flügelnd, — übte auf die Romantik einen unwiderstehlichen
Zauber aus. Die katholische Laienwelt entflammte sich aufs
neue für ihre Kirche, ja, eine ganze Reihe von hervorragenden
protestantischen Romantikern (Stolberg, Phillips, Friedrich von
Schlegel) trat zum Katholizismus über. Der romantische
Katholizismus begann seine Herrschaft. Er trug noch manches
von den Ideen des 18. Jahrhunderts in sich. Er versuchte es,
den Katholizismus mit der Philosophie der Gegenwart in Ein=
klang zu setzen (Hermes in Bonn). Er besaß eine innere Ab=
neigung gegen Prozessionen, Wallfahrten, Reliquienverehrung
und vor allem gegen den Jesuitenorden. Er hielt viel auf die
Grundsätze der Konzilien von Konstanz und Basel und pro=
testierte gegen eine unbeschränkte Papstgewalt. Ja, er achtete
im Grunde seines Herzens a ch den gläubigen Protestantismus
für eine Gott wohlgefällige Form des Christentums, und zahl=
reiche Beziehungen waren zwischen gläubigen Katholiken und
gläubigen Protestanten lebendig. Er war ein gemäßigter oder,
wie er später (wenig treffend) genannt wurde, liberaler Katho=
lizismus, und war erfüllt von der Überzeugung, daß die katho=
lische Kirche und der moderne Staat mit seiner Glaubens= und
Gewissensfreiheit keine unversöhnlichen Gegensätze seien. Er
meinte sogar, die modernen Freiheitsrechte am besten vom Boden
des Katholizismus aus verteidigen und begründen zu können.
Mit all diesen Anschauungen war ein entschieden gläubiges
katholisches Wesen verbunden. Der Generalvikar Wessenberg

von Konstanz stellte den voll ausgeprägten Typus dieses roman=
tischen Katholizismus in einer bedeutenden, weithin wirkungs=
vollen Persönlichkeit dar. Bis in die Mitte unseres Jahr=
hunderts ist dieser gemäßigte Katholizismus, namentlich in
Deutschland, der herrschende gewesen. Dann erst sollte er durch
den Ultramontanismus überwältigt werden.

Dem romantischen Katholizismus stand der romantische
Protestantismus zur Seite. Sein großes Werk war die
Union der beiden protestantischen Bekenntniskirchen. In Preußen
ward die Union durch die Kabinettsorder Friedrich Wilhelms III.
vom 27. September 1817 ins Werk gesetzt. Die reformierte
und die lutherische Landeskirche Preußens vereinigten sich, indem
jede ihr besonderes Bekenntnis beibehielt, zu einer „neu belebten
evangelischen Kirche", deren Ausdruck gemeinsame Kirchenver=
fassung und gemeinsames Kirchenregiment, sowie die gegenseitige
Gewährung der Abendmahlsgemeinschaft waren. Eine große
Zahl von Landeskirchen ist dem gegebenen Beispiel gefolgt, zum
Teil unter Aufhebung der formalen Geltung der Bekenntnis=
schriften (so in Baden 1821). Die treibende Kraft, welche der
Union Leben gab, war die in weiten Kreisen verbreitete Über=
zeugung von der Unerheblichkeit des Bekenntnisunterschiedes
(zwischen Lutheranern und Reformierten) für das kirchliche
Leben, zugleich das Gefühl des gemeinsamen Gegensatzes aller
Gläubigen gegen die Ungläubigen. Die unionistische Bewegung
war die bedeutende Frucht, welche der Pietismus des 18. Jahr=
hunderts, unter der Decke der Aufklärung in einer Reihe von
Kreisen noch lebendig, jetzt im 19. Jahrhundert trug, da er im
Bunde mit der romantischen Geistesströmung aufs neue sich
entfaltete. Er hat, wie einst, Großes auf dem Gebiet der
äußeren und der inneren Mission geleistet und hat, weil er die
asketischen Formen des älteren Pietismus und damit das
eigentlich „Pietistische" ablegte, in dieser seiner neuen Gestalt
als Unionismus um so größere Wirkung auf das geistige und
kirchliche Leben der Gegenwart ausgeübt.

Es war ein Irrtum, wenn man gemeint hatte, eine wesentlich

religiös bedingte Entwickelung (die Vereinigung verschiedener Bekenntniskirchen) durch kirchenregimentliche Maßnahmen herbeiführen zu können, — und die Kämpfe um die Union haben wiederholt die Schwere dieses Irrtums offenbar gemacht. Es war ebenso ein Irrtum, wenn man die Bedeutung des Bekenntnisunterschiedes für erloschen hielt: die Folgezeit hat es gezeigt. Dennoch hat die Union, ans den Kräften aufrichtig religiösen, christlichen Lebens hervorgeboren, weithin segensreiche Frucht getragen. Ihr Werk war die wechselseitige Einwirkung lutherischen und reformierten Wesens, welche das Kennzeichen der protestantischen Gegenwart darstellt, die Förderung des Austausches der Geistesgaben, der gegenseitigen Mitteilung und Bereicherung. Jetzt zogen die Verfassungsideale der reformierten Kirche (Selbstregiment der Gemeinde durch Presbyterien und Synoden) auch in die lutherischen Kreise ein, jetzt kam umgekehrt die lutherische dogmatisch gerichtete Art des Christentums, das Evangelium von der Rechtfertigung allein durch den Glauben weit allem anderen voranstellend, endgültig auch in den reformierten Kreisen zum Durchbruch.

Die Romantik bedeutete den Sieg, welchen Phantasie und Gefühl über den Verstand davongetragen hatten. Sofern die Romantik der Phantasie neue Nahrung gab, kam sie an erster Stelle der katholischen Kirche, sofern sie die Kräfte des religiösen Gefühls erregte, kam sie vor allem der protestantischen Kirche, dem neu belebten, unionistisch gerichteten, den letzten großen Heilsgütern kräftig zustrebenden Pietismus zu gute.

§ 48.

Der Liberalismus.

Die Romantik ward in den vierziger Jahren unseres Jahrhunderts durch den Liberalismus abgelöst.

Der Liberalismus knüpft an die Aufklärung des vorigen Jahrhunderts an. Er trägt die Ideen des Rationalismus in sich, aber er hat ihnen eine andere Wendung gegeben. Der Unterschied liegt vornehmlich auf dem Gebiete der politischen Verfassung.

Die Aufklärung des vorigen Jahrhunderts wollte die Leitung der gesamten Kulturentwickelung von einem einzigen Punkt aus und in einem einzigen Sinn. Die Welt sollte auf eine bestimmte Art selig werden, welche von der Staatsgewalt ihr diktiert wurde. In diesem Sinne hatte Joseph II. die aufklärerische Reform der katholischen Kirche durch die Zwangsmittel der Staatsgewalt unternommen. In demselben Sinne hatte Rousseau die Einführung einer (aufgeklärten) Staatsreligion verlangt: wer sich derselben nicht fügen wollte, sollte vom Staatsgebiet ausgeschlossen werden. Das Programm Rousseaus war von der französischen Republik durch Einführung einer „bürgerlich verfaßten" Kirche (ohne Papst und ohne Glaubensbekenntnis) zur Ausführung zu bringen versucht worden. Überall war es die zentrale Staatsgewalt, welche des gesamten geistigen, auch des religiösen Lebens in ihrem Sinne sich zu bemächtigen suchte: die Freiheit der Kirche ward zerstört. Von denselben Ideen aus ward auch die Vernichtung der Korporationsfreiheit (Vereinsfreiheit) unternommen. Keine selbständigen Verbände (wie Gemeinden, Zünfte) mehr neben und außer dem Staatsverband! Der Staat ist alles, der Staat ist omnipotent. Die Aufklärung endigt, obgleich sie von der Freiheit des einzelnen ausgeht, praktisch dennoch in der Despotie sei es des monarchischen, sei es des republikanischen Gewalthabers. Die Aufklärung ist illiberal: sie vernichtet mit der Freiheit des religiösen Lebens und des Vereinslebens die wertvollsten Äußerungen der Freiheit des Individuums.

Der Liberalismus unseres Jahrhunderts ist aus den Wirkungen hervorgegangen, welche die Zeit der Romantik auf die Ideen der Aufklärung ausgeübt hatte. Er bedeutet einen Ausgleich einerseits zwischen der Freiheit des Individuums und der Autorität, und andererseits zwischen Vereinsgewalt und Staatsgewalt.

Der Liberalismus will die Aufhebung des omnipotenten

büreaukratischen Staates, um den parlamentarischen Rechts=
staat an seine Stelle zu setzen. In dieser seiner Gegenbewegung
gegen die Anschauungen des vorigen Jahrhunderts hat er die
Freiheitsideale der Gegenwart erzeugt, in denen und von denen
wir heute alle leben: in dem angegebenen Sinne des Wortes
sind wir heute alle liberal.

Der Parlamentarismus der Gegenwart bedeutet die
Anteilnahme der Gesellschaft an der Staatsverwaltung, an der
Gesetzgebung (Parlament), an der Administration (Provinzial=
vertretung, Bezirksvertretung, Kreisvertretung, Gemeindever=
tretung), an der Handhabung der Gerichtsgewalt (Schöffen,
Geschworene): unter diesen Bedingungen hat das Individuum
seinen Frieden mit der autoritären monarchischen Staatsgewalt
geschlossen. Der Rechtsstaat andererseits bedeutet die Sicherung
einer bestimmten Rechtssphäre (eventuell durch gerichtlichen Schutz)
für den einzelnen und ebenso für den Verein. Der Gedanke
der Vereinsfreiheit, als der wertvollsten Äußerung der Einzel=
freiheit, ward aufs neue mächtig hervorgebracht. Das 18. Jahr=
hundert hatte die korporative Organisation der Gesellschaft zer=
stört, das 19. Jahrhundert machte sich an das Werk, sie auf
allen Gebieten wieder aufzurichten. Aber die Vereinsfreiheit
und Vereinsgewalt hatte sich dem modernen Staatsbegriff anzu=
passen. Der Verein soll frei sein in seinen inneren Angelegen=
heiten, aber keine Selbstherrlichkeit der Korporation, wie sie einst
das Mittelalter gesehen hatte! Vielmehr: innere Freiheit des
Vereins unter Aufsicht des Staates und mit voller Unterwerfung
des Vereinswesens unter die Staatsgesetzgebung! Der Staat
soll nicht mehr omnipotent sein, aber er bleibt souverän: er ist
nicht mehr (wie im 18. Jahrhundert) die einzige Gewalt für
das Leben der Gesellschaft, aber er bleibt die höchste Gewalt,
welcher alle andere Gewalt, auch die Korporationsgewalt, rechtlich
untergeordnet ist. Was wir heute als Freiheit des einzelnen
bezeichnen und begehren, ist durch diese Ideen des Liberalismus
in die Welt gesetzt worden, und in Deutschland war es das
Parlament der Paulskirche in Frankfurt a. M., das Professoren=

Parlament von 1848, von welchem aus diese Gedanken siegreich
ihren Einzug in das öffentliche Leben Deutschlands gehalten
haben.

Die vornehmste Anwendung der Vereinsfreiheit war in der
Kirchenfreiheit gegeben. Die Kirche sollte frei sein in ihren
inneren Angelegenheiten, wenngleich sie der höchsten Staats=
aufsicht und in bezug auf ihre gesamte äußere Rechtsstellung der
Staatsgesetzgebung unterworfen blieb. Während das 18. Jahr=
hundert die Kirche als ein Departement des allgewaltigen Staates
behandelt hatte, empfing jetzt die Kirche aufs neue innere Selb=
ständigkeit, um jedoch der Souveränetät des Staates unterworfen
zu bleiben. Die preußische Verfassung von 1850 gab die Losung
aus, welche die kirchliche Verfassungsentwickelung von nun an
beherrschte: Die Kirche ordnet und verwaltet ihre Angelegen=
heiten selbständig.

In diesem Augenblick beginnt die Entwickelung, welche in
der evangelischen Kirche nach Befreiung des inneren kirchlichen
Lebens von der Staatsgewalt, nach der Herstellung einer die
Kirche vom Staat unterscheidenden und damit innerlich selbständig
stellenden Kirchenverfassung strebt. König Friedrich Wilhelm IV.
selber erklärte sich bereit, seine Kirchengewalt in die „rechten
Hände“, nämlich, wie er meinte, in die Hände einer bischöflich
verfaßten evangelischen Kirche (unter bloßer Schutzhoheit des Landes=
herrn) niederzulegen. Doch sind diese seine Pläne „Sommer=
nachtsträume“ geblieben, wie er sie selber mit Recht bezeichnete.
Die praktische Frucht, welche die auf Loslösung der evangelischen
Kirche gerichtete Bewegung bis jetzt getragen hat, liegt vielmehr
in der presbyterialen und synodalen Organisation vor uns,
welche, in der Mehrzahl der evangelischen Kirchen Deutschlands
durchgeführt, den Vertretungskörperschaften der Gemeinde einen
Einfluß auf die kirchliche Verwaltung gegeben hat, um mit der
Beschränkung der von dem Landesherrn (als oberstem Bischof
der Landeskirche) eingesetzten kirchenregimentlichen Organe zugleich
eine Beschränkung der Gewalt des Staates über die Kirche an=
zustreben. Diese Entwickelung kann noch nicht als zum Abschluß

gelangt angesehen werden. Sie ist noch in unseren Tagen in
der sogen. Hammersteinschen Bewegung zu neuem, bedeut=
samem Ausdruck gelangt und wird nicht zur Ruhe kommen, so
lange trotz aller presbyterialen und synodalen Formen rein
staatliche Faktoren (der Staatsminister, das Parlament) den vor=
nehmsten Einfluß auf die Handhabung der Kirchengewalt aus=
üben. Es handelt sich darum, die Kirche nicht von dem Landes=
herrn (als Oberbischof), wohl aber von den Organen des kon=
fessionslos gewordenen Staates zu befreien. Diese Bewegung,
deren ideale Berechtigung zweifellos ist, würde noch mehr Kraft
und noch größere Aussicht auf Erfolg haben, wenn nicht praktisch
die Gefahr bestünde, daß die Selbstregierung der vom Staat
befreiten Kirche in Parteiregierung sich verwandelte. Die innere
Spaltung des Protestantismus hindert auch hier die kraftvolle
Organisation. Und jene Parteiregierung würde keineswegs immer
die Regierung der kirchlich gläubigen Partei sein. Jede Partei=
regierung aber, vor allem der Wechsel der Parteiregierungen
zerstört das Leben der Kirche. Der Anteil des Staates am
protestantischen Kirchenregiment erscheint als das ausgleichende
Element, welches keine der kirchlichen Richtungen zur vollen
Alleinherrschaft gelangen läßt, welches die kirchlichen Parteien
nötigt, ihren Kampf, wie es sich gebührt, nicht durch Abstim=
mungen synodaler Körperschaften und nicht mit rechtlichen Zwangs=
maßregeln, sondern mit idealen Waffen, durch Bezeugung des
Geistes und der Kraft, zu führen.

Die katholische Kirche brauchte die Verfassung, welche sie
vom Staate befreie, nicht erst zu suchen. Sie besaß dieselbe
bereits, das großartige Erzeugnis einer fast zweitausendjährigen,
stetig in derselben Richtung fortschreitenden Entwickelung. Sie
ergriff sofort Besitz von der Kirchenfreiheit, welche ihr von den
liberalen Überzeugungen der Gegenwart angeboten wurde. In
Deutschland und Österreich, in Frankreich und Belgien, ja auch
in England, wo der katholischen Kirche seit 1829 freie Bahn
zur Entwickelung gegeben ward, überall gab der Staat seine
Machtbefugnisse in der katholischen Kirche, sei es rechtlich, sei es

thatsächlich auf, und es gewann wie der katholische Glaube überall neuen Nachdruck, so der katholische Klerus eine ungeahnte Gewalt, die katholische Kirche eine Tag für Tag der Staatsgewalt mächtiger gegenübertretende Stellung. In Preußen ward durch die Verfassung von 1850 das im preußischen Landrecht niedergelegte Fridericianische System aufgegeben. Nach preußischem Landrecht war der König von Preußen der oberste Gewalthaber auch über die katholischen „Kirchengesellschaften" des Landes: der Papst war rechtlich gar nicht vorhanden und von jeder unmittelbaren Machtäußerung auf die katholische Kirche Preußens abgeschnitten. Durch die Verfassung von 1850 ist der Papst in Preußen in alle seine Rechte neu eingesetzt worden, und für den gewaltigen katholischen Kirchenkörper die freieste innere Bewegung hergestellt. Die reaktionäre Bewegung der fünfziger Jahre kam hinzu. Die katholische Kirche erschien als der Hort der Regierung, als die geborene Vertreterin des Legitimitätsgedankens. Die preußische Regierung schloß ihren Bund mit dem Katholizismus, und was die Verfassung von 1850 begonnen hatte, ward durch die Verwaltung der fünfziger und sechziger Jahre vollendet. Wie in Preußen das Fridericianische, so ging in Österreich das Josephinische System zu Grunde. Schon die Revolution von 1848 brachte durch Proklamierung des Grundsatzes der kirchlichen Selbstregierung den entscheidenden Bruch mit dem überlieferten strammen Staatskirchenrecht. Der Ausgang war das Österreichische Konkordat von 1855, welches den Kaiserstaat völlig der katholischen Kirche überlieferte und die im „göttlichen Recht" begründeten Machtbefugnisse des Papsttums für zu Recht bestehend erklärte.

Die eigentümliche Frucht des Revolutionsjahres 1848 war einerseits die volle Ausbildung des modernen Staatsgedankens und der Freiheitsrechte des Individuums, zugleich aber andererseits die mächtige Förderung der katholischen Kirchengewalt und die Wiedererweckung all ihrer mittelalterlichen Herrschaftsideale. Es war ein Irrtum in dem Ansatz der Rechnung gewesen, wenn einerseits der Liberalismus glaubte, die katholische Kirche gleich

einem gewöhnlichen Verein in den vollen Besitz der Vereins=
freiheit setzen zu können, und wenn andererseits die Regierungen
glaubten, in der katholischen Kirche die beste Bundesgenossin für
die Neuaufrichtung eines starken autoritären Staatsregiments
zu finden.

§ 49.
Der Realismus der Gegenwart.

Die Gegenwart geht in die verschiedensten Strömungen
auseinander. Aber eins ist all ihren Geistesäußerungen ge=
meinsam: das Streben, nicht bloß Vorstellungen, Theorien, Ide=
ale, sondern die lebendigen, in der Wirklichkeit uns umgebenden
Kräfte, das Reale, erfahrungsgemäß Vorhandene und erfahrungs=
gemäß Wirksame in Naturwelt und Geisteswelt zu erfassen.
Die Romantik und der Liberalismus der ersten Hälfte unseres
Jahrhunderts trugen wesentlich einen idealen, theoretischen Cha=
rakter an sich. Nach der Zeit des Idealismus sind wir heute
in die Zeit des Realismus eingetreten.

Auf dem Gebiet des Staatslebens kommt dieser Realismus
vor allem in der immer mächtiger um sich greifenden konser=
vativen Bewegung zum Ausdruck. Der Konservatismus von
heute acceptiert den Parlamentarismus und den Rechtsstaat, aber
er ist von der abgöttischen Verehrung zurückgekommen, welche
der Liberalismus, in seiner Theorie befangen, einst diesen neu
von ihm erzeugten Schöpfungen entgegengebracht hat. Der Par=
lamentarismus, d. h. die Teilnahme der Gesellschaft an der
Staatsverwaltung, erscheint uns allen heute unentbehrlich. Aber
wir haben gelernt, daß in diesen Vertretungskörperschaften der
Gesellschaft nur zu oft egoistische Interessen gewisser Gesellschafts=
kreise einerseits, und der Dilettantismus andererseits eine hervor=
ragende Rolle spielen. Wir haben gelernt, daß diese „Volks=
vertretungen" keineswegs immer die wahre Vertretung des Volkes,
d. h. des Staates, darstellen, daß immer und zu allen Zeiten
die vornehmste, wichtigste und wahrhaftigste Volksvertretung in

einem starken Königtum gegeben ist, dem geborenen Helfer
aller Schwachen und Elenden gegen alle egoistische Übermacht
der stärkeren Gesellschaftskreise. Wir haben gelernt, daß die
eigentliche Kunst und Kraft des Regiments niemals solchen Versammlungen, sondern immer nur dem geschulten, gebildeten, ge-
nialen einzelnen Staatsmann gegeben ist. Jene Versammlungen,
welche die Gesellschaft vertreten, vermögen ein wohlthätiges Kor-
rektiv, eine heilsame Schranke der regierenden Gewalt, aber niemals den Träger aus eigener Initiative hervorgehenden positiv
schöpferischen Staatsregiments darzustellen. Die Kraft des Staates
ist und bleibt die Monarchie und ihr Beamtentum, und auf dieser
durch die Erfahrung gegebenen Erkenntnis der wirklich den Staats-
aufgaben gewachsenen Mächte ruht das Wesen des Konservatismus
und zugleich seine geistige Gewalt. Es ist dieselbe Bewegung,
welche auch auf dem wirtschaftlichen Gebiete zu einem Ablenken
von der reinen, abstrakt durchgeführten wirtschaftlichen Freiheit
des einzelnen und zur Erkenntnis der von Königtum und Staat
auch hier zu lösenden großen Aufgaben geführt hat.

In der evangelischen Kirche ist der realistischen Richtung
der Gegenwart die konfessionelle Bewegung entsprungen,
welche, seit den vierziger Jahren immer entschiedener auftretend,
eine Reaktion zugleich gegen die Aufklärung des vorigen Jahrhunderts und gegen den durch theoretische und gefühlsmäßige
Ideale mitbestimmten Unionismus darstellt. Das Bekenntnis
ist die geschichtlich gegebene Grundlage der Kirche, zugleich ein
faßbarer, deutlicher Ausdruck der aus der göttlichen Offenbarung
geschöpften Wahrheiten, welche in ihr lebendig sind, eine feste
Burg, um alle Angriffe von links und rechts abzuschlagen.
Das Bekenntnis, das in demselben ergriffene, zum Panier
aufgeworfene, vor der Welt bezeugte und bekannte Evangelium,
ist die in Wahrheit regierende Großmacht in der Kirche, und
diese Großmacht gilt es wiederum auf den Thron zu setzen.
Innerhalb der protestantischen Kirche ist es vor allem das
lutherische Bekenntnis gewesen, welches sich in weiten Kreisen
mit neuem Selbstbewußtsein, neuer Überzeugungskraft und kirch-

licher Energie erfüllte, und welches gerade durch das Mittel
der Union weithin auch auf reformierte Kreise in den unierten
Landeskirchen Deutschlands gewirkt hat. Das Glaubensbekenntnis,
unter welchem die Kirche der Reformation ihre glorreichen Siege
erkämpft hatte, erhob sich inmitten der Gegenwart, — als ein
Zeichen, dem widersprochen wurde, aber fähig, die Kräfte echten
Christentums fruchtgebend zu erwecken und überall, wo es durch
lebensvolle Persönlichkeiten vertreten wurde, das Herz des
Volkes unwiderstehlich zu erobern.   Der Unterschied, welcher heute
noch zwischen der im engeren Sinne sog. konfessionellen und der
(positiv gerichteten) unionistischen Bewegung besteht, ist ein verschwindend geringer.   Auch die letztere hat ihren festen Standpunkt auf dem Boden des überlieferten Bekenntnisses der
Kirche eingenommen.

Die liberale kirchliche Partei hat infolge der realistischen
Richtung der Gegenwart ihren Charakter gleichfalls verändert.
Hier ist gegenwärtig nicht mehr die philosophische, rationalistisch
bestimmte, den Dogmen der Kirche vorwiegend negativ, aufklärerisch
gegenüberstehende Richtung in Herrschaft, wie sie in der Hauptsache durch den „Protestantenverein" vertreten wurde.   An die
Stelle dieser liberalen Theologie älteren Stils tritt immer entschiedener eine geschichtliche Richtung, welche den geschichtlichen Christus, die Herrlichkeit seiner Persönlichkeit, die Kräfte,
die von ihm ausgegangen sind, nicht rationalistisch „erklärend"
beiseite zu schieben, sondern im Wege historischer Forschung fest-
zustellen, zu ergreifen, uns vor Augen zu führen sucht, welche
der großartigen Geschichte des Christentums mit aufrichtiger Ehrfurcht gegenübersteht, und zugleich vor allem den religiösen Kern
zu erfassen bemüht ist, welcher nach ihrer Überzeugung hinter
dem Glauben der Kirche als Inhalt des ursprünglichen Christentums sich verbirgt.   In der geschichtlichen Forschung liegt die
Kraft und Gabe dieser Theologie, und in dem rücksichtslosen
Drang nach Wahrheit, welcher sie unbekümmert um irgend
welche Überlieferung nachstrebt, ihre innere Berechtigung.
Immer ist hier die Gefahr vorhanden, daß der Forscher aus

einem Theologen zum Historiker wird und Christum sowie das Christentum nicht als eine ihn selber persönlich un= mittelbar angehende Thatsache, sondern lediglich als große Gegenstände geschichtswissenschaftlicher Untersuchung vor sich sieht. Aber bei der Mehrzahl der Vertreter solcher liberaler Theologie ist heute mit der historischen die religiös=ethische Richtung eng verbunden. Auch der liberale Protestantismus sucht heute in seiner Mehrheit das Wesen der Religion nicht in gewissen Vernunftwahrheiten, sondern in dem positiven, ge= schichtlich gegebenen Christentum, wenngleich er es unternimmt, den Inhalt des letzteren in neuer Weise zu bestimmen.

So stellt auch der liberale Protestantismus, soweit er lebenskräftig voranschreitet, heute die Richtung der neueren Zeit auf das positiv Christliche dar, und ist diesem Umstande die Wirkung zu verdanken, welche auch der Liberalismus in Förde= rung des kirchlichen Interesses und Lebens geübt hat. Ja, durch das Mittel der geschichtlichen Forschung hat er auch auf den im engeren Sinne gläubigen Protestantismus entscheiden= den Einfluß zu äußern vermocht. Er ist es namentlich gewesen, welcher durch die auf den Kanon des Neuen Testaments ge= richtete historische Kritik den Beweis verstärkt hat, daß es gilt, nicht in irgend welchem formalen geschriebenen Wort als solchem, sondern, wie einst Luther es gethan, allein in dem Geist Gottes, welcher aus den Blättern des Neuen Testaments laut vernehmlich, un= widerstehlich zu uns redet, Zeugnis gebend von der in Jesu Christo dem Herrn der Herrlichkeit erschienenen Gottesgnade, die wahre Bürgschaft unseres Glaubens zu suchen.

Dennoch ruht der Aufschwung, welchen das evangelische kirchliche Wesen in unserer Zeit genommen hat, weitaus an erster Stelle auf der konfessionellen und der vorhin be= zeichneten positiv=unionistischen Bewegung. Hier hat die Wieder= geburt des Glaubens und damit auch des Lebens der Kirche sich vollzogen. Hier sind die Kräfte wirksam, welche die Kirche durch soviel Jahrhunderte siegreich hindurchgeführt. Hier ist der alte Glaube neu aufgerichtet, welcher heilkräftig und lebenspendend auf das Herz des Volkes heute wirkt wie einst. Die kirchliche Kraft, welche dieser positiven, an letzter Stelle auf die Konfession hindrängenden Bewegung innewohnt, hat ihr denn auch die Vorherrschaft in der evangelischen Kirche gegeben. Die beiden Richtungen, in welche sie noch gespalten ist und welche sich noch mannigfach gegnerisch gegenüberstehen, tragen dazu bei, nicht bloß den Kampf, sondern ebenso die gegenseitige Berichtigung und Ergänzung herbeizuführen.

Wie in der protestantischen, so ist auch in der katholischen Kirche seit den fünfziger Jahren immer entschiedener die Richtung auf das geschichtlich gegebene Bekenntnis der Kirche hervorgetreten. Aber dieselbe Geistesrichtung, welche in der evangelischen Kirche eine Neubelebung wahrhaft geistlichen, kirchlichen Lebens bewirkt hat, führte in der katholischen Kirche zu dem mit weltlichen Herrschaftsgelüsten sich erfüllenden Ultramontanismus, welcher keine Zugeständnisse mehr an die Bildungs- und Freiheitsideale der Gegenwart kennt, obgleich er es versteht, die von der modernen politischen Entwickelung ihm dargebotenen Freiheitsrechte für seine Zwecke meisterlich zu benutzen, — welcher namentlich zu gunsten des modernen Staates und zu gunsten des Protestantismus (welcher ihm nur Revolution und Antichristentum ist) keinerlei Abschwächung der katholischen Grundsätze mehr duldet. Der Ultramontanismus ist der konfessionelle, herrschbegierige, unduldsame Katholizismus, welcher aufs neue die volle Unterwerfung des Individuums, der Welt unter die höchste Autorität der Kirche fordert. Der Pontifikat Pius IX. (1846—1878) hat dadurch seine weltgeschichtliche Bedeutung, daß er diese ultramontane Bewegung zum Siege geführt und den romantischen, gemäßigten, sog. liberalen Katholizismus vernichtet hat. Sein Bundesgenosse war der (1814 durch Pius VII. wiederhergestellte) Jesuitenorden, dessen Ideale er verwirklichte. 1864 ward das „Verzeichnis der Irrtümer" (Syllabus errorum) veröffentlicht, welches den modernen Staat und die moderne Glaubens- und Gewissensfreiheit verdammte. Das entscheidende

Ereignis, welches den Sieg des Ultramontanismus besiegelte, war die auf dem vatikanischen Konzil (1870) durchgesetzte Verkündigung des Dogmas von der päpstlichen Unfehlbarkeit, des alten Lieblingsdogmas der Jesuiten. Das Dogma von der Unfehlbarkeit bedeutet, daß auch die dogmatische Entscheidung des Papstes als solche, ohne Zustimmung eines allgemeinen Konzils, für die ganze Kirche verbindlich ist, sobald der Papst ex cathedra, d. h. in der erkennbaren Absicht gesprochen hat, die ganze Christenheit über eine Frage des Glaubens oder der Sitten zu belehren. Eine unendliche Fülle von Konsequenzen schließt dies Dogma in sich, da es die Unfehlbarkeit der Päpste nicht bloß für die Zukunft, sondern als ursprünglichen Glaubensinhalt des Christentums auch für die ganze Vergangenheit definiert. Die sämtlichen Päpste von dem Apostel Petrus an, welcher den Katholiken der erste Papst ist, bis auf die Gegenwart sind nach der durch das Vatikanum geschaffenen Lehre bereits unfehlbar gewesen. So war denn auch z. B. Papst Bonifacius VIII. unfehlbar, als er im Jahre 1302 seine Bulle Unam sanctam an die Christenheit richtete, um die Überordnung der geistlichen Gewalt über die weltliche zu proklamieren. Durch das Mittel des Unfehlbarkeitsdogmas erhebt sich das Gregorianische System, erhebt sich die Kirche des Mittelalters gewaffnet aus ihrem Grabe, um ihre einstige Herrlichkeit von der lebendigen Welt der Gegenwart zurückzufordern.

Der gemäßigte Katholizismus der ersten Hälfte unseres Jahrhunderts, welcher die Vereinbarkeit des Katholizismus mit den Überzeugungen der Gegenwart, mit dem modernen souveränen Staat und der modernen Glaubens= und Gewissensfreiheit behauptet hatte, war auf dem vatikanischen Konzil durch die Verkündigung der Unfehlbarkeit zum Tode verurteilt worden. Ein Aufschrei des Schreckens ging durch die gebildete katholische Welt, vor allen Dingen in Deutschland. Der romantische Katholizismus war noch da. Er empörte sich gegen das neue Dogma, welches zu glauben ihm im Wege formaler Gesetzgebung auferlegt wurde. Die Antwort, welche er auf das vatikanische

Konzil gab, war der Altkatholizismus, welcher das vatikanische Konzil für ungültig und das Dogma von der Unfehlbarkeit für unverbindlich erklärte. Doch vergeblich. Das vatikanische Konzil hatte in allen Stücken die rechtlichen Erfordernisse eines allgemeinen Konzils erfüllt. Dem Beschluß des Konzils war dann in allen Teilen der katholischen Welt die Annahme des neuen Dogmas auf dem Fuße nachgefolgt. Die Kirche hatte gesprochen, und an die Kirche und ihre Lehre glauben, das heißt ein Katholik sein. Vom Boden des Katholizismus ans war das neue Dogma unangreifbar, weil die Lehre von der Unfehlbarkeit der Kirche die Grundlehre des Katholizismus ist. Gegen dieses Dogma hatten die Reformatoren ihren gewaltigen Angriff gerichtet und die protestantische Welt von der formalen gesetzgeberischen kirchlichen Lehrgewalt befreit. Jetzt zeigte sich lediglich, zu welchen Folgerungen die Unfehlbarkeit der Kirche führte. Das Vatikanum war die notwendige Konsequenz des Tridentinum. Hatte der Katholizismus im 16. Jahrhundert die Reformation abgelehnt, um sich ausschließlich auf das Prinzip der Autorität der Kirche zu stellen, so mußte dies Autoritätsprinzip, die Seele des modernen Katholizismus, seine Vollendung und volle Entfaltung fordern. Die päpstliche Unfehlbarkeit ist diese Vollendung des tridentinischen Katholizismus: in dem unfehlbaren Papst ist die kirchliche Autorität Fleisch geworden, damit sie jeden Augenblick gegenwärtig, jeden Augenblick bereit sei, dem Individuum und seinen Zweifeln, der Gegenwart und ihrer Kritik mit voller Wirkung gegenüberzutreten.

Es war geschichtliche Notwendigkeit, daß das Werk, welches mit dem tridentinischen Konzil seinen Anfang genommen hatte, in dem Ultramontanismus der Gegenwart endigte.

Auch der moderne Staat fühlte sich angegriffen. In Österreich ward (1870) das Konkordat von 1855 gekündigt. In Preußen entbrannte infolge des Auftretens einer entschieden ultramontan gerichteten, mit allen Elementen der Opposition gegen das neu gegründete Reich sich verbündenden politischen Partei der Kulturkampf. Die Zentrumspartei sollte ange-

griffen, aufgelöst, vernichtet werden. Zu diesem Zweck ward
der Kampf gegen die katholische Kirche aufgenommen, und zwar
durch einen Angriff auf den Punkt, an welchem sie am unver-
wundbarsten war, auf ihre Organisation. Darin lag der
doppelte Fehler der preußischen Maigesetzgebung von 1873,
welche überdies, um die Zahl der Mißgriffe voll zu machen,
der „Parität" halber, auch der evangelischen Kirche auf den
Hals gelegt wurde. Die Maigesetzgebung war der verfehlte
Versuch, das geistliche Amt (seine Vorbildung, seine Verleihung,
seine Handhabung) in Abhängigkeit von der Staatsgewalt zu
bringen. Als ob es möglich wäre, im Wege der Staatsgesetzgebung den ultramontanen Katholizismus, welcher in den Reihen
der katholischen Geistlichkeit groß geworden war, in eine Art
Staatskatholizismus zu verwandeln! Heute ist der Fehler allgemein anerkannt worden. Die achtziger Jahre haben uns eine
rückläufige, „revidierende" Gesetzgebung gebracht, so daß heute
von den Maigesetzen nur noch der „Schutt" übrig ist. Aber
die Folgen der Maigesetzgebung sind damit nicht aus der Welt
geschafft worden. Und diese Folgen sind vor allem an dem
ins Maßlose gesteigerten Selbstgefühl des Katholizismus sichtbar.
War es ihm, und zwar vornehmlich unter der Führung seines
„Friedenspapstes" Leo XIII. (seit 1878), doch gelungen, den
mächtigsten Staat der Gegenwart und den größten Staatsmann
des Jahrhunderts zu besiegen! Der Sturm des Kulturkampfes
ist vorüber, aber noch braust das Meer des Katholizismus in
mächtigen, langgezogenen Wellen. Er hofft, vor allem in Deutschland, den Protestantismus zu überwältigen. Eine katholische
Presse ist groß geworden, um mit allen Mitteln den Protestantismus zu verunglimpfen und den Katholizismus als den einzigen Hort der Wahrheit erscheinen zu lassen. Der Presse steht
eine wissenschaftliche Litteratur zur Seite, welche mit der gleichen
Entschiedenheit die Verherrlichung des Papsttums und die Be-
schimpfung der Reformation sich zur Aufgabe gesetzt hat. Die
Waffen hat sie dem Protestantismus entlehnt. In der gleichen,
streng quellenmäßigen Methode, welche von der protestantischen

Geschichtschreibung gehandhabt wird, soll nunmehr der Gegen=
beweis gegen die protestantische Geschichtsauffassung und der
Beweis erbracht werden, daß die Reformation vielmehr das Ver=
derben und das Papsttum das Heil der Menschheit ist. Ver=
geblich! Das Buch von Janssen hat lediglich den Beweis
geführt, daß es möglich ist, Quellencitate zu häufen und doch
der Wahrheit in das Angesicht zu schlagen.

Aber gefährlicher noch als diese Siegeszuversicht des Katho=
lizismus ist das Entgegenkommen, welches die katholische Kirche
neuerdings wieder von staatlicher Seite findet. Trotz all der
Erfahrungen der Vergangenheit scheinen in Preußen die fünf=
ziger Jahre mit ihrer grundsätzlichen Begünstigung des Katho=
lizismus sich wiederholen zu sollen. Auf die Zeit des Kultur=
kampfes ist eine Zeit entschiedenster Liebeswerbung um die
katholische Kirche gefolgt. Von deutscher Seite ward Papst
Leo XIII. als Schiedsrichter in der Karolinenfrage angerufen.
Mit welchen Huldigungen ward Bischof Kopp umgeben, als er
über die Revision der Maigesetzgebung verhandelte! Wie ist
der Ton der Presse, der offiziösen und auch der nichtoffiziösen,
wie ist vor allen Dingen der Ton der Verwaltung gegen die
katholische Kirche ein so ganz anderer geworden!

Es ist erklärlich, daß die protestantische Gegenströmung
täglich mächtiger wird. Aus der Überzeugung, daß es eines
Kampfes bedarf, und daß es gilt, gerüstet zu sein, ist der evan=
gelische Bund hervorgegangen, zu welchem sich Männer der
verschiedensten kirchlichen Stellung verbunden haben, — wenn=
gleich es leider auch hier nicht möglich gewesen ist, die volle Einig=
keit hervorzubringen. Von der gleichen Überzeugung ist die sogen.
Hammersteinsche Bewegung getragen, von der schon vorhin
die Rede war. Sie will eine rein kirchliche Organisation,
Befreiung von der Herrschaft staatlicher Organe, um die Kirche
leistungsfähiger für die großen Werke der inneren Mission und
zugleich für den weltgeschichtlichen Kampf mit dem Katholizismus
zu machen.

Die Zuversicht aber des Protestantismus ist nicht jenes

Bündnis, noch diese Organisation, sondern das Evangelium von
der Rechtfertigung allein durch den Glauben. Das ist die unzer=
störbare Kraft unserer Kirche, durch welche sie leben wird bis
an das Ende der Tage. Kampf wird ihr nicht erspart werden.
Aber den Kampf scheut sie nicht. Mit der Verkündigung des
Unfehlbarkeitsdogmas hat der Katholizismus einen Höhepunkt
seiner Entwickelung erreicht. Weiter kann das Autoritätsprinzip
nicht mehr gesteigert werden. Nachdem diese äußerste Spitze
erreicht worden ist, muß notwendig ein Rückgang folgen, und
gerade die Übertreibung des Autoritätsprinzips wird die trei=
bende Kraft zu diesem Rückgang sein. Wir haben sie kommen
sehen im Laufe dieses Jahrhunderts, die Wasser des Ultramon=
tanismus. Sie sind nicht von Ewigkeit her, sie sind von gestern.
Erst in den fünfziger Jahren sind sie groß und größer geworden.
Wie sie gekommen sind, so werden sie wieder gehen, und eins
ist gewiß: gegen die evangelische Kirche werden sie ohnmächtig
sein, denn unser Haus ist auf einen Felsen gegründet, — auf
Christum, unsern Herrn.

§ 50.

Die Kirche und die Gesellschaft.

Suchen wir den großen Gang der Entwickelung, wie er
seit den Zeiten des Mittelalters bis auf unsere Tage für die
Stellung der Kirche zu den übrigen Großmächten der mensch=
lichen Gesellschaft sich vollzogen hat, rückblickend zu überschauen,
so nehmen wir wahr, daß in der Geschichte des Verhältnisses
zwischen Staat und Kirche um die Mitte unseres Jahrhunderts
eine große Epoche ihren Abschluß gefunden hat. Einst stand
der noch unmündige Staat unter der Herrschaft der Kirche. Es
war die Zeit Gregors VII. und Innocenz III. Dann hat der
mündig, ja allgewaltig werdende Staat die Kirche seiner Herrschaft
unterworfen: eine Entwickelung, welche im 14. Jahrhundert
anhebt, um im 18. Jahrhundert ihren Höhepunkt zu erreichen.
Wir sehen zuerst den Staat durch die Kirche, sodann die

Kirche durch den Staat beherrscht. Diese Formen des Verhältnisses von Staat und Kirche haben sich beide aus= gelebt. Seit der Mitte unseres Jahrhunderts ist eine Be= wegung in den Vordergrund getreten, welche, wenngleich unter schwerem Ringen, die Befreiung des eigentümlich kirchlichen Lebens vom Staat, und ebenso des eigentümlich staatlichen Lebens von der Kirche, in diesem Sinne die freie Kirche im freien Staat sich als letztes Ziel gesetzt hat, — eine Bewegung, der die allgemeine Entwickelung des Korporationswesens zu Hilfe kommt, deren Idee heute ist, die innere Freiheit des Vereinslebens mit der Souveränetät des modernen Staates zu vereinigen.

Der Staat ist nicht die einzige, ja nicht die mächtigste Macht, mit welcher die Kirche sich auseinanderzusetzen hat. Weit mehr als vom Staat ist die thatsächliche Stellung der Kirche von den vorherrschenden Anschauungen der Zeit, von dem allge= meinen Gang der Bildung und Gesittung abhängig, mit welchem sie in unausgesetzter Wechselwirkung sich befindet. Hier ist das Gebiet, wo die Kirche den Beruf hat, die ihr eigentümliche Kraft voll zu entfalten, und wo sie zugleich seitens anderer geistiger Mächte ihrerseits die stärkste Einwirkung erfährt.

Die Gegenwart zeigt auch in dieser Hinsicht ein neues Gepräge. Die großen herrschenden geistigen Strömungen der früheren Jahrhunderte sind entweder von der Kirche selber her= vorgebracht, oder sie sind von der Kirche geteilt worden, so daß die Kirche der früheren Jahrhunderte die gleiche geistige Farbe trägt, wie der Strom der Zeit, in welchem sie sich befindet. So hat im Mittelalter und auch im Zeitalter der Reformation die für die Zeit den Ton angebende Geistesströmung in der Kirche ihren Ursprung genommen. Der Humanismus, welcher eine Zeitlang der Kirche selbständig gegenüberstand, ist durch die Reformation in den Dienst der protestantischen Kirche ge= zogen worden. Umgekehrt hat im 18. Jahrhundert die Kirche den Rationalismus der Aufklärungs=Epoche in sich aufgenommen, und ist damit ihrerseits der weltlichen Bildung dienstbar ge=

worden. Wir sehen zunächst die Bildung beherrscht durch
die Kirche, sodann die Kirche beherrscht durch die Bil=
dung ihrer Zeit. Auch hier scheint jetzt die große Trennung
sich vorzubereiten. Dem Aufschwung des kirchlichen Lebens,
welchen unser Jahrhundert gebracht hat, ist eine seit der Mitte
des Jahrhunderts immer mächtiger werdende Gegenströmung
gegenübergetreten, welche der kirchlichen und christlichen, ja der
religiösen Weltanschauung überhaupt feindlich entgegentritt, welche,
nicht auf die Naturwissenschaft (denn diese vermag auf solche
Fragen überhaupt keine Auskunft zu geben), sondern auf Natur=
philosophie gegründet, es unternimmt, ein Weltbild zu entwerfen,
— das materialistische, — in welchem Gott und Geist, und
damit die Voraussetzungen von Religion und Sittlichkeit über=
haupt verschwunden sind.

Während noch im vorigen Jahrhundert die gebildete Gesell=
schaft in bezug auf ihre Weltanschauung ein einheitliches Ge=
präge trug, zu dem gemeinsamen Bekenntnis von Gott, Freiheit
und Unsterblichkeit sich zusammenfindend, geht heute durch die
gebildeten Kreise ein tiefer Riß. Auf der einen Seite ist der
kirchliche Glaube mit seinem positivchristlichen Inhalt wieder
eine Macht, eine weithin wirkende Macht geworden, vor welcher
die Religion der Aufklärung verschwunden ist. Dieser Seite
gehören alle kirchlichen Richtungen an: auf dem äußersten rechten
Flügel der katholische Ultramontanismus, auf dem äußersten
linken Flügel die liberale protestantische Theologie. Auf der
anderen Seite hat sich der Unglaube erhoben, weite Kreise be=
herrschend, immer entschiedener sich geltendmachend, um nicht
bloß den kirchlichen Glauben, sondern überhaupt den Glauben
an einen persönlichen Gott abzuthun und die ganze Welt als
Ergebnis einer rein mechanischen Entwickelung zu begreifen.

Und dieser Konflikt der beiden entgegengesetzten Weltan=
schauungen ist bereits aus den Kreisen der Gebildeten in die
Massen der Nation hinausgetragen. Daraus ergibt sich die
Situation und zugleich das Verhängnis der Gegenwart.

Die Geschichte der Kirche ist stets zugleich die Geschichte

der Grundlagen des sittlichen Volkslebens gewesen. Der Geist der gesamten abendländischen Kulturentwickelung spiegelt in der Kirchengeschichte sich wider. Sage mir, wie dein Glaube ist, so will ich dir sagen, wes Geistes Kind du selbst bist. Sage mir wie deine Kirche ist, so will ich dir sagen, wes Geistes Kind dein Volk ist. Nicht was der Mensch weiß, sondern was der Mensch glaubt, bestimmt den Wert des Menschen und gibt seinem Dasein Kraft und Inhalt. Das ganze Gebiet der Sittlichkeit ist ein Gebiet des Glaubens, dieser unbeweisbaren, unmotivier= baren, nicht durch die Logik noch durch den Verstand verfecht= baren, lediglich kategorischen, nur durch ihren Inhalt, nicht durch Gründe Zustimmung fordernden Überzeugungen. Aber gerade diese Überzeugungen sind es, welche die Charakterenergie des Individuums und der Nation hervorbringen, von denen der einzelne lebt wie sein Volk. Wir leben nicht von dem Sicht= baren, sondern von dem Unsichtbaren, welches keines Menschen Ohr gehört, keines Menschen Auge gesehen und noch von keines Menschen Verstand begriffen worden ist.

Die Geschichte der Kirche ist die Geschichte der Vergangen= heit. Ihre Geschichte wird auch die Geschichte der Zukunft sein. Die Summe der Kirchengeschichte ist der Satz, daß die Mächte, welche über die Entwickelung der Gesellschaft entscheiden, nicht in der verstandesmäßigen Erkenntnis, sondern in dem religiösen und sittlichen Leben liegen, und daß die Großmacht unter allen sittlichen und religiösen Mächten im Christentum zur Welt ge= boren worden ist.

§ 51.

Die Situation.

Wem soll ich unsere Gesellschaft vergleichen? Ich vergleiche sie dem Erdball, auf dem wir wohnen. Eine dünne Rinde um einen ungeheuren feurig=flüssigen, vulkanisch gährenden, revolu= tionären Kern. Äußerlich alles Ordnung, Friede, Blühen und Gedeihen; aber ein Moment, und die elementaren titanischen

Kräfte der Unterwelt haben die ganze Herrlichkeit in Schutt und Asche verwandelt. Nur wenige sind es, welche die besitzende, regierende, genießende, am öffentlichen Leben Anteil nehmende Gesellschaft bilden; die Masse stellt den Lastträger, zugleich den übermächtigen Feind der Gesellschaft dar.

So ist es zu allen Zeiten gewesen. Die Gesellschaft pflegt sich in dem Wahne zu gefallen, daß sie das Volk sei und daß ihre Interessen mit den Interessen des Volkes identisch seien, bis eine revolutionäre Erschütterung des Bodens, auf dem sie stand, ihr zeigt, daß sie nicht das Volk war, sondern nur die dünne Rinde um den feurig gährenden Kern.

Im Mittelalter bildeten nur zwei Stände die Gesellschaft: Adel und Geistlichkeit. Sie waren die allein besitzenden und die allein regierenden Klassen. In ihren Händen war der Grundbesitz, das einzige Besitztum, welches dem Mittelalter bekannt war, und mit dem Grundbesitz war im Mittelalter die obrigkeitliche Herrschaft verbunden. Sie waren auch die allein gebildeten Klassen: außer den kirchlichen und ritterlichen Kreisen gab es im Mittelalter keine selbständige Bildung. Sie identifizierten sich mit der Nation. Ihre Geschichte erschien als mit der Geschichte der Nation gleichbedeutend. Der dritte Stand war noch geistig leistungsunfähig und darum auch regierungsunfähig und von der Gesellschaft des Mittelalters ausgeschlossen.

Die deutsche Reformation des 16. Jahrhunderts war die erste große Bewegung gewesen, an welcher, und zwar gerade in Deutschland, das Bürgertum selbständig entscheidend sich beteiligte. Die Reformation schloß in den deutschen Städten mit dem Humanismus ihren Bund, und mit der lutherischen Kirche wuchs eine deutsche nationale Bildung empor, welche bestimmt schien, die geistige Großmacht der deutschen Zukunft zu werden. Aber dieser ganzen Entwickelung ward durch den dreißigjährigen Krieg ein jähes Ziel gesetzt. Elend, gebrochen, entkräftet ging die Nation aus dem furchtbaren Jammer des großen Krieges hervor. Sie war bettelarm geworden, wirtschaftlich und geistig. War sie im 16. Jahrhundert die geistige Führerin der Völker

des Abendlandes gewesen, jetzt war das Zepter von ihr ge=
nommen worden.   Anstatt der deutschen Bildung trat seit dem
17. Jahrhundert die Bildung Englands und Frankreichs be=
herrschend in den Vordergrund.   In England war die Philo=
sophie groß geworden, aus welcher die Aufklärung hervorging,
deren Inhalt dann durch die französische Litteratur im 18. Jahr=
hundert Gemeingut des gebildeten Europa wurde.   Auch Deutsch=
land ward ein Lehrling und Sklave der Bildung, welche von
Frankreich her uns dargeboten ward.

Aber diese Bildung trug die Revolution unter ihrem Herzen.
Die Aufklärung des 18. Jahrhunderts hatte aufs neue eine Ent=
deckung gemacht, welche bereits in der Bildung des Altertums
und in dem Humanismus des 15. Jahrhunderts keimartig ent=
halten gewesen war, die Entdeckung des Menschen: daß auch in
den Kleidern des Adligen ebenso wie in dem Talar des Geist=
lichen nur ein Mensch stecke, derselbe Mensch, wie in dem Rock
des Bürgerlichen, nicht besser geboren, nicht besser beanlagt, nicht
besser berechtigt.   Die Idee der Freiheit, Gleichheit und Brüder=
lichkeit kam auf und eroberte die Welt.   Sie war schon immer
dagewesen, vor allem das Christentum hatte sie gelehrt.   Aber
nun ward sie zu einer Macht des öffentlichen Lebens, und der
Antrieb, welchen sie jetzt in sich trug, war nicht die Liebe zum
Nächsten, sondern der Haß gegen die Bevorrechteten.   Noch galt
die alte Gesellschaftsordnung, noch war die Macht des Gemein=
wesens in den Händen von Adel und Geistlichkeit, in Frankreich
noch mehr als in Deutschland.   Aber der dritte Stand hatte
sich selber mit der ganzen Kraft, die er in sich trug, wahrge=
nommen.   Er fühlte sich als die Nation, er war der Vertreter
der Idee, welcher das Jahrhundert gehörte: der berauschenden
Idee der Freiheit und Gleichheit.   Ein neues geistiges Prinzip,
ein Gedanke war da, welcher bereit war, den dritten Stand jetzt
endlich zum Herrn der Gesellschaft zu erheben.

Der Boden zitterte, und mit einem Schlage war die Ge=
sellschaftsordnung, welche ein Jahrtausend lang das Abendland
beherrscht hatte, vernichtet.   Weshalb so plötzlich?   Weshalb so

mit einem Mal, daß Adel und Geistlichkeit fast nicht einmal
zur Verteidigung ihrer altererbten Privilegien gelangten? Lediglich deshalb, weil die herrschenden Stände, Adel und Geistlichkeit, selbst von der Idee erfüllt waren, durch welche ihre
ganze Machtstellung vernichtet werden sollte. Die Gedanken der
Aufklärung von Freiheit, Gleichheit und Brüderlichkeit waren in
den Salons der Vornehmen groß geworden, und die herrschenden
Klassen waren es, welche durch ihre Litteratur sich selbst den
Untergang predigten. Die Schlacht war schon entschieden, bevor
es noch zum Schlagen kam; denn die Ideen sind es, welche die
Weltgeschichte regieren. Der dritte Stand fand keinen widerstandsfähigen Gegner, weil er nur das Urteil vollstreckte, welches
die herrschenden Stände selbst bereits gesprochen hatten.

Seit dem Ende des vorigen Jahrhunderts ist der dritte
Stand immer entschiedener in die Herrschaft über das Gemeinwesen eingetreten. Er ist heute die Gesellschaft. In seine Reihen
sind Adel und Geistlichkeit wesentlich unterschiedslos aufgenommen
worden. Er setzt sich als gleichbedeutend mit dem Volk. Als
Volksrechte hat er die Befugnisse in Anspruch genommen, welche
die konstitutionellen Staatsverfassungen ihm gewähren. Mit
seinen Interessen will er die Interessen der Nation verteidigen,
und wenn seine Rechte im Staat gewahrt sind, so scheint ihm
das Ziel der nationalen politischen Entwickelung erreicht.

Und doch ist der dritte Stand nicht das Volk. Er ist in
derselben Selbsttäuschung befangen, wie einst Adel und Geistlichkeit. Der dritte Stand macht nur die zehn Prozent der
Bevölkerung, ihm stehen die neunzig Prozent der „Enterbten“,
die ganze Volksmasse gegenüber. Auch der dritte Stand ist nur
die dünne Rinde um den ungeheuren Kern.

Die Proletarier sind das Volk! Die Besitzlosen und die
Ungebildeten sind das Volk! Sobald allein das Kopfzahlprinzip
entscheiden soll, so stellen die Rechte und Interessen des dritten Standes
vielmehr den Gegensatz der Volksrechte und der Volksinteressen
dar. Der vierte Stand ist das Volk!

Und schon hat der vierte Stand sich selbst erblickt. Er

hat sich selbst bereits als das eigentliche Volk erkannt. Die Arbeiterbataillone sind im Begriff, sich zu formieren, um den Monarchen der Gegenwart, den dritten Stand, von seinem Thron zu stoßen. Immer lauter kündigt sich die Bewegung an, deren Ziel ist, die ganze Gesellschaftsordnung, Staat, Kirche und Familie zu zerstören, weil alle diese Träger unserer Bildung und Gesittung den Führern des Anarchismus lediglich als die Machtmittel des auf den Tod gehaßten Gegners, des dritten Standes, erscheinen.

Wird der dritte Stand dem Andrängen des vierten Standes gegenüber fähig sein, sich erfolgreich zu verteidigen? Werden wir im stande sein, nicht bloß unseren Besitz, sondern was weit mehr ist, unsere Religion, unsere Familie, unsere Bildung, unsere Freiheit gegen die anstürmenden Massen mit starker Hand zu schützen? Mit anderen Worten: wird die Revolution des 19. Jahrhunderts, der wir entgegen zu treiben scheinen, ein anderes Ende nehmen, als die des achtzehnten?

Eins ist gewiß: daß nämlich die Entscheidung nicht durch die Bajonette und nicht durch äußere Machtmittel, sondern allein durch die Stellung gegeben werden wird, welche wir, welche unsere Gesellschaft zu der großen Geistesströmung, zu den Ideen einnehmen, deren Geschichte die Geschichte unseres Jahrhunderts sein wird.

Auch das 19. Jahrhundert hat eine Entdeckung gemacht, die Entdeckung der Materie: nämlich, daß die Materie Gott ist. Dieser ganze wunderbare Himmel mit all' den Sternenwelten, welche er einschließt, wer hat ihn geschaffen? Die Materie. Wir selbst, noch wunderbarer, unergründlicher Kräfte und Geheimnisse voll, eine Welt von Liebe und von Haß, von Sünde und von unauslöschlicher Gottessehnsucht in uns tragend: wer hat uns geschaffen? Die Materie. Unser Leben, wer führt es, unser Schicksal, wer wird es bestimmen, unser Glück und Elend, Leben und Tod, wer wird darüber zu Gericht sitzen? Immer wieder die Materie, die erbarmungslose, die unerbittliche, in das eiserne Gesetz der Notwendigkeit geschmiedete, tote, unbewußte,

absolut dumme Materie. Nicht ein bewußter Wille regiert die
Welt, sondern das Unbewußte, nicht die göttliche Weisheit, sondern
die vollkommene Unweisheit. Ein Spiel der Atome, das ist
alles. Mit einem Mal ist die Welt tot und hat die Sonne
ihren Schein verloren. Nehmen wir Gott aus der Welt, so ist
mit dem lebendigen Gott auch die uns tragende, unserem Geist
verwandte, sympathisch uns erquickende Welt verschwunden. Ein
Räderwerk ist übrig geblieben. Ja, wir selbst sind tot. Unser
Leben ist eine Selbsttäuschung, unser Geist ist nicht da, nur der
Leib, mechanisch fungierend, nicht denkend, sondern phosphores=
zierend, irrlichterierend, ist übrig geblieben. Nicht wir sind es,
die uns selbst beherrschen und bestimmen, sondern die unwandel=
baren Gesetze der Materie. Eine mechanische Entwickelung hat
uns geschaffen, eine ebenso mechanische Entwickelung wird uns
vernichten. Was sind wir? Eine Welle in dem endlosen Meer
der Materie, auftauchend, um auf ewig wieder zu verschwinden.
Die ganze Welt ist ein offenes Grab geworden und der Welt=
frost schauert uns an.

Eine furchtbare Moral ist aus dieser Weltanschauung, aus
dieser vermeintlichen Entdeckung des 19. Jahrhunderts hervor=
gegangen, und schon fehlt es nicht an Stimmen, welche sie öffent=
lich verteidigen. Diese Moral lautet: Der Kampf um das Da=
sein ist das Weltgesetz und zugleich das Entwickelungsgesetz.
Durch den Kampf um das Dasein wird das Geringe, Schwache,
des Daseins nicht Würdige vernichtet werden, das Große, Starke,
des Daseins und der Zukunft Fähige aber übrig bleiben. Der
Kampf um das Dasein ist das große Läuterungsfeuer, die Welt
von allem Elenden, Mißgeborenen zu reinigen. Also: hinein
in diesen Kampf mit aller Kraft! Schaffst du dir Bahn, so
bist du der Edlere, Größere, Würdigere. Hinein in diesen
Kampf, um das Elende und das Geringe vollends zu zertreten,
so arbeitest du mit an der großen und alleinigen Aufgabe der
Weltgeschichte. Der einzelne hat seine Kräfte nicht, damit er
seinem Nächsten diene, sondern damit er seinen Nächsten um=
bringe. Wer übrig bleibt im Kampf ums Dasein, der hat recht

gehabt. Macht ist Recht. Der Moral des Christentums ist die Moral des Antichristentums gegenüber getreten.

Noch eine andere Nutzanwendung liegt in der materialistischen Weltanschauung enthalten. Gibt es keinen Gott und keinen Geist und kein ewiges Leben, so gibt es auch keine Religion und keine Sittlichkeit und kein Recht. Wie kann die Materie sittlich sein? Wie können den Atomen verbindliche Rechtsgesetze gegeben werden? Der Egoismus, welcher in dem Kampf um das Dasein jedem einzelnen die Kraft gibt, ist das allein berechtigte Prinzip und die irdische Glückseligkeit das einzige Ziel des Menschen.

Diese Moral ist der Punkt, wo der Materialismus und der Atheismus populär wird. Hier packt er die Volksmassen an ihren mächtigsten Instinkten. Und schon hat dies neue Evangelium des 19. Jahrhunderts seine Gläubigen gewonnen. Schon hören wir die Arbeitermarseillaise mit ihrem Refrain: wir wollen auf Erden glücklich sein und wollen nicht mehr darben. In diesem Evangelium aber liegt die Kraft der Bewegung des vierten Standes gegen uns. Eine Idee ist es, durch welche wir angegriffen werden.

Werden wir der Revolution des vierten Standes gegenüber widerstandsfähig sein? Diese Frage ist mit der anderen identisch: werden wir widerstandsfähig sein gegen die Ideen des Materialismus, welche, einem Sturme gleich, die wogenden Volksmassen gegen uns herantreiben? Die soziale Reform, die wirtschaftliche Gesetzgebung, an der wir heute arbeiten, ist zweifellos von der größten praktischen Bedeutung. Aber ebenso zweifellos liegt hier die letzte Entscheidung nicht. Die letzte Entscheidung liegt vielmehr in den Ideen, welche uns selbst beherrschen, welche wir verteidigen, indem wir zugleich noch weit mehr von ihnen verteidigt oder aber gerichtet werden.

Nun ist gewiß, daß das Christentum eine solche übermächtige geistige Gewalt ist, welche uns in ihren Schutz nimmt, indem wir ihr Panier entfalten. Aber: sind wir noch Christen? Das ist die große Frage, vor welche uns die Gegenwart unmittelbar

hinführt. Mit der Beantwortung dieser Frage sprechen wir uns
selbst das Gericht. Die Frage lautet genauer: ist unsere Gesellschaft noch christlich, ist der dritte Stand noch getragen von der
weltüberwindenden Kraft des christlichen Glaubens? Sobald wir
diese Frage stellen, erkennen wir das ganze Verhängnis des
Augenblicks.

Wo hat denn die Lehre des Materialismus ihren Ursprung
genommen? Gerade in den Kreisen des dritten Standes. Wo
wird der Atheismus, verschleiert oder unverschleiert, am ein-
dringlichsten gepredigt? Gerade in den Kreisen der Gebildeten
und der Besitzenden. Der Glaube an die Substanz und an die
Atome hat den Glauben an den lebendigen Gott verdrängt, und
das neue Evangelium von der Selbsterlösung durch Resignation
und Selbstvernichtung findet gerade unter den Trägern der
heutigen Kultur mehr andächtige Hörer, als das uralte und doch
ewig junge Evangelium von der Erlösung durch Jesum Christ.
Aus den Kreisen des dritten Standes selbst sind die Gedanken
hervorgegangen, welche nun, den Feuerbrand tragend, die Massen
des vierten Standes aufreizen gegen den dritten.

Was in den Büchern der Gebildeten und Gelehrten ge-
schrieben ist, das und nichts anderes ist es, was man jetzt auf
den Gassen predigt. Mitten unter uns ist der Unglaube groß
geworden, welcher die Revolution des 19. Jahrhunderts schürt.
Und dem mächtig werbenden Unglauben ist unter uns kein Prophet entgegengetreten, welcher mit der Kraft des Herrn das
Ungeheuer der Lüge in den Abgrund geworfen hätte. So sind
wir alle ohne Ausnahme mit verantwortlich, und das Gericht
unserer eigenen Sünde schwebt über uns und über unserer Zeit.

Die Bildung des 19. Jahrhunderts, sie ist es, welche sich
selbst den Untergang predigt. Wie die Bildung des 18., so trägt
die Bildung des 19. Jahrhunderts die Revolution unter ihrem
Herzen. Wenn sie gebären wird, so wird das Kind, welches
sie mit ihrem Blut genährt hat, seine eigene Mutter umbringen.

So stehen wir jetzt. Eine dünne Decke trennt uns von

dem feurigen Abgrund, und die Geister, welche wir selbst gerufen, arbeiten an unserem Verderben.

Gerade in diese Zeit, wo die Gesellschaft des dritten Standes von einem unerbittlichen Feinde, ja noch mehr von sich selbst bedroht ist, mußte der Kulturkampf fallen, den einen Teil der Gesellschaft gegen den anderen in die Waffen rufend. Aber gerade in dem Konflikt der Geister, welcher an den Kampf von Staat und Kirche sich anschloß, ist in weiten Kreisen, auch in den Kreisen der evangelischen Kirche, das Selbstbewußtsein des Christentums um so lebendiger geworden. Was das Verderben zu sein schien, das mag unsere Rettung werden. Der Kultur= kampf ist zu Ende. Ein Kampf geistiger Art, der Kampf zwischen katholischer und protestantischer, zwischen christlicher und materialistischer Weltanschauung, nimmt ununterbrochen seinen Fortgang. Aber in dem Kampf steigert sich die Kraft der Ideen und doppelten Wert gewinnt uns, was wir mit unserem ganzen Sein verteidigen. Die großen Fragen des religiösen Lebens stehen breit im Vordergrunde der öffentlichen Bewegung und in dem weithin vernehmbaren, alle zum Mitstreit auf= fordernden Kampf der Weltanschauungen erfährt auch die Menge des Volks täglich aufs neue, was ihm in seinem Christentum und seinem protestantischen Glauben an unschätzbaren, unvergänglichen Gütern geboten ist.

Eine aufsteigende Bewegung trägt seit dem Beginn unseres Jahrhunderts bis in unsere Tage das christliche und kirchliche Prinzip empor. Noch ist in weiten Kreisen der gebildeten Gesell= schaft das Christentum lebendig, sei es bewußt, sei es unbewußt. Noch ist trotz aller darwinistischen und materialistischen Bildungs= elemente die Moral des Christentums die alleinherrschende Groß= macht unseres sittlichen Lebens. Noch ist unsere Gesellschaft nicht entchristlicht. Ja, der positive Glaube des Christentums hat aufs neue Scharen von Anhängern unter seinen Feldzeichen versammelt. Noch kann alles gerettet werden. Aber eins ist sicher: nicht unsere Bildung wird uns retten, sondern allein das Evangelium.

CPSIA information can be obtained
at www.ICGtesting.com
Printed in the USA
BVHW04*1011190918
527934BV00014B/777/P